ドーピングの哲学

タブー視からの脱却

ジャン＝ノエル・ミサ
パスカル・ヌーヴェル 編

橋本一径 訳

PHILOSOPHIE
DU
DOPAGE

新曜社

序

ドミニク・ルクール

ジョルジュ・カンギレム・センターは二〇〇二年にドゥニ・ディドロ・パリ第七大学の現代思想研究所内に作られた。この研究所は複数のセンターの連合体であり、そのなかには生命研究センター、ロラン・バルト・センター、マルセル・グラネ・センターが含まれている。

科学史・科学哲学部門と連携し、博士課程とも結びついたこの研究センターが組織する、現代科学の未来を考察するためのセミナーは、科学史と科学哲学とを結びつけるフランス的伝統のなかに位置しており、それらの倫理的・法的・政治的な側面にも目を配っている。

かつてジョルジュ・カンギレムがそうであったように、このセンターがとりわけ注目するのは、生命科学と医学である。シンポジウムや会議、サイエンス・フェアを通して、学生、教員、医療関係者らからなる広い聴衆に、研究成果を公開している。フランス大学出版局の「科学・歴史・社会」コレクションに収められたこの『ノート』〔本書はカンギレム・センター刊行の『ノート』の一冊として出版された〕は、こうした活動の充実した瞬間を定期的に記録に残すものである。

センターのウェブサイト：http://www.canguilhem.univ-paris-diderot.fr/

本書は二〇一〇年五月一一日にジョルジュ・カンギレム・センター主催のもとパリ第七大学（ドゥニ・ディドロ）において、ジャン＝ノエル・ミサ（ブリュッセル自由大学）とパスカル・ヌーヴェル（モンプリエ第三大学）が中心となって開かれたシンポジウム「スポーツ・パフォーマンスの向上。ドーピングの倫理と哲学」が元になっている。そこでの発表の大半が本書に集められている。原稿を提供し、場合によっては改稿してくれた著者たちに感謝する。とりわけジャン＝ノエル・ミサとパスカル・ヌーヴェルの二人には本書への協力に対して、ドミニク・ルクールルに対しては出版を可能にしてくれたことに対して、深く感謝を送る。

クロード＝オリヴィエ・ドロン
（『カンギレム・センター・ノート』編集長）

ドーピングの哲学——タブー視からの脱却　*　目次

装幀——難波園子

序章

クロード・オリヴィエ・ドロン

いつまでも変わらずに今日的であるという、不思議な特徴を持ったテーマが存在する。メディアは自分たちの時事性をたやすく更新してくれるようなものに敏感であるので、そのようなテーマがお気に入りである。スポーツにおけるドーピングがそうしたテーマであることは間違いない。ジャン＝ノエル・ミサとパスカル・ヌーヴェルの発案により、カンギレム・センターは、ドーピングをテーマにしたシンポジウムを、二〇一〇年五月に開催した。招待されたさまざまな研究者や実務家ら〔哲学者、スポーツ医、社会学者〕が、この問題について議論を交わしている間にも、現実あるいは推測の「事件」が、メディアの見出しを賑わせていた。イタリアのフランコ・ペッリツォッティは「生体パスポートの異常値のために」ツール・ド・フランスへの出場を禁じられたところであり、ポーランドの女子クロスカントリー・スキー選手コーネリア・マレクはエリスロポエチンの陽性反応のために出場停止処分を受け、競技場を離れたところでも、トム・ボーネン〔自転車選手〕とリシャール・ガスケ〔テニス選手〕が、コカイン検査で陽性の反応を出していた……。ボーネンは「常習犯」だった。ガスケは無実を主張したが、ほとんど相手にされなかった。フロイド・ランディスは自分がドーピングをしたことをようやく認めて、ツール・ド・フランスで六勝を誇る、このフランス一周レースの英雄ランス・アームストロングも、同じことをしていたと告発した……。数カ月後には、二〇一〇年のツール・ド・フランスの新たな勝者アルベルト・コンタドールが、メディアと司法の騒乱に巻き込まれていた。微量のクレンブテロールの陽性反応が出たのである。スペイン自転車競技連盟の反応や、スペイン政府の介入は、とりわけフランスのような高度の「清潔さ」と徹底した「厳密さ」を求める国において、非常に強い抗議の波を巻き起こすものだった。フランスの選手たちの敗北も、スペインの選手たちのあらゆる競技での「いかがわしい」勝利も、ある種の「ドーピングのダンピング」、つまり国際ルールを守らないスペインの不当競争が原因なのではないか？　サッカーのワールドカップにおけるスペイン・チームの勝利にしても、ドーピングのおかげだったのではないか？(1)

構造的な現象としての、ドーピングとパフォーマンス向上

このようにドーピング問題が常に今日的であるということについては、真面目に考えてみる必要がある。それが何の症候であるのかを、問うてみる必要があるのだ。このような問いに対して答えをもたらしてくれるのが、ここに集められたさまざまな論文である。論文全体が強調しているのは、何よりもまず、この問題の今日性が、次の単純にして否定しがたい事実の症候であるという点である。すなわち、ドーピングが、諸々のスポーツ実践や競技スポーツの全般的な発展のなかに、構造的かつ論

理的に組み込まれているという事実だ。言い換えれば、ドーピングとは、最近のトップレベルのスポーツの発展の、内在的にして正常な部分なのだ。二〇一〇年五月のシンポジウム当日と同じように、厳密な意味での「ドーピング」から、パフォーマンス向上のための諸実践へと、視野を広げてみれば、理解はいっそう容易なものとなる。トップレベルのスポーツには、さまざまな種類のパフォーマンス向上の実践（トレーニング、筋肉量の向上や肺活量の向上、生理学的・遺伝学的な介入、選手の装備の改善）が導入されており、ドーピングとの区別はしばしば困難なのだ。他方で、パトリック・ロールの概念を借りて[2]、「ドーピング的振舞い」全体を考慮に入れてみれば、それは社会全体に広まっている。試験に合格するためにアンフェタミンなどの興奮剤を服用する、アナボリックステロイドを服用する、等々。要するに、一方には非道徳的で恥ずべきドーピング、他方には許容されたり評価されたりする諸実践という、少しばかり便利でイデオロギー的な区別を拒絶してみてはどうかということだ。本書の著者たちがそろって示しているのは、こうした区別が曖昧で一時的かつ根拠の脆弱な境界の上に成り立っているということである。

向上への意志——種と市場と

さらに先へと進むこともできる。ドーピングは、パフォーマンス向上のための諸実践の総体の一部としてみれば、私たちの現代を作り上げている、非常に根深い現象の、氷山の一角——槍玉に挙げられた——にすぎないのであり、それについてはイザベル・クヴァルとジャン＝ノエル・ミサが歴史と現状を跡づけている[3]。その現象とはすなわち、身体パフォーマンスを向上させたいという意志、そして人体は無限に改良できるという信仰である。私たちの西洋近代社会が、十七世紀〜十八世紀以来、向上という全体的なプロジェクトを取り巻くようにして土台を築いており、経済や政治、医療などの諸制度が、そこを目指してきたことは、火を見るよりも明らかである[4]。十七世紀以来、政治的なものの大半が、宗教的な秩序に属する超越論的な目的に従うのをやめたという意味において、ミシェル・セヌラールが正当にも「政治的なものの内在平面[5]」と呼んだものの位置づけでは、資源や動物種、植物種、人間集団や人類種の活用を向上させるという原則が、新たなる実践上の地平という役目を担ってきた。このことが顕著だった十八世紀においては、人類種の向上を目指し、身体を、その生物学的な物質性において活用して、潜在能力を高めようとするプロジェクトがもてはやされていた。歴史家に「改善説[6]」と呼ばれたこともあるこのような観点は、したがって私たちの近代性の核心に位置しているのである。

　そしてこの枠組みのなかで、医学が自らの役割を主張するのに時間はかからなかった。ジャン＝ノエル・ミサが考えるように、今日の状況における最大の新しさの一つは、治療という医学の伝統的な役割から区別される、「向上医学」の成立によるところが大きい。だが十八世紀についての歴史家ならばそれを知らぬ者はいない。そこではすでに向上医学が大々的に確立していたのである。たとえば肉体能力を決定するさまざまな要因に対して巧妙に働きかけることにより、身体と精神の両者を向上できるとした、アントワーヌ・ル・カミュ[7]。身体教育と交配政策に依拠する、人類の総合的な向上プログラムを提案した、シャルル＝オーギュスタン・ヴァンデルモンド[8]。医学とは人類を生まれ変わらせるような体育および政治権力となるべきだと考えた、F・ランテナス[9]。スポーツ、あるいは当時の言葉でいえば、身体能力の発達や姿勢を正すのに適した運動により体格の活力を増強することを目指した「体育」もしくは「身体教育」は、こうしたプロジェクトにおいて中心的な位置を占めていたのである。[10]

つまり違いは別のところにあるということだ。その違いはまず、用いられる技術が、身体の現実的にして根本的な改良を望めるようなものに進化したことに由来している。しかしとりわけ異なるのは、向上の主体が明らかに変化した点である。人類の向上はもはや目指されてはいない——あるいは目指されるとしても単に付随的にである。[11] 十九世紀を通してそうであったように、スポーツや体育を国民的身体の創成の企てに徴用することが目指されているわけですらない。目指されているのは、個人が自らのパフォーマンスを向上させ、競技の規則と市場のルールに従った試合において、自らのチャンスを最大化することである。ここで再び立ち戻っておくべきであろう。一部の歴史家が指摘したように、資本主義はそもそもの始まりからこの「向上という倫理[12]」と結びついていたのである。余剰を拡大させ、生産性を改善する諸技術の総体が発達するにつれて、向上は相対的剰余価値の抽出と密接に結びつくことになった。加えて向上は、市場の現実とも密接に結びついていた。市場、そしてそれにともなう競争が、向上のための革新と投資の根本的な火つけ役である。この観点からすれば、パフォーマンス向上の諸実践、とりわけドーピングの拡大は、トップレベルのスポーツが市場に投入されたことの論理的かつ必然的な帰結なのだ。ジャン＝ノエル・ミサとジェラール・ディヌの論文が指摘しているのはこの必然である。[13] 二つの時点を区別することができるだろう。十九世紀および二十世紀前半においては、トップレベルのスポーツにおけるパフォーマンス向上の実践は、大半が理想を代表することに従属していた（国民国家の理想、あれやこれやの自治体や地域の理想……）。トレーニングし、切磋琢磨し、そのための製品や技術を発展させるのは、国民国家を、自治体を、チームを体現するためである。二十世紀後半、とりわけ一九八〇年代からは、トップレベルのスポーツがますます市場空間に取り込まれている。パフォーマンス向上の実践は、民間投資家たちの投資した資本の活用や、こうした投資家と彼らのパフォーマンスを表象するもの（ロゴ、販促キャンペーン……）[14]、投資家同士の競争といったシステムに取り込まれ、そのためにこの実践は個人化したアスリート同士の競争へと行き着き、アスリートたちは自分の身体と能力の個人事業主と化して、場合によってはリスクや困難ではなく利益を分け合う共同事業主（マネージャー、代理人）の手助けを受けている。

畜産学とバイオテクノロジー

十八世紀には早くも、種の向上を目指す意志は、生き物の生物学的な物質性への介入と改変に、自らの条件と主要なモデルとを見出してきた。たとえば資本主義と向上との結びつきは、初めから種畜の選択と生産高の拡大という農学的実践のレベルで繰り広げられていた[15]。たとえばヴァンデルモンドが人類の向上プログラムを練り上げていたとき、彼の着想源が、当時行なわれていた牧畜の実践であったことは明らかだった。とりわけ彼が提案していたのは、種畜（およびそれを構成する有機的粒子）を組み合わせることで、長所を組み合わせてより完璧な人種を作り出すことだった。彼の説明によると、たとえばイタリア人ダンサーとフランス人ダンサーとを混ぜ合わせて、彼らの才能を組み合わせれば、「社会にとって望ましい才能を改良する」ことができるのだという[16]。つまり向上への意志の背後には、生物体や、身体の成長と繁殖において機能している自然のプロセスに介入する必要性が控えているのである。ところでこの介入は、複雑な生物学的・医学的知の対象となる前から、諸々の実践的な知の総体における事実であり、おおまかにいって、それらの知は「畜産学」と呼ぶことのできるものだ。今日のスポーツの身体の周囲で発達している向上技術の根の一つが、体育と体操運動全体にあるのは確かだとして、もう一つの、私たちに言わせればより重要な根は、畜産学のうちに、つまり動物種の向上技術のうちに見出されるべきなのだ。ミオスタチンの生産をコントロールする遺伝子の変異が、最初はベルギーの畜牛の一種に見出されたことや、成長ファクターの改変技術の全体が、まずは動物に応用されたことに言及するジェラール・ディヌは、まさにそれを明らかにしているのである。パスカル・ヌーヴェル、ジャン゠ノエル・ミサ、ジェラール・ディヌの論稿を読めば一目瞭然の、この動物゠人間の連続性は、偶然によるものでもなければ、バイオテクノロジーの実験における動物モデルの単純な利用に還元されるものでもない。この連続性の源はもっと深いところにあるのだ。筋肉量の成長ファクターへの介入、体力の増強への介入、遺伝的な特質への介入は、まずは畜産学において発達したのであり、しかもそれはしばしば、ここでもまた、市場と結びついていたのである。ある意味で今日そして明日のチャンピオンたちは、ロバート・ベークウェルが十八世紀末に生み出したディシュレー羊〔優良個体の選出により生み出された改良種〕の立派な子孫なのであり、医師たちや生物学者たちが行なっていることの大半は、ベークウェルと十九世紀の畜産技師たちが発展させた原理の応用である。筋肉量の増大や、デジタル技術を用いてのパフォーマンスの正確な計測、適切な遺伝的傾向を示す主体の選択など、すべては競争状態にある市場での商品価値を増やすためのパフォーマンスの増大が目的なのだ[17]。今日の諸実践にまで連なる系譜を見出すことはさして困難ではない。そもそもの始まりから、これらの処遇の多くが競走馬という、今日のスポーツ選手たちの親戚に応用されていたことを思い出しておかねばならないとすると、連続性はなおさら驚くには値しない[18]。

　根本的な差異は諸々の技術の有効性と科学性のうちにこそある。とりわけパスカル・ヌーヴェルとジェラール・ディヌが分析しているような、今日のバイオテクノロジーの力は、今やそれが細胞や遺伝子のメカニズムの核心に介入することができ、身体そのものを、遺伝子改変の導入以外の「人工的」介入なしに、自分で向上させることのできる工場に変えてしまう点にある[19]。それによりバイオテクノロジーは、自然の向上技術と人工的な向上技術との間の区別を、かつてないほどかき乱してしまったのである。なぜならＤＮＡの意図的な改変によって定められた規則にしたがって、成長の過程で変化するのは、「自然」そのものであるからだ。バイオテクノロジーは、イザベル・クヴァルが身体の「内的可塑性」と呼んだものに影響を及ぼすのだ。このような新たな有効性は、「差異」を決定づけるメカニズムについての新たな知見と切り離すことができないのであり、スポーツはこうした「差異」が表面化する機会だと見なされている。そしてこの差異は、遺伝的変異のような「自然」の偶然によって大部分があらかじめ決定しているので、一部の英雄的スポーツ観の理解とは裏腹に、それは努力と猛練習の結果ではないし、勝利はその賜物というわけでもないのだ。だが他方では、この「自然の偶然」は、技術によって反撃できる変化・改変とも見なされている。とりわけドーピングは、遺伝的素質――「自然ドーピング」と呼んでもよい――のおかげで「自然により優遇された」競技者と、技術そして一部の投資家の資本により優遇された別の競技者とを、平等の立場に置いているにすぎないのである。この戦いの敗者とは、どちらからも恩恵を受けなかった者、つまりスポーツの「プロレタリア」、すなわち練習と努力としか持ち合わせていない者である――そんな者がトップレベルのスポーツ界にまだ存在し、これからも存在するとしてだが。「英雄」とはここでは敗者なのだ。

社会的な反響

大半の寄稿者が想起するように、向上技術の発達と、トップレベルのスポーツの市場化は、結局のところ「スポーツ精神」そのもののなかに存在する力学を、強調しているにすぎないのである。なかでもアレクサンドル・モロンとクリストフ・ブリソノーが強調するように、近代スポーツは、「より速く、より高く、より強く」（*citius, altius, fortius*）という教義を土台としている。望もうと望まなかろうと、重要なのは競争に勝つことである[20]。それがルールに従っているからといって大差はない。もちろんこの勝利は時代によって違う意味を持ちうる、つまり国のために勝つのか、会社のために勝つのか、自分のために勝つのかによって。しかし基本的な動きが、勝つために競争に参加することにあるのは変わらないのだ。加えて、おそらくこれが一番重要だが、今日の価値評価、なかでもアラン・エレンベルグが記したような「パフォーマンス崇拝[21]」、つまり社会の隅々において蔓延する競争ゲームで他人を出し抜いた者を評価する傾向は、上記のような精神と呼応しあうのである。「ドーピング的振舞い」、つまりパフォーマンスを向上させ障害を乗り越えることを目指す製品の摂取は、大学でも企業でもスポーツ会場でも同じことだ。絶えず競争中の社会のストレスに抗い続けられるようにするための、抗うつ剤のような薬品の摂取は、社会のあらゆる領域で当たり前になっている。ジャン＝ポール・トマがそれを見事に明らかにできたのは、視点をずらして、文学のなかに見られる、医師によってドーピングされるスポーツ選手ではなく、ほとんど「スポーツ的」な出世競争に立ち向かうために「ドーピングする医師」を研究したからである[22]。同様にジャン＝ノエル・ミサとパトリック・ロールが証言するように、さまざまな刺激剤に対する強い要求が社会には存在するのだ。だとすれば、ベンクト・カイザーとアレクサンドル・モロンが詳細に検討したように[23]、スポーツ――そこでは競争が本質的な要素であり、事実として選手たちには、競争せよという命令が、問答無用で絶えず課されている――においては、パフォーマンスを向上させてくれる製品の摂取は激しく糾弾されるのに、社会においては、似たような製品の摂取があまりにも広く当たり前になっているという逆説が存在するように思われる。ここに出現しているのは一種の矛盾、プロスポーツにおける問答無用の二つの命令の衝突である。すなわち一方にあるのは、パフォーマンスを是が非でも増大させ、競争力をつけるべきだという命令であり、それはスポンサーや医師、メディア、観客などにより後押しされる。他方にあるのは、このパフォーマンスの向上を目指す一部の技術の道徳的禁止という命令である。アレクサンドル・モロンが明らかにしているように、このような矛盾は、スポーツ選手自身のうちに強い緊張を生み出している。

さらに指摘しておくべきなのは、このような命令の曖昧さは、競技スポーツの発展における医師の果たした役割の曖昧さのなかに、見事に体現されているということである。実際のところ、医師たちは一方では、是が非でもパフォーマンスという意志からスポーツ選手たちの健康を守る本質的な役割を果たしているように見え、さもなくばスポーツ界に数々の「道徳的」価値を導入する「道徳プロモーター」の役割を果たしている[24]。他方では医師たちは、パフォーマンスを至上命令とする身体改造のための、多かれ少なかれ合法的な向上技術の導入者という、より重要ではないにしても同じくらい重要な役割を果たしてもいる。それはつまりアスリートの体を舞台にしたイノベーションや実験の「プロモーター」の役割である。

反ドーピング政策への批判

このような最終確認がなされた以上、ドーピングとは、パフォーマンス向上技術の延長として、スポーツの進化と構造的に結びついた現象と見なされるべきであり、したがって明らかなのは、今日のドーピング撲滅運動が採用している諸原則は、問いなおされる必要があるということである。ここで私たちは、すでに指摘したような、ドーピングがいつも変わらずに今日的であるという奇妙さに再会することになる。この変わらない今日性が意味するのは二つのことである。①反ドーピング政策は、ジャコバン派の革命裁判所のように、常に疑惑をふくらませるのをやめず、また常により多くの敵を出現させるのをやめない。このような類推がどんなに不快に思われようと、軽率なところはまったくない。ジャコバン派は純潔さと美徳とに取り憑かれていた。取り除かれなければならなかったのは、革命的感情のなかにある、誠実さの欠如のすべてである。このような美徳の欠如に立ち向かえば向かうほど、幻の透明さを追い回すことになり、敵が増え続けることになったのだ。そしてこれは注意しておくべきだが、このような絶えず逃れ続ける悪を取り除くために、法規則との縁すら断ち切られてしまったのである。容疑は乱発され、無実の推定が疑問に付され、法外な手段がとられ、絶対に有罪の「怪物たち」が出現することになったのだ。程度の差こそあれ、ドーピングを取り除くという意志に基づいた反ドーピング政策が、純潔さと美徳という神話の名のもとに、人権の尊重を大幅に逸脱しがちであることを示すのは難しくはない――それに納得するためには、ベンクト・カイザーやジャン=ノエル・ミサが列挙する方策のリストを見るだけで十分だ。②ドーピングがいつも変わらずに今日的であるということは、問題の政策が有効ではないことを意味しているのであり、またそれにはもっともな理由があるのである。この政策が掲げている目標――ドーピングの根絶――が決して到達し得ないのは、まさしくドーピングが今日的な現象だからである。このため本書の執筆者の大半の議論は、別の政策を提案するものとなっており、その政策が根ざしている諸々の寛大な原理は、行ないを根本的に改革したり、悪を取り除いたりすることを目指すのではなく、諸事例を許容できる限界内にまで還元し、それを囲い込んで、一方では健康にとってだけの危険となることを食い止め、他方では事実上の不正義とならないようにするようなものである。「ドーピングしたスポーツ選手」の姿を、敵であり有罪で不道徳な詐欺師として描き出す根絶言説は、現象の相対的な正常さを否定しつつ、ある種の偽善という形に行き着かざるをえないという意味において、事実上の不正義なのである。ずる賢さが足りなかったり、他人と同じテクノロジーが手に入らなかったりしたために、捕まってしまう者もいれば、捕まらずにすむ者もいることだろう。勝つのはいつも後者であり、「正直者の」選手になされる不正義は、不道徳とごまかしの罪を着せられた、唯一の穢れた雌羊として捕らえられ晒し者にされる人々に振るわれる不正義によって、追い打ちをかけられるだろう。

ここでいくつかの指摘をすることができる。まずはじめに明らかになるのは、寄稿者たちが、この点については全会一致で、もっとも多く批判を寄せるテーマのひとつは、国際機関がいかさま師を告発するために引合いに出す、かの有名な「スポーツ精神」であるということである。寄稿者たちはその道徳的で曖昧、自然主義的で恣意的といった性格を批判する。これらはすべて正しい。しかしもしかすると以下のことを付け加えることもできるかもしれない。突き詰めれば、二つのスポーツ精神があるのだ、と。一方には「想像的」とでも呼ばれるべき精神がある。こちらのドーピング選手や、あちらの稼ぎすぎた選手、国旗に敬意を払わない選手、態度の大きすぎる選手を晒し者にするために、事あるごとに引合いに出される国際組織が語るような、「理想」の精神である。「気休め」の役割を果たしてくれるのがこの精神である。個人の行ないを告発したり罰したりするのに役立つのだ。しかしそれ以上のものをこの精神は隠している。つまり「現実」の精神を隠しているのである。この「現実」の精神はもっと物質的で、実際にスポーツを動かしているのはこちらであり、国際機関でさえ、おそらく内密に、しかし日常的に、しかもより真剣にそれを祝福しているのである。この精神とはつまり、現実において競技スポーツを動かす、資本の流れである。言うなれば、「スポーツ精神」を持ち出し、その名のもとに一部の選手を告発することは、トップレベルのスポーツの構造的な進化が提起する真の倫理的な諸問題から目をそらすための、便利なやり方なのだ。いわゆる「スポーツ精神」を絶えず侵害する条件自体を生み出しているのが、このようなスポーツの進化なのである。行動しているという幻想は生まれるが、「世間の目に向けて」表面的に行動しながら、深層ではドーピングの構造的条件が温存されるままになっているのだ。

ここから導かれるもう一つの指摘は次のことだ。寄稿者の大半が向かおうとしているのは、反ドーピング政策に対する非常に根本的な批判である。彼らはその原理に対して異議を唱えているのだ。すなわちその根拠なき道徳イデオロギーや、必要悪を取り除こうとする非現実的な意志、正当性のないパターナリズム、懲罰的側面や諸行為の犯罪視に対してである。彼らはその方法にも異議を唱えている。すなわち犯罪に対してなら法的になされるような、故意であるかどうかの問いが、ドーピングに対しては拒絶されていることや、無罪推定の放棄、私生活に対する度を超した統制、選手の長期にわたる検査、テストの不確実性が問いかける問題、誤った陰性を生み出す傾向、規則が絶えず恣意的に変化することなどである。彼らは反ドーピング政策の有効性に対して異議を唱えている。この政策が守ろうとしている選手の健康が、監視の外で秘密裏になされる実践のせいで、むしろ損なわれていることを考えれば、きわめて非生産的な政策であるようにすら見える。これとは逆に寄稿者たちが提案しているのは、すでに述べたように、一方ではドーピングを事実として、スポーツの発展のために必要な所与として認めることである。他方では、選手の健康にとってのリスクだけに焦点を合わせて、これらの行為を規制することである。最後に寄稿者たちは、選手たちの責任と選択の自由を強調する。本書を読めば、寄稿者たちの議論の大半が、かなりの説得力を持つことは認めなければならない。

しかしながら、二つの批判を向けることは可能である。以下に述べるように、関連し合った二つの批判である。一つ目は単純であり、ジャン＝ノエル・ミサが認めている批判でもある。すなわちドーピングは当事者もほとんどあずかり知らぬような構造的諸条件に結びついており、そのため根絶政策は失敗を運命づけられていると宣言すると同時に、最終的にドーピングをする（もしくはしない）のを選べるのは選手だという、選択の自由を褒めそやすことは、できない相談なのだ。たとえ条件つきであっても、合法化がなされてしまえば、選択は絶対に不可能、もしくは次のような言葉で述べられるものでしかなくなるだろう。つまりドーピングするか、あるいは選手生命を断念するか。すでにこれが大半の実情であるのは言うまでもない。だとすれば現状の政策の「パターナリズム」を告発するのは、やや正当性を欠いている。それはまるで、提案される価格や仕事を受け入れるかどうかは労働者の自由だと言って、労働時間や賃金の決定に国が関与することに反対した、十九世紀の自由主義者たちの言い草のようである。言い換えれば、束縛は存在せず（反ドーピング政策批判には束縛を引合いに出すのに）、選手たちの自由な決定なるものにも大して影響を及ぼしていないかを装うようなものである。選手たちがリスクある行為で自らの健康を脅かすとして、それは必ずしも彼らが実際にそれを選んだわけでも、そのリスクに十分に意識的であったわけでもないのだ。彼らは「暗黒街の掟」に従ったのだ。だとすればパターナリズムと見なされるものも歯止めとして役に立ちうるのである。

二つ目の指摘は以下のようなものである。本書に収録されている論文の一部を読むと、ドーピング撲滅運動に対して向けられた批判の下に潜む議論とは、運命的な状況に対する非現実主義なのではないかとの疑いが生じることがある。これは絶えず回帰してくる議論である。ドーピングは事実である。一方ではテクノロジーの進化、他方ではスポーツ界の当事者の一部の投資能力、それにスポーツのスペクタクル化の進行のために引き起こされる競争を考慮するならば、ドーピング行為の発達は必然である。発展の先にあるものを検証することは、望もうと望まなかろうと必要だとして、ジャン＝ノエル・ミサが自らの論の最後に披露するフィクションの物語によって、この必然性の印象はなおさら強まる。こうした必然的な傾向を前にして、反ドーピングのために戦う諸審級はまるで、すでに儀式は挙行済みなので観客には負けることがわかっているのに戦う、悲劇のヒーローのようにも見える。だがここで二つのことを混同してはならない。確かにドーピングは、今日のプロスポーツ界を特徴づける諸々の構造的現象の必然的な帰結である。だがこの諸々の構造的現象のほうは、必然ではなかったし、今でも必然ではないのだ。この現象は運命的な法則ではなく、ここ五〇年来なされてきた、非常に具体的な、政治的・経済的・社会的選択の事実なのだ。現在組織されているような反ドーピング政策が、この現象に効果を及ぼすことがないのは疑いようがない。しかしその結果として、こうした現象こそが幅を利かさざるをえないと述べるのは、少しばかり早急である。この現象の阻止を目指す積極的介入政策や、それを目標とする国際審級、それに到達するための手段を想像することも、大いに可能であろう。

I章　エーロ・マンティランタ、（自然によって）遺伝子的に組み換えられたチャンピオン

パスカル・ヌーヴェル

要旨

この論文は、ノルディックスキーのチャンピオン、エーロ・マンティランタのケースを紹介し、分析するものである。この選手は遺伝的な変異の持ち主であり、そのおかげで手に入った並外れた呼吸能力が、彼の偉業にも大きく貢献したのは確実である。遺伝的な変異の特徴は明らかになっている。それはただ一つのヌクレオチドの変質に起因していたのである。系譜学的な研究によって、エーロ・マンティランタの祖先にいつこの変異が発生したのかを、正確に特定することができた。スポーツにおける大きなアドヴァンテージの出現についての、ほぼ完全な自然史が入手できたのである。さまざまなドーピング技術によって、このアドヴァンテージを模倣することが試みられている。ドーピングの本質に関して、このケースはいくつかの倫理的な問いを投げかけている。

エーロ・マンティランタはフィンランド出身のスキー（ノルディックスキー）のチャンピオンである。彼はフィンランド北部のラップランドにある、スウェーデン国境に近い小さな町ペロで、一九三七年に生まれた。今日この町には、彼を讃えるブロンズ像が建てられている。縁なし帽をかぶり、ゼッケンを付けて、スキーを履いた姿のこの像は、距離スキーの選手に典型的な格好をしている。左足を曲げ、右足は後に伸ばして、胴体を前方に傾け、両手からは長いストックが伸びているのだ（ストックもブロンズ製である）。

北極圏の彼方に埋もれたこのつつましい村が、こんなにも立派なチャンピオンを輩出できたことを、銅像は讃えているようにも見える。これから見るように、それはある種の事件ですらあったのだ。実際、エーロ・マンティランタの戦歴には、数々の栄誉が列をなしている。一九六四年のインスブルック・オリンピックにおける二つの金メダル（一五キロと三〇キロ）、一九六八年のグルノーブル・オリンピックにおける同種目での銀メダルと銅メダル、それにリレー種目での数々の金、銀、銅メダル。彼はまた一九六二年のザコパネ（ポーランド）および一九六六年のオスロ（ノルウェー）のワールドカップでも優勝している。

一九六八年――グルノーブル・オリンピックの年――に、マンティランタはドーピングの疑惑をかけられた。一九七二年になって、彼は何度かアンフェタミンを使用したことを認めた。しかしながら、彼の成績を鑑みれば、他にもパフォーマンスを向上させる方法を用いていたのに、それを隠しているのではないかという疑いが持たれたのも当然だった。確かに彼の呼吸能力は尋常ではなかった。彼の能力は他の選手よりもおよそ五〇％上回っていることが、医療チームによって明らかにされた。それは血液中の赤血球の量の多さに起因していた。マンティランタの血液は酸素のスポンジ（赤血球の量の多さの賜物）であり、その能力は他の選手の追随を許さないものであった。あたかもマンティランタは、自らの血液中の赤血球の量を効果的に増やす方法を見出すことによって、競技において無敵であり続けたかのようであった。この競技においては、こうしたアドヴァンテージは決定的だからである。しかしながら、このような効果を生み出すことのできる方法など、当時はまったく知られていなかった。赤血球の量を増やすことのできる方法として唯一知られていたのは、高地に長期滞在することだったが、確かに呼吸能力の増加は見込めるものの、マンティランタにおいて確認された能力とは比べものにならなかった。なおこの高地滞在と同じような効果は、後に（一九九〇年代）、酸素分圧を低く保った低酸素テントを使用することにより、わざわざ高地に赴かなくても得られるようになった。

今日において同じようなケースが発覚したなら、マンティランタはエリスロポエチンを使ったドーピングの疑いをかけられることだろう。赤血球の増大による呼吸能力の向上とは、エリスロポエチンの体内への摂取によってもたらされる効果にほかならないからである。スポーツ選手たちはこの効果を狙ってそれを使用するのだ。エリスロポエチンが分離されたのは一九七二年になってからである（すでに発見はされていたものの）。しかしマンティランタの能力はこの物質の特性と密接に関係していたのだ。彼の能力は（当時すでに一部で疑われていたように）、ある意味でエリスロポエチンの自然ドーピングとでも言えるような身体的条件からもたらされていたのである。しかしそれはエリスロポエチンを用いる今日のスポーツ選手と同じようなやり方ではない。このアドヴァンテージの性質と、マンティランタがその恩恵に浴することになった経緯を理解するために、この物質の発見と分離の歴史を簡単に見ておくことにしよう。

エリスロポエチンの発見

一九〇六年、パリの医学教授ポール・カルノは、ウサギの血液中のホルモンが赤血球の生産をコントロールしているという仮説を発表した。この仮説を証明するために彼は、クロード・ドフランドルの協力のもと、貧血性のウサギに通常のウサギの血液を輸血した[1]。この実験は、カルノが期待したように、赤血球の生成の回復をもたらした。増加した赤血球が輸血した血液からではなく、貧血性のウサギ自身から生み出されたものであることを示したポール・カルノは、輸血した血液が、赤血球の生成を開始できる物質をウサギにもたらしたのだと結論づけた。カルノによりヘマトポエチンと名づけられたこの物質は、やがてエリスロポエチンと呼ばれるようになる。その名が示すように、これは赤血球（エリスロサイト）の生産（ポイエーシス）を開始するという特性を持つホルモンである。体内においてこのホルモンは腎臓で合成されている（エリスロポエチンの腎臓による合成が発見されたのは一九五七年である[2]）。このホルモンは骨髄において造血幹細胞（赤血球の先駆物質）に作用し、成熟した赤血球への分化を促す[3]。このことにより血液中の有効な赤血球量の増大という効果がもたらされるのだ。

しかしこのように一九五〇年代末にすでに発見されていたホルモンだとはいえ、十分な量を分離して、より進んだ研究を実施するためには、それから二〇年近くが必要だった。一九六八年、つまりマンティランタがグルノーブル・オリンピックで再び活躍したのと同じ年に、ユージーン・ゴールドヴァッサーとチャールズ・クンは、人間の尿からエリスロポエチンを分離することを試みた（エリスロポエチンは尿の中にリットルあたり数ナノグラムという微量で存在している）。九年後の一九七七年、ゴールドヴァッサーとクンは、一万リットル以上の尿を処理して、約一〇ミリグラムの純粋なエリスロポエチンを精製することに成功した[4]。ここから一連の調査が始まることになる。抽出されたタンパク質の配列が分析された。タンパク質をコードする遺伝子の（分解した[5]）配列が、この配列から推測され、対応する遺伝子が特定され、一九八五年にはそのクローンが作られた[6]。

遺伝子のクローン化に成功したので、エリスロポエチンの大量生産が可能になった。今では遺伝子がバクテリアに組み込まれ、その遺伝子がコードするタンパク質（エリスロポエチン）の生産がなされている。一九八九年にはアムジェン社により「エポジェン」（Epogen）と名づけられた製品の販売が始まった。これはバクテリア合成により作られたエリスロポエチンであり、ある種の貧血患者、とりわけ慢性的な腎臓不全を原因とする貧血の患者の治療を目的とするものだった。これらの患者においては、腎臓が標準的な量のエリスロポエチンを生成することができない。このため血液中の赤血球の量が少なく、酸素の運搬能力が低いのだ。合成エリスロポエチンの投入によって、この疾患が緩和され、標準値に近い赤血球の量を回復することができる[7]。

つまり合成エリスロポエチンは、当初は薬だったのだ（エリスロポエチンの医療目的の利用の概要については Ng *et al.* を参照[8]）。したがって、ここまで振り返った歩みは、ベルナール的な発想に基づく近代医学の見事な成功の一例であるとも言える（クロード・ベルナールが実験研究という迂回を経由することを推奨していたのを思い起こそう）。病理学における遺伝学的アプローチが、疾患の原因要素の特定にも、有効な治療因子の生産にも、利点があることを示してもいるだろう。しかしながら、同じ製品の別の利用法が登場するまでには、時間はかからなかった。持久力を競うスポーツ（とりわけ自転車競技、そしてノルディックスキー、一般的には長時間の激しい運動が必要な競技）は、選手の呼吸能力に依存する部分が大きいからである（その概略についてはScott, *et al.* を参照[9]）。この能力が高まれば高まるほど、筋肉には酸素が供給され、筋肉は長時間にわたる運動が可能になり、選手を勝利に導くのだ。

エリスロポエチン受容体とその変異

しかしエーロ・マンティランタが、自分自身はエリスロポエチンを使ったことは一度もないのに、これを使ったスポーツ選手と同じような呼吸能力を持っていたのはなぜかを理解するためには、赤血球の由来を細かくたどっておく必要がある。すでに述べたように、赤血球は骨髄の造血幹細胞によって作られる。この生産は、幹細胞の赤血球への分化を開始するエリスロポエチンによって促される（同じ幹細胞が、リンパ球や白血球、血小板などへの、別の分化をすることも可能である。しかしエリスロポエチンは赤血球への分化だけを促す）。造血幹細胞がエリスロポエチンの出現に対してこのような反応をするのは、造血幹細胞の表面に特別な受容体があるからである。これがエリスロポエチン受容体である。造血幹細胞を作る遺伝子によってコードされるこの受容体が、エリスロポエチンと結びついて、赤血球生成を開始するのだ。つまりエリスロポエチンが細胞表面の受容体に定着することによって、細胞の赤血球への分化を活性化するのである（概要については Zhu *et al.* を参照）[10]。

だがエーロ・マンティランタが持ち合わせた、他の選手を圧倒するアドヴァンテージは、何に起因していたのだろうか。フィンランドの遺伝学者イーヴァ・ジュヴォネンは、一九九〇年代の初頭から、このアドヴァンテージの原因を究明するための一連の調査に乗り出した。彼が一九九三年に発表した論文によれば、エーロ・マンティランタは、彼の親族の何人かと同様に、エリスロポエチン受容体の遺伝子に関係する変異の持ち主であった[11]。この変異によって、欠損のある受容体が生成されるが、この受容体は通常よりもエリスロポエチンに対する感度が非常に高く、このために血液中のエリスロポエチン量あたりの赤血球の割合が、極めて多くなるのだ。したがってエーロ・マンティランタが検査の当初はエリスロポエチンのドーピングを行なった人間と同じような臨床的特徴を示すとしても、それは腎皮質細胞がエリスロポエチンを大量に生成するからではなく、自身の造血幹細胞の感度の増大によるものだったのであり、その増大はエリスロポエチン受容体遺伝子にかかわる変異の存在に起因するものだったのである。

エーロ・マンティランタの家系を遺伝学的に調査することで、この変異がいつ現われたのかを特定することができた。この変異が生じていることを確認できる最初の例は、一八五五年生まれのエーロ・マンティランタの祖父であった（したがってこの時期にエーロ・マンティランタの曾祖父もしくは曾祖母の生殖腺細胞において、変異が生じたと考えられる）。同じ祖父の家系にあるマンティランタ家のメンバーの何人かが、同様の変異の保有者だった。彼らの大部分は例外的なスポーツの能力で知られていたが、それはすでにこの変異と持久的スポーツの才能との間に関係があることを裏づけている（トップレベルのスポーツにおいて、ある種の活動に対する才能を子供のときから遺伝子レベルで特定しようという動きが生じることがあるのもこのためである）。この変異は優性の変異だった。変異の影響はヘテロ接合体において現われ、ホモ接合体においてこの変異がどのような結果をもたらすのかは、今のところ定かではない。この変異は有害な作用はもたらさないようである。医学的にみるとこの変異は無症候性である（持久的スポーツの実践において恩恵を得たいと願う者に与えられるアドヴァンテージを除けば、この変異はいかなる表現型とも結びつかない）。

エリスロポエチン受容体遺伝子は六五四五のヌクレオチドを持っている（それらは八つのエクソンに分かれ、全部で一九番染色体の六キロベースをカバーしている）。エーロ・マンティランタに生じた変異は、この遺伝子の第六〇〇二番だけに関係している[12]。つまりこれは局所的な変異だ（変異のなかでももっともシンプルなもの）。この変異は、デオキシリボ核酸鎖のグアニン残基を、アデニン残基に変える。だがこの変異はタンパク質の遺伝コードの水準において終止コドン（タンパク質合成を終止させるコドン）を出現させるので、結果として七〇のアミノ酸からなる欠損タンパク質が生成される（したがって局所的な変異ではあるものの、約二一〇のヌクレオチドの欠失に相当することになる）。しかし、この受容体の欠失によって機能は失われることはなく、むしろその逆に、エリスロポエチンに対して過敏となり、その結果として、エリスロポエチンの量が同じでも、この変異の保持者のほうがはるかに多くの赤血球を生成できるのである（エリスロポエチンの出現に対する反応を抑制する受容体タンパク質のある部位が、変質によって失われ、この抑制の喪失が、受容体の過敏として現われる)。このような変異は人類において散発的に出現すると考えられる。実際、アイルランドの遺伝学者メラニー・パーシーは、マンティランタ家とは血縁関係にないと思われるイギリス人の若者に、同じ変異を見出している。

血液中の赤血球量を増やすためのさまざまなやり方

続いてはこれまで示してきたデータの全体が、スポーツの成績向上やドーピングの概念の観点からすると、どのような状況を生み出しているのかを検討することにしよう。ここまで私は、いずれも――多かれ少なかれ――赤血球量の増加につながる四つの技術を紹介してきた。これらの技術は、ドーピングの概念に照らし合わせて見た場合、その立ち位置をまったく異にしている。

――第一の技術である高地滞在は、いずれの反ドーピング法によっても禁じられていない。

――第二の技術である低酸素テントは、高所に上がることなく高地滞在と同じ生理学的な効果をもたらしてくれる技術であるが、その処遇については議論が分かれている。一貫性を求める立場からは、この方法をドーピングの一形態とみなすべきだと考える者もおり、この立場からすればそれは禁じるべき技術ということになる。逆にこれはトレーニングと区別するのが難しい境界的ケースであるため、ドーピングとはみなせないと考える者もいる。この問題に取り組んだ世界反ドーピング機関(WADA)は、二〇〇六年に玉虫色の答申を提出した。同機関は低酸素テントの使用を禁じることを拒んだものの、この使用が「スポーツの精神を踏みにじる」ように思われるという点は強調したのだ。

――第三の技術とは、造血幹細胞表面の受容体に定着して赤血球の生成を促す合成エリスロポエチンを摂取することである。この技術はWADAによってドーピングの一形態とみなされている[13]。

――最後の第四の技術とは、受容体をコードする遺伝子の一つの変異であり、受容体はこの変異によって、エリスロポエチンの出現に対する感度を高める方向に特性を変化させる。

第四のこれを血液中の赤血球量を増やす技術だと述べることは、少しばかり言いすぎだという印象を与えてしまうかもしれない。実際、この技術は人類の歴史において少なくとも二回（そしておそらくはもっと多くの回数）は出現しているとはいえ、思い通りに生じさせることはできないので、これがパフォーマンスを向上させる技術だと述べることは、一見すると行きすぎであるようにも思われる。しかしながら、今日において利用可能な技術を用いれば（つまりSF的な要素をまったく持ち込むことなしに）、人間の（少なくともたとえばウィルスベクターの）造血幹細胞に変異したエリスロポエチン受容体遺伝子を導入し、体内に再移植する（ある種の遺伝子治療で用いられているようなプロトコルを順守しつつ）というのは、十分に想像可能なのだ。この遺伝子が発現したとすれば、造血幹細胞のエリスロポエチン受容体の第六〇〇二番に生じた変異と同じ効果を生み出さない理由はないのである。この遺伝子もやはり、エリスロポエチンの出現による赤血球の分化を活性化する役割を果たすはずだ。だからこそ四つの技術なのであり、これらの四つの技術を区別するのは、それを利用するために必要な手段や、それらの手段を使いこなすための熟練度の違いである。しかしながら行き着く先の生理学的な効果はどれも同じだ。つまり血液中の赤血球量の増加である。四番目の技術（変異した遺伝子を造血幹細胞に移植することからなる）は、「遺伝子ドーピング」となることだろう。このようなタイプの手術の例は今のところ報告されていないが、技術的には可能である。WADAが遺伝子ドーピング問題についての調査班を、すでにいくつか設置しているのもこのためだ[14]。

いくつかの根本的な問題の問い直し

ここからいくつかの本質的な問題を問い直すことができる。第一に、エーロ・マンティランタのケースというのは、一般化が可能であるように思われる。あらゆる競技というのは、(選手の身体の)小さな差異に依拠しており、そうした差異こそが、組織だった比較においては決定的となるのである。エーロ・マンティランタの場合には、こうした差異は、たった一つのヌクレオチドにまで還元可能だった(ヒトゲノムを構成するのは二〇億以上のヌクレオチドである)。たしかにこれは極端なケースであったのかもしれないが、ある人間が他の人間に対して持つアドヴァンテージの性質について考察するきっかけにはなるだろう。この例はまた、持久的スポーツに有利な変異を持ち合わせた者は、たいていの場合そのスポーツで優れた能力を発揮するものの、特定の競技のチャンピオンになるほどまでにこのアドヴァンテージを活用する者は、ごく一部であったことも示している(実際のところ、エーロ・マンティランタだけがこのアドヴァンテージをオリンピック・レベルで活用したとも言える)。

したがって、一部では(たとえば何らかのスポーツに有利とみなされた何らかの遺伝的特性を早いうちに見つけ出すことを推奨したりすることで)それを目指す動きもあるようだが、スポーツ競技を遺伝的なアドヴァンテージに還元することは、幻想であると結論づけることができる。言い換えれば、遺伝的なアドヴァンテージを持つことが、何らかのパフォーマンスの素質を形作るとしても、個人がこのアドヴァンテージをどう使うかは予測不能なのである。エーロ・マンティランタの家系におけるように、多くの者が、このようなアドヴァンテージを持ちながら、スポーツの殊勲という観点でそれを利用することはなかったのである（少なくともオリンピックのレベルでは）。スポーツの能力は均等に分配されていないのかもしれないが、その能力をスポーツの能力として活用したいという欲望もまた、均等には分配されていないのだ。ある選手が他の選手に対して持つアドヴァンテージとは、部分的には遺伝的な起源を持つ小さな差異に負っているのかもしれない。部分的に、しかしそれだけではない。そうでなかったなら、ペロに建てられていたのはマンティランタ家のメンバーのただ一人の銅像ではなく、この変異を受け継いだ者すべての銅像であったことだろう。

ピエール・ド・クーベルタンのコメント

とはいえ競技者たちの見かけ上の平等の背後には、他の者よりもある者に、競技の最終段階で競い合うチャンスを与えるアドヴァンテージが確固として存在することは認めなければならない（マンティランタのケースはそれをよく示している）。このような状況は一つの逆説を生み出す。一方では、すべての選手にとってチャンスが平等であることが求められ、他方では、他の選手よりも一人の選手にとってのアドヴァンテージとなる小さな差異に価値が与えられるのである。ピエール・ド・クーベルタンは、一九三五年に書かれた『オリンピックの哲学的土台』（一九三五年八月四日に放送されたべルリンでのラジオ講演〕と題する文章のなかで、この逆説を以下のように分析していた。

国際主義と民主主義だけが、文明諸国において打ち立てられようとしている新たな人間社会の土台なのではない。科学もまたそれに関係があるのである。科学の絶え間なき発展のおかげで人類は、身体を涵養し、自然を導き、矯正し、たがの外れた熱情から身体を解き放つ手段を得たのだ。個人の自由の名のもとに身を任すままにされてきた熱情からである。

オリンピック制度の二番目の特質とは、貴族的であること、エリートであることである。だが貴族と言ってもその出自が完全に平等であることはもちろんである。なぜならそれを決定づけるのは、個人の身体的な優位性と、トレーニングの意志により一定のレベルにまで増大した筋肉の可能性のみだからだ。あらゆる若者がアスリートになることを定めづけられているわけではないのである。

二つの段落にわたって（この点で効果的な）この文章は、二つの概念の間の緊張関係に力点を置いている。それ自体は逆説的でありながら、競技の時点では和解するらしい二つの概念である。最初の段落では民主主義や平等が強調され、二つ目の段落では貴族主義やエリート主義が強調されるのだ。こうしてピエール・ド・クーベルタンの考察の全体は、次のような魅惑的な撞着語法に行き着く。「出自が完全に平等な貴族」。貴族が平等であるとはどういうことだろうか。おそらく次のこと以外ではありえないのではないだろうか。つまりある特定のスポーツ活動の実践において明らかになってしまうような差異が、何に起因するのかは、誰にも分からないということである。アスリートの優れた成績の起源にある小さな差異に対しては、（トレーニングや練習によって）副次的にしか介入することができない（もはや「できなかった」と言うべきではなかろうか）。しかしこの小さな差異へのアクセスが開かれ、その性質が明らかとなり、そうした差異を書き換える可能性が出現したからには、スポーツ競技に意味を与えていた平等は、かつてとは違うものとなり、ひょっとすると崩壊してしまったのかもしれない。このために時として世界を管轄する（反ドーピングと名指された）機関が設けられて、かつての平等の規則の維持が試みられる。こうした機関が果たすべき主たる役目となるのは、ある一つの理念を築き上げ、それを普及させることだが、その理念とは、自らが食い止めようとしているパフォーマンスの向上法と同じくらい人工的なものである。つまり「スポーツの精神」という理念だ。

平等性の要求の只中において、差異に魅了されること。これこそがオリンピック制度の逆説であり、クーベルタン自身もそれを十分に承知していた。一方ではオリンピックの精神（フェアプレー、プライド、努力、平等・公正な戦いという意義）を讃えつつ、他方では小さな差異の特定と拡大に努め、そうした差異が結局は他ならぬこの一人のアスリートにアドヴァンテージを与えることになる。ドーピングとは、この観点からすれば、ある特定の競技の結果を左右する差異を拡大し、活用するための、さまざまな技術のうちの一つであるにすぎない。アスリートがあるときにはこれらの技術を頼りにし、あるときにはそれを差し控えようとするのがなぜなのかは、考察の余地があるにしても、これらの技術へのアクセスがますます容易となり、多様性も増していることは、否定しがたい事実なのだ。

競技とは、少なくとも原則としては、諸々の小さな差異の公正な対峙に依拠している。それらの差異は私たちには隠されており、ある特定の文脈においてのみ明るみになりうる。こうした差異が（私たち自身や他人に対して）隠されている限りでしか、競技は意味を持たないのである。それらの差異が知られるところとなり、特定され、分析され、場合によっては細工できるようになってしまえば、ピエール・ド・クーベルタンの語っていた平等な貴族の土台は損なわれ、破壊すらされてしまうかもしれない。こうした小さな差異の性質の全体像が理解されるのは、まだまだ先のことだという意見もあるだろう。私が示したケース（エーロ・マンティランタのケース）は、この点からすれば例外的である。確かにそれは正しい。しかしだからといって無知のヴェール（なぜならここにも無知のヴェールがあるからだ）が徐々に取り払われたとしたらどうなるかを、問わずにおくわけにはいかないのだ。競技が可能となるのは、こうした無知のヴェールのおかげで、選手間の小さな差異が隠され、試合の帰結が未知の領域にとどめおかれるからなのである。開かずの間の扉が開かれ、舞台と舞台裏との区別がつかなくなってしまう。そのときにはスペクタクルは、幕を下ろされることはないかもしれないが、これまでとは明らかに違うものとなるのではないだろうか。

政治心理学的な分析をスポーツ競技へ応用する

ここから問題をスポーツの観客の方に移すこともできるであろう。たとえばそれはジャン＝マリ・ブロムが行なっていることである。ブロムの主張によれば、スポーツは大衆のアヘンであり、それは儀礼的な祝祭という枠組みのなかで、典型的な群衆の情動にはけ口を与え、時として危険なトランス状態にまで近づくという[15]。だが私からすれば逆説はもっと根深いものである。個人とは自らの小さな差異を誇りに思うものであり、こうした差異を持つという意識に依存する誇り自体を、個人は必要としているのだ（どんなに些細な差異でも、それは個人にとって自らが独得であるという感情の糧なのである）。

一方にある、誇りや勝ちたいという欲望、プライドといった内面的な感情と、他方にある、競技中に観客が抱く感情の関係の分析は、ドーピング問題を深くまで掘り下げたいのなら、詳細にわたって取り組むべきであるように思われる（そうすればこの問題は、個人と、その個人がアクセスできる技術だけに関わる問題であることをやめるだろう）。観客たちの群衆的情動と、アスリートの個人的で利己主義的な情動との間には関係があるのだ。それは後者のアスリートたちの情動が、前者の観客たちの情動によって高められるような関係である。こうした関係は、私が（ペーター・スローターダイクに倣って）「政治心理学」と呼ぶ領域に特徴的なものである[16]。競技スポーツという特殊な文脈において、これにより私が名指そうとしているのは、観客やテレビカメラ、ラジオのリポーターらに囲まれたスタジアムのアスリートを、無人の競技場でトレーニングするアスリートや、ましてやトレーニングするつもりもなく単に自分の筋肉の抵抗や力を味わうという喜びのためにランニングする人とは、まったく別のものにしている理由の全体である。こうした状況の違いは、スポーツがスペクタクルになり、結果として政治の対象となる際に、容易に観察可能となる。

スペクタクルが、あからさまに表沙汰にすることなしに浮かび上がらせているのは、アスリートたちのパフォーマンスの起源にある小さな差異である。だとすればこうした小さな差異を、何であれスポーツの記録やパフォーマンスを見る観客たちが感じる楽しみ（時には歓喜）に関係させてみることが必要である。他方で敗北を見ることから生まれる特別な快楽の起源についても、詳細に検討することが必要になるだろう。あるアスリートやチームの勝利に立ち会う者は、必然的にそのライバルの敗北にも立ち会うからである。だが敗北のスペクタクルとは、それ独自の情動をもたらすものでもある。「心地よきは大海で」（*suave mari magno*）〔ルクレティウス『物の本質について』第二巻一行「大海で風が波を掻き立てている時、陸の上から他人の苦労を眺めているのは面白い」（樋口勝彦訳、岩波文庫）に由来する成句〕というわけである。こうして政治心理学的な分析は、それ自体はほとんど無意味でありながら、競技によって課される比較という試練によって顕在化する、個人間の差異についての検討に向かうことになる。言い換えれば、ドーピングの分析とは、客観的（技術的）な側面に限定して、個人のパフォーマンスの向上の方法について検討するだけではすまされないのである。「ドーピング」よりも「ドーピング的振舞い」に注意を向けるという傾向は、この方向に向かっていると言うことができる。なぜならそれは、ある行為を個人の振舞いの総体から切り離すのではなく、振舞いの全体においてその行為が持つ意味を浮かび上がらせようとする傾向だからである。

結論

フィンランド北部の町ペロに建てられたエーロ・マンティランタの銅像は、それと知らぬ間に、二人のアスリートの間の差異として考えられるもののなかでも、もっとも小さな差異（ただ一つのヌクレオチドの差異）を称賛しているのである。同時にこの称賛は公的なものでもあり、政治的な側面を明るみに出してもいる（住民たちが分かち持つペロの町の誇りが、訪れる者にスペクタクルとして差し出されている）。この意味で銅像は一種の政治心理学的なアレゴリーであり、この文章で私が示唆したかったのは、その政治心理学こそが、スポーツ競技の本質（あるいは少なくとも本質の大きな部分）をなしているということである。

Ⅱ章　ドーピング、向上医学、スポーツの未来

ジャン＝ノエル・ミサ

要旨

スポーツのパフォーマンス向上問題に、かつてなかった哲学的・倫理的側面が付け加わったのは、ドーピング問題がより大きな領域に包摂されたからである。向上医学の領域がそれだ。古典的な治療医学と向上医学との間の境界線の消失は、二十一世紀の生体医学の主たる特徴の一つをなしている。現代の生体医学においては、新しい薬品や治療技術が、病気を治すためだけではなく、何らかの人間の能力を向上させるためにも用いられうるのだ。医学はもはや治療的とは限らない。医学がパフォーマンスの向上と、人間の「完成」に介入することを期待する者もいるのであり、それはスポーツの領域でも同じことだ。このような文脈にあっては、競技スポーツは「エンハンスメント」の主たる実験場にすらなりかねない。向上のためのバイオテクノロジーとスポーツの出会いは、スポーツの倫理的・哲学的・政治的な問題を提起するのであり、それに答えるのは容易ではない。ドーピングの禁止と弾圧の政策が、可能な唯一の戦略でないことだけは確かだ。

導入

本稿の目標は、ドーピング問題に直面したスポーツの未来についての考察に寄与することである。本稿は異質だが補完しあう二つの部分よりなっている。1部はスポーツのパフォーマンス向上をめぐる哲学的・倫理的な議論を導入することを目指している。より型破りな2部は、私たちがブリュッセル自由大学の図書館で最近になって発見する幸運に恵まれた、とある未刊の手稿の紹介に割かれている。それは二十一世紀と二十二世紀前半におけるスポーツの発展を研究したエッセイである。著者は不明である。二一四四年のブリュッセル・オリンピックの直後に、スポーツ史家で哲学者の人物により執筆されたと思われる。この手稿の謎めいた位置づけについては後ほど立ち返ることにしよう。まずは現代スポーツのパフォーマンス向上問題から取り上げることにしたい。

1　二十一世紀初頭のスポーツと向上

「このような骨格筋への遺伝子移植が実際に運動能力の遺伝子的エンハンスメント、さらには単なる美容的な目的に用いられることはありうるだろうか。ビーチでの見栄えを少しばかりよくするために、胸筋を少しばかり大きくしたいとしよう。ウィルスをほんの少し注入すると、一カ月後には、テレビを見ている間に、筋肉が大きくなっているのだ。」（H・リー・スウィーニー「筋肉の遺伝子的エンハンスメント」二〇〇二年九月十三日金曜日。http://bioethics.georgetown.edu/pcbe/

transcripts)

A　スポーツのパフォーマンス向上についての議論の復活

スポーツのパフォーマンス向上についての議論は、言うまでもなく非常に古くからあるが、ここ数年の進化は目覚ましい。私たちによると、この復活には二つの理由がある。

――第一の理由。世界反ドーピング機関（WADA）の創設

一九九八年のツール・ド・フランスにおけるフェスティナ事件〔チーム・フェスティナ所属の選手たちをめぐるドーピング・スキャンダル〕以後の反ドーピング熱の再燃によって、世界反ドーピング機関（WADA）が創設され、諸々のスポーツ機関は禁止論的な哲学を公式に採用し始めた。世界反ドーピング機関のミッションとは、スポーツにおけるあらゆる形態のドーピング撲滅運動を推進し、連携し、監督することである。一九九九年に独立の国際機関という肩書でそれは設立された。スポーツ団体と各国政府とで平等に構成・出資されたこの機関は、スポーツの諸実践が、世界反ドーピング規程に合致しているかを監督している。この規程は、すべてのスポーツ・すべての国のドーピングにかんする規則を調整した文書である。WADAはドーピングのないスポーツ文化の推進を目標としている。WADAの創設によって、二十世紀末の数十年間に蔓延した、ドーピング撲滅運動にかんする相対的な放任主義が終わりを告げる結果となった。このようなドーピング根絶という政治的な意志が、多くのスポーツ選手に対して比較的長期の出場停止という処分を下し、間接的ながら、マリオン・ジョー

ンズのような卓越したアスリートの収監という結果を導いた。医師や哲学者のなかには、スポーツにおけるドーピングの根絶という目標は、今日では到達不能な理想であると考える者もいる。WADAの政策が非生産的だと考える彼らは、ドーピングの実践を医学的なコントロールのもとで容認するさまざまな実際的アプローチを推奨している。

──〔第二の理由。〕向上医学の出現

──デュマ先生、ドーピングだけを頼りに選手を偉大なチャンピオンにすることは可能ですか？

──それに答えるのは非常に難しいです。現代ではスーパーマンを作れるようになっているのは事実です、科学的な手段によって宇宙遊泳が実現しており、ひょっとすると間もなく月に着陸するかもしれないのですから。平均的な能力の人間からスーパーチャンピオンを作れるようになる──私にはわかりません、この点について答える能力はありません──というのもありうることです。いずれにしても、そのことは非常に重要な道徳的問題を提起します。というのも、どこで歯止めをかけるのですか？　ルノーでは生産高を増やすために旋盤工に薬を出すことになりませんか？　どこにでもいる八歳の平均的な子供を理工科学校《ポリテクニック》生にしようとすることになりませんか？　十歳の子供をつかまえて、水泳や自転車の偉大なチャンピオンにすることに決め、そのあとでどうなるかもわからないという危険を冒して、その瞬間から科学のあらゆる手段を用い、二十一歳でスーパーマンにしようとする。実験室出身のチャンピオンですか？　実験室のチャンピオン、私たちフランスの医師はその点に同意することはないと思います。（〔ピエール・〕デュマ医師「危険注意」『偉業の舞台裏』フランス放送協会、一九六二年二月二十一日）。

スポーツのパフォーマンス向上問題に、かつてなかった哲学的・倫理的側面が付け加わった第二の理由は、ドーピング問題が、向上医学という、より大きな領域のなかに組み込まれたことである。古典的な治療医学と向上医学との間の境界線の消失は、二十一世紀の生体医学の主たる特徴の一つをなしている。現代の生体医学においては、新しい薬品や治療技術が、病気を治すためだけではなく、何らかの人間の能力を向上させるためにも用いられうるのだ。近年の調査によって明らかになったのは、アメリカの大学においては、学術的なパフォーマンス向上のために、認知に作用するドーピング剤を服用することが、普通の慣行になっているということだ。[1] スポーツ選手たちがパフォーマンス向上のために用いる、アンフェタミン、エリスロポエチン、副腎皮質ホルモン、成長ホルモンのような物質は、もともと治療目的で用いられていたものである。同様に、遺伝子治療や幹細胞注入のような医療テクノロジーは、スポーツ選手の向上目的に応用が可能である。このような進化は、医療行為におけるパラダイム変換の表われである。古典的な治療医学のなかから、治療ではなく向上が目的の別の医学、すなわち「ドーピング医学」が、密かに発達していたのだ。哲学者で生命倫理学者のカール・エリオットは、著書『ベター・ザン・ウェル』のなかで、現代アメリカ社会における向上テクノロジー（エンハンスメント・テクノロジー）の多様な側面を分析してみせている。[2] ここ十年ほどの間に、アメリカ、ついでヨーロッパで、多くの著者——医者、哲学者、生命倫理学者、法学者——が向上テクノロジーという主題に関心を寄せるようになっている。[3] 医学はもはや治療的であるだけではない。スポーツの領域を含めた、パフォーマンスの向上や人間の「完成」に、医学が介入することを期待する者もいるのである。こうした文脈においては、競技スポーツは「エンハンスメント」の主たる実験室の一つとなりうる。[4] アスリートたちはしばしば、自分たちのパフォーマンスを向上させるためなら、ドーピング製品や実験段階の技術に頼ることを含めて、リスクを冒すことを受け入れるのである。競技に勝ち、記録を破り、メダルを獲得するためなら、現在のところは闇で行なわれているさまざまな実験のモルモットになることを受け入れる選手も、一部には存在するのだ。向上のためのバイオテクノロジーとスポーツの出会いは、倫理や哲学、スポーツ政策にかかわる、解決の容易ではない問題を提起する。ドーピングを禁止・弾圧する政策が、可能な唯一の戦略ではないことは確かだ。今日のWADAの活動を下支えするものとは別の倫理的（そして政治的）な立場も存在するのである。他の解決法が実地で検証されるためには、今日の反ドーピング政策の有効性の欠如と失敗の公算とが確かめられるのを待つほかないだろう。自由主義的な倫理を標榜する一部の者は、スポーツにおける向上テクノロジーを条件つきで合法化することを、すでに主張している。合法化にも副作用があるとはいえ、彼らの議論は真面目に取り上げるに値するものだ。反ドーピング政策の帰結についてや、スポーツにおいて向上テクノロジーを頼りにすることの正当性、あるいはアスリートたちができる限り最良の条件で自らの職業に従事することを可能にするためにどのようなスポーツ政策を擁護すべきかについて、広範な社会的議論が忌憚なく開始されるべきであろう。

B　バイオテクノロジー、向上、スポーツ——遺伝子治療という例

確かなのは〔…〕一部のコーチや選手が、新たなごまかしのための巧妙な手法を見つけ出すことに余念がないということである。最初はステロイド、次はＥＰＯ〔エリスロポエチン〕、それからヒト成長ホルモン、そして今は遺伝子治療が、違法のチャンピオンである。（Ｔ・フリードマン T. Friedmann, O. Rabin, T.S. Frankel, "Gene doping and sport," *Science*, 327, 2010, pp. 647-648）

選手たちを助けるということは念頭になかった。だが筋肉の質や血液の供給、骨の強さを高めるという遺伝子研究が発表されるたびに、電話は鳴りやまなくなる。そういう人たちはインターネット上で、自分たちをより強く速い選手にしてくれるものはないかと漁っているのだ。（Ｈ・リー・スウィーニー H. Lee Sweeney, quoted in Robin McKie, "The drugs do work," *The Observer Sport Monthly*, February 4, 2007）

二十世紀、スポーツにおけるドーピングは、薬物学の進歩と歩みをともにしてきた（アンフェタミン、ステロイド、成長ホルモン、エリスロポエチン）。ここ数年は、遺伝子治療の発展が、スポーツにおけるパフォーマンスの向上のための新たな道具を提供してきた。治療医学と向上医学との間の境界線の消失を見事に浮き彫りにしているのが、たとえばスポーツにおける遺伝子治療の使用の可能性である。[5] 遺伝子治療はアスリートのパフォーマンスに関係する生理的機能の遺伝的改変を可能にする技術をもたらす。遺伝子組換えのテクノロジーは、筋ジストロフィーのような病気の症状を和らげる

だけでなく、高齢者の筋力をアップさせたり、スポーツ選手のパフォーマンスを向上させたりすることもできるかもしれない。スポーツ選手のパフォーマンスに関係し、遺伝子組換えによって改変可能な数十の遺伝子が、すでに特定されている。特別な「運動能力」を備えた遺伝子導入マウスが、科学者たちによって作り出されているのだ。[6]

スポーツのパフォーマンス向上に影響しうる遺伝子組換え実験を実現したのは、ボルチモアのジョンズ・ホプキンズ大学の分子生物学教授セジン・リーが最初の一人である。リーは筋肉にいつ成長を止めるべきかを司令するプロテインの一つであるミオスタチンの機能を特定した。[7] マウスによる実験により、リーはミオスタチンの合成をコード化する遺伝子を不活性化した。誕生したのは筋肉が肥大化したマウスである。結果を公表したセジン・リーが受け取ることになったのは、筋肉の病気で苦しむ患者たちからばかりでなく、人工的なやり方で筋力を増強したいと願い、自分の体で遺伝子治療の実験をすることにやぶさかでないスポーツ選手やボディビルダーたちからのメールだった。一九九八年にはペンシルヴァニア大学の生理学教授H・リー・スウィーニーが、筋肉の同化作用に関与するIGF−1（インスリン様成長因子1）を生成するように遺伝子を組み換えたマウスについての実験結果を発表した。筋肉が肥大化したスウィーニーのマウスは、アメリカのマスコミにより「シュワルツェネッガー・マウス」と命名された。スウィーニーもまた、科学の進歩の恩恵をいち早く得たいと願うスポーツ選手たちからの多くの懇願を受け取ることになった。[8] チームをまるごと遺伝子実験の実験台にしようとしたアメフト・チームの監督やプロレスのコーチさえいたことを、彼は認めている。「たとえ危険だと説明しても、一部のアスリートは実験を試すつもりでいた」と、スウィーニーは付け加える。[9] 遺伝子治療によるドーピングの可能性は、リチャード・ハンソン率いるチームの研究によっても再び盛り上がりを見せた。ハンソンにより遺伝子を組み換えられたマウスは、例外的なアスリートとしての特質を備えていたのである。

マウスたちのパフォーマンスの向上は目覚しいものだった。ランニングマシーンの上のマウスたちは、通常ならば二〇〇メートルで立ち止まるところを、毎分二〇メートルの速さで六キロメートルまで走ることができたのである。この変化はある遺伝子が骨格筋のなかで過剰発現したことと関係している。酵素「サイトゾル・ホスホエノールピルビン酸カルボキシキナーゼ」（PEPCK－C）の遺伝子がそれである。この酵素は細胞の「燃料」であるブドウ糖と、脂肪のなかに存在するグリセロールの合成に関係している。マウスの能力の向上は、四〇％高くなった酸素摂取量と、乳酸生成の低下によって説明がつく。イギリスの日刊紙『ザ・インディペンデント』からの取材に対して、リチャード・ハンソンは、自分の研究から導き出された知見が、筋肉のパフォーマンス向上に結びつく薬品の開発に役立つかもしれず、そのような分子をスポーツ選手がドーピングのために濫用する「可能性が高い」ことを認めている。[10]

新たな遺伝子テクノロジーにより、アスリートたちがミオスタチン遺伝子の発現をブロックしたり、IGF－1やPEPCK－Cの生成を増加させたりすることができたとすれば、変化はゲノムに書き込まれていることになる。この段階に至れば、改変を特定する唯一の方法は、筋肉生体検査であるが、それを日常的なドーピング検査の枠組みのなかで実施するのは困難である。一部の選手やトレーナーたちは、スポーツのパフォーマンスの遺伝学的な基盤についての研究の発展を、注意深く見守っている。遺伝学のテクノロジーをスポーツに用いようという試みはすでに実行に移されている。あるドイツ人トレーナーが入手を試みたリポクシジェン（Repoxygen）という「遺伝子治療薬」は、筋肉細胞内にエリスロポエチン遺伝子の発現を導入する遺伝子導入ベクターである。[11] 二〇〇八年の北京オリンピックに先立って、中国の遺伝学ラボは遺伝子組換え関連サービスの提供を始めた。このような改良目的の遺伝子治療の試みが、実際にDNAの組換えや望んだ効果の発現に結びつくのかは未知数だが、いずれの試みも、こうしたテクノロジーのスポーツ界での使用が差し迫ったものであることを示しているように思われる。「遺伝子組換えには非常に簡単なやり方もあるので、分子生物学の学生でも行なうことができる」と認めるのはスウィーニーである。[12] 二〇〇三年から世界反ドーピング機関の遺伝学委員会は、体内に存在する、人工的に組み換えられた遺伝子や、遺伝子導入時に運搬役として用いられるウィルスを検知するための研究プログラムに予算をつけている。しかし今日でもなお、血液や尿から検知できるようなテストを実現できたプロジェクトは存在しない。遺伝子ドーピングは、アスリートの筋肉の組織検査をしなければ発見できないのである。このような向上テクノロジーがスポーツにおいて現実となれば、その検出は著しく困難なものとなるだろう。反ドーピングの検査官たちにとって、「いかさま師」を特定することは、今以上に骨の折れる任務となるだろう。だがドーピングをすることは必ずしもいかさまをすることではない。すべてはスポーツの哲学に、そしてスポーツのパフォーマンス向上に関してどのような規則を採用するのかに左右されるのだ。

C　反ドーピング政策の非効率性と悪影響

世界反ドーピング機関（ＷＡＤＡ）が発展させたドーピング撲滅運動のイデオロギーは、薬物戦争を下支えするそれと似ている。結果主義的な倫理の観点からすると、こうした態度を採用することが最適とはとても言えない。今日では、スポーツにおいてドーピングを排除するのは不適切な解決法であり、失敗を定められていると考える者もいる[13]。そういった者たちが擁護するのは、一部のドーピングを、医師による監視のもとで許可するという、現実主義的なアプローチである。ＷＡＤＡのメンバーたちは、ドーピング撲滅運動を善と悪の戦いだと見なすことが非常に多く、この戦いの正当性や、考えられる悪影響について自問しようとすらしない[14]。ラディカルな反ドーピング政策の倫理的・哲学的な基盤について、広い議論が湧き上がることを促す必要があり、またこの政策がスポーツ選手たちの生活にどのような影響を及ぼすのか、考えてみなければならない[15]。私たちが見出したのは、スポーツ選手のパフォーマンス向上についての議論においてしばしば見過ごされがちでありながら、今日の反ドーピング政策の有効性や妥当性に疑問を付すような、六つの論点である。

第一の論点——競技スポーツは平等主義哲学には属さない。

人生とは戦いだ。ツール・ド・フランスは戦いだ。弱者たちに災いあれ。（アンドレ・ルデュク André Leducq, *Une fleur au guidon*, Paris: Presses de la Cité, p. 16）

足の速さとはギフトであり、持って生まれてくる何かだ。どんなに一生懸命トレーニングをしようと、世界一のコーチやスタッフに恵まれようと、速く走るようにできていなければ、速く走れるようには決してならないだろう。（ドウェイン・チェンバース Dwain Chambers, *Race against me. My story*, London, Libros International, 2009, p. 3）

ダイヤモンドを見つけても、すぐにダイヤモンドだとはわからない。洗って磨かなければならない、そうすればそれはダイヤモンドのように見えるようになる。コーチ術も同じことだ。最大のスピードに到達できる才能を持つ誰かを探し出さなければならない、そうすればその才能を伸ばすことができる。（レミ・コーチェムニー Remy Korchemny, quoted in M. Fainaru-Wada & L. Williams, *Games of Shadows*, New York : Gotham Books, 2006, p. 87）

平等はプロスポーツの主要な価値ではまったくない。競技スポーツとは根本的に不平等である。図式的にいえば、勝利する選手とは、最良の遺伝的可能性を持ち、最適なトレーニング条件と医療スタッフに恵まれた者である。「同じ土俵での戦い」（"To compete on a level playing field"）という表現はまやかしだ。世界反ドーピング機関が「世界のスポーツ選手たちに公平と平等を保障するために(16)」ドーピング技術や製品の使用を禁じるとき、同機関は暗黙のうちに、スポーツを生まれながらの不平等の公平な審判とみなす自然主義哲学を擁護しているのである。この観点からすれば、公平であるとは、不平等を尊重するということだ。

第二の論点——ドーピングとは「パフォーマンスを最大化する」という競技スポーツの本質の論理的な帰結である。

誰もが優位に立ちたい、誰もが勝利したい。
それこそが決まりだ。それこそがスポーツだ。（ベン・ジョンソン Ben Johnson, in *Reputations. The Ben Johnson Story*, BBC documentary）

ドーピングの禁止は競技スポーツに構造的な矛盾を導き入れる。スポーツ選手に自らを乗り越えることを求めながら、異論のある根拠に基づいて、この乗り越えを可能にする方法を禁じようとしているのだ。ドーピングとは、パフォーマンスの最大化の追求の論理的帰結以外の何物でもない。競技スポーツの性質そのものが、生物医学的調合物によってトレーニングを補うことをアスリートたちに促す。是が非でもパフォーマンスを向上させるという、競技スポーツの論理の核心をなす実践を禁じようとするとは、逆説的なことにも見える。アスリートに「自らの乗り越え」を、記録の更新を求めながら、同時にドーピングに頼ることを禁じているのである。向上のテクノロジーや製品を用いることなしに、フローレンス・グリフィス・ジョイナーの一〇〇メートル一〇秒四九（一九八八年）[17]が近い将来破られたり、自転車競技のタイムトライアルで、マルコ・パンターニによるアルプ＝デュエズの山登り三六分四五秒（一九九七年）が超えられたりする可能性は低い。一部の記録は「生まれながらの」身体では破ることが不可能なのだ。もちろんこのような向上の追求が不条理だと見なすこともできるし、記録を破ろうとすることをあきらめるべきだと考えることもできるが、それはつまり返す刀で競技スポーツの息の根を止めることになるだろう。だがそれは空想的であり、あまり望ましい目標とは言えない。

第三の論点――ドーピングはスポーツの現実と精神と歴史の一部である。

――現役時代、あなたはドーピングをしたことがあるのですか、ロジェ・リヴィエールさん？

――世界選手権のような重要な試合や大記録の樹立のために、ドーピングをすること、医師の助言のもと正当にドーピングをすることが有益であると考えるのは、当然のことです。重要な試合のためには、必要であり、重要であり、有益ですらあるのです。

――つまりアワーレコード〔一時間の走行距離の記録〕の樹立のためにドーピングをしたのですね？

――ニースで勝利するために、二つの記録を樹立しました。一つ目は四万六九二三キロ。二つ目は四万七三四七キロを記録しました。一つ目の記録は絶対に何も使っていません。一つ目の経験から、二つ目の記録を樹立するためには、特に最後の一五分の疲労は激しいので、ドーピングをしなければならないと理解しました。（ロジェ・リヴィエール Roger Rivière, "Attention danger," *Les coulisses de l'exploit*, ORTF, 21 February 1962）

インチキをしていないアスリートは世界中で私だけだと固く信じていた。（ドウェイン・チェンバース Dwain Chambers, *Race against me*, Libros, 2009, p. 100）

世界反ドーピング規程の基本原理には、「ドーピングはスポーツ精神の本質そのものに反する」と述べられている。[18] これは真実に反することである。ドーピングは競技スポーツの一部をなしているのであり、競技スポーツの現実、歴史、論理、ひいては「本質」——存在論の用語を敢えて用いるというのであれば——と一体なのである。[19] 陸上競技や自転車競技のような一部の種目においては、ドーピングは慢性的である。自転車競技を例として取り上げてみよう。アンフェタミン、副腎皮質ホルモン、アナボリックステロイド、ＥＰＯ〔エリスロポエチン〕、ＰＦＣ〔ペルフルオロカーボン〕、遺伝子ドーピング……。時代に応じて好まれる製品も移り変わってきた。第二次大戦後に、自転車選手の基本的ドーピングとなるのがアンフェタミンである。この時代にアンフェタミンに頼らなかった選手はまれである。この興奮剤の摂取による身体的特徴は、チャンピオンたちのレース戦略のなかに役目を持ってさえいた。[20] 自転車チームの隠語でドーピングは「チャージ」と呼ばれていた。「チャージ」する選手がいなければツール・ド・フランスはありえなかっただろうと考える者は多い。アメリカ軍兵士により持ち込まれたアンフェタミンは、戦後の自転車選手のドーピングの基本となった。アンフェタミンは苦痛を軽減して、ペダルを漕ぎたいという欲求を高めてくれた。「ドーピングをしない者はあらかじめ敗北を定められた哀れな人間だ」と、ツール・ド・フランスの共同ディレクターであるフェリックス・ルヴィタンは、『スポーツの鏡』（*Miroir des sports*）誌の一九六五年号で単刀直入に記している。アンフェタミンという飛び道具は、苦痛の臨界を押し戻した。選手は自らの限界に気がつかなくなった。ペダルを漕ぐマシーンと化したのである。すべてが順調ならば勝利まで。一九六七年のヴァントゥー山の山登りで突然崩れ落ちたトム・シンプソンのように、過度のチャージで人間ボイラーが爆発した場合には、崩落まで。自転車チームの隠語で「ボイラー」とはドーピングした選手のことである。命を落としたシンプソンの身体の分析結果によれば、死因はアンフェタミンの摂取が暑さと疲労、アルコールと結びついたことによるものだった。副腎皮質ホルモンは一九七〇年代から八〇年代にかけてもっともよく用いられた薬品の一つである。ツール・ド・フランス二連覇のロラン・フィニョンは著書『われわれは若くて怖いもの知らずだった』において、副腎皮質ホルモンを頼りにしたことを認め、自転車選手の隠語では「お勧めを果たす」という表現がドーピング薬品を摂取するという意味であると語った[21]。

エリスロポエチン（ＥＰＯ）が自転車競技界に登場したのは一九九〇年ごろのことである。エリスロポエチンは赤血球の生産を活性化する。遺伝子工学により人工的に作り出されたＥＰＯは、血液透析を受けている一部の腎臓不全患者や、重症の貧血の治療のために処方されている。自転車競技ではそれがパフォーマンスの向上に貢献した。治療から改良へというお決まりの進化である。一九九〇年代と二〇〇〇年代にＥＰＯを摂取せずにツールに勝利することは実質的に不可能だった。ＥＰＯの使用は自己輸血という古典的な手段と組み合わせることができた。検査のない冬の間、選手はＥＰＯ治療を受けた血液を採取し、冷蔵しておき、競技での使用のために準備しておく。薬品類や血液パック、ヘマトクリット値検査のための小型遠心分離器の揃った選手の寝室は、さながらメディカルラボのようだった。プロの自転車競技の世界に到達するためには、ドーピングという通過儀礼を経ることが義務であると言ってよかった。それなりに才能ある新参者は、ドーピングをしなくても自転車競技をやっていけると、最初のうちは思うものである。体は若く、回復も早いので、レースに勝ち、チャージしているとの噂のライバルとすら互角に勝負できた。やがてレースの頻度や数が増えると、「治療を受けている」者と自分との間の溝に、すぐに直面することになる。そうなると実行に移す日は徐々に近づいてくる。注射で投与されるが副作用はない薬品が、まずは提案される。これは心理的な障壁を乗り越えるための第一ステージである。というのも若い自転車選手の頭の中では、注射はドーピングの同義語だからだ。当然のように次の段階がやってくる。体力回復のための薬品のおかげで動きは改善したので、危険はないと言ってチームメイトが勧めてくれた、よくある副腎皮質ホルモン錠剤に手を出す。はじめのうちは効き目は明らかである。だがやがて耐性ができてくると、服用量を増やしたり、ステロイドやアンフェタミン、EPOなどの、もっと強い薬品に手を出したりせずにはいられなくなる。すべての選手がこの仮借のない悪循環を経験している。人よりも長く踏みとどまる者もいるが、ほとんど全員が、プロの自転車選手という仕事を守るために、そして自転車に対する愛のために、屈服するのである。確かにドーピングはチームから公式に強制されるわけではない。だがドーピングしなかった者は、契約が更新されない恐れが十分にある。最終的な勝利の候補者に仲間入りするチャンスがないこともわかりきっている。ドーピングは自転車競技文化のなかに組み込まれているのだ[22]。ドーピングはスポーツ精神に反すると述べることは、スポーツの歴史と現実を否定することである。ドーピングは競技スポーツの核心をなしている[23]。プロスポーツの本質が、生物医学的な薬品調合によってトレーニングを完成させるように、アスリートたちを導いているのである。この事実を嘆いて、存在すらしたことのない純粋なスポーツのノスタルジーに浸りながら生きることもできる。しかしドーピングや生物医学的なテクノロジーへの依存が、パフォーマンスの最大化という、トップレベルのスポーツの哲学のなかにもともと含まれていることを、否定するのは難しい。競技スポーツの根本的な哲学に由来する行為を禁じようとするのは、矛盾ではないだろうか。スポーツ選手の生物医学的な向上はトップレベルのアスリートの育成の一部であることを認めたほうが、理に適ってはいないだろうか。[24] 自転車競技の世界についての社会学的な調査において、クリストフ・ブリソノー、オリヴィエ・オベル、ファビアン・オールは、薬理学がトレーニング計画に組み込まれていることを明らかにしている。「薬理学なしにトレーニングの負荷をこなすことは不可能になっている。トレーニング量(時間単位)、心拍数(一分あたり)、使われたギア比、摂取する薬品の種類および投薬量が、トレーニング計画に組み入れられている。この四つの主要なパラメーターこそ、動作の合理化と、パフォーマンスに役立つすべてのテクノロジーの動員のために、薬理学が組み込まれていることとの反映である」[25]。トレーニングによって生まれつきの才能を伸ばし、手に入る限りで最良の生物医学的な調合を追求することで、パフォーマンスを最大化すること。これこそが、世界反ドーピング規程の語る善意やスポーツ精神についての素朴な一般論よりもはるかに正確に、現代スポーツの精神を定義づけているのである。

第四の論点——反ドーピング哲学はスポーツにおける建前と偽善の根源である。

「――リック・ヴァン・ステーンベルヘンさん、現役時代にあなたはドーピングしたことがありますか？

――ありません。当然私はいつもよく食べていましたから！」（リック・ヴァン・ステーンベルヘン Rick Van Steenberghen, «Attention danger», Les coulisses de l'exploit, ORTF, 21 February 1962）

事情聴取がなされたが、それほど厳しい質問は出なかった。率直にいえば、われわれは本当に幻想を打ち砕こうとは願っていなかったのだ。カナダ人にとってはできすぎの物語だったし、われわれはヒーローを必要としていた。アメリカ人を打ち負かすヒーローをね。（アル・ソーケル〔カナダ人ジャーナリスト〕Al Sokel, in *Reputations. The Ben Johnson Story*, BBC documentary）

奴らは君を欺いているんだ、ドウェイン。君はとても才能のあるアスリートだが、平等な競技場で勝負しているわけではないんだ。システムがインチキを許容しているのさ。（ヴィクター・コンテ Victor Conte, *in* Dwain Chambers, *Race Against Me*, Libros, 2009, p. 61）

第四の論点は、裏表のあるルールのシステムが持つ曖昧さに関係している。公式のルールはドーピングを反則とみなしているが、非公式のルールは、一部の競技において、選手たちがドーピング製品に手を出すように強いているのである。このような二重のシステムは、すさまじい偽善を生み出している。

一方で、WADAやその他の国際スポーツ機関の責任者たちは、「ペテン師」狩りを繰り広げようとしている。しかし実際にはアスリートたちは、勝負に踏みとどまろうと望むのなら、ドーピング製品を摂取せざるを得ない状況に、年々追い込まれているのだ。誰もがドーピング現象の根の深さに気づいている。しかし公式の言説では、それが安易に勝利を得ようとしてルール破りに走る一部の悪い選手にしか関係がないのだと思い込もうとしている。この観点からすれば、一部の者が目指そうとしている、医師の指導下でのドーピングの合法化は、裏表のあるルールのシステムに終止符を打ち、スポーツにさらなる透明性と公平さをもたらすことができるであろう。『チャンピオンたちの名誉』と題された著作のなかで、オリヴィエ・ダザは正当にもドーピング問題の偽善に対して批判を投げかけている。「競技の世界はいかさま師の見分け方がわかっている。公権力によって名指された者がいかさま師なのではない。競技の世界の掟は口伝えである。〔…〕彼らが綺麗事を口にしたり、嘘をついたりするのは、彼らの真実がわれわれのあずかり知らぬところにあるからだ。〔…〕つまりここでは二つの道徳が悲劇的に対立しているのである。公の道徳——ありそうもないスポーツの倫理を振りかざして、選手たちの身柄を拘束することを是とする、天使の顔をしたテロリズム。〔…〕そして興奮剤と計略への過剰な依存が染みこんだ、深刻なまでに不純な土壌の上に成り立つ、競技の世界の原始的な道徳。〔…〕われわれの社会が押し付けようとするチャンピオン像は、スポーツのためのスポーツという高尚なものの庇護のもとにペダルを漕ぐ、思考力を奪われたミスター潔癖《クリーン》にも似ている。しかしこれは大したスポーツではないか？」[26]

第五の論点――許容されるドーピングと許容されないドーピングとの間の境界線は恣意的に定められ、常に変化し続ける。

高いヘマトクリット値は、とりわけ持久力を必要とするスポーツにおいて、パフォーマンスの向上を可能にする。[27] コレット・ベッソン、ラッセ・ビレン、ケネニサ・ベケレ、ハイレ・ゲブレセラシエ、エーロ・マンティランタ、ビャルヌ・リース、マリオン・ジョーンズ、マルコ・パンターニ、リカルド・リッコ、フロイド・ランディスといった選手たちが、それぞれの競技において試合に勝てたのは、血液中の赤血球の増加によって、パフォーマンスがひときわ向上したおかげである。それぞれの選手の間の違いは何だろうか。ドーピング規則に違反した者もいれば、そうでない者もいる。ベッソン、ビレン、マンティランタ、ベケレ、ゲブレセラシエは、許容範囲内にとどまっている。彼らは一度も規則を破っていない。一九六八年オリンピック陸上女子四〇〇メートルのチャンピオン、コレット・ベッソンは、ヘマトクリット値を人工的に上げるために高地トレーニングを実施した最初のアスリートの一人である。このやり方は今でも認められている。陸上長距離競技のスペシャリストであるベケレとゲブレセラシエは、エチオピアの高地で生まれ育ったために、生まれつきヘマトクリット値が高い。フィンランドの長距離スキー選手エーロ・マンティランタは、一九六〇年から六八年までの冬季オリンピックで七個のメダルを獲得した。[28] 彼はエリスロポエチン受容体の変化に結びつく遺伝子の変異という、ライバルに差をつけるアドヴァンテージを有していた。この変化は結果としてヘマトクリット値を上昇させ、マンティランタは一種の「天然ドーピング」の恩恵をうけることになった。ラッセ・ビレンがミュンヘンとモントリオールの二つのオリンピックで五〇〇〇メートルと一万メートルの二種目の金メダルという、ザトペックですら達成できなかった、いまだに更新されていない偉業を達成できたのは、輸血のおかげだと見なす者もいる。しかし当時は自己輸血はスポーツの規程では禁止されていなかった。高圧酸素カプセルは現在でも禁止はされていない。この方法は選手を人工的に高地環境に置くことにより、ヘマトクリット値を上げることができる。ビレン、ベケレ、ゲブレセラシエ、マンティランタが、競技機構から告発されたことは一度もない。彼らの「ドーピング」は「生まれつき」と判断されるか、もしくは当時有効だったスポーツ規程によって許容された。「ミスター六〇％」とあだ名された自転車選手のビャルヌ・リースは、一九九六年のツール・ド・フランス勝利の際にエリスロポエチンのドーピングを行なっていた。血液中のエリスロポエチンを検知できるテストが当時はまだ存在しなかったのだ。二〇〇七年になってリースは真相を語ったが、最終的にはマイヨ・ジョーヌを保持することができ、彼の名はツールの優勝者名簿に残された[29]。マリオン・ジョーンズ、マルコ・パンターニ、リカルド・リッコとフロイド・ランディスは、それほど幸運ではなかった。彼らはエリスロポエチンや他の薬剤を使ってパフォーマンスを向上させていた。彼らはドーピングを告発され、それによってスポーツ選手としての人生にあらゆる悪影響がもたらされることになった。イタリアの自転車選手マルコ・パンターニは、彼の世代ではもっとも才能ある選手だったが、彼のヘマトクリット値が検査で当時の規準である五〇％を超える値を示したため、一九九九年のジロ〔イタリアの自転車レース〕を失格処分になった。この事件の後に、パンターニはメディアや法廷からのバッシングを受け、二度と立ち直ることができなくなった。うつ病を患った彼は、二〇〇四年二月にリミニのホテルの一室で自らの命を絶った。二十世紀を代表する女性アスリートのマリオン・ジョーンズは、一九九九年からドーピング薬物を服用していたことを、後になって認めた。五つのオリンピック・メダルの返還が求められた。バルコ社のドーピング事件への関わりをすべて否定した彼女は、二〇〇八年一月に偽証罪で禁錮六カ月の判決を下された。不正薬物を用いたことを否定したために六カ月の禁錮刑である。フロイド・ランディスは、ツール・ド・フランス七連覇のランス・アームストロングの元チームメイトで、二〇〇六年のツール・ド・フランスの優勝者であるが、異常に高いテストステロンの数値により、タイトルを剝奪された。マイヨ・ジョーヌを剝奪され、二〇〇九年一月までの出場停止が命じられた。フロイド・ランディスはツールの勝利者名簿から姿を消したが、ビャルヌ・リースは、同様の違反を犯したことを認めているのに、名をとどめている。なぜだろうか。これらの例は反ドーピング規程の恣意的な性格を浮き彫りにしている。なぜランディス、パンターニ、ジョーンズのような才能ある選手たちの人生を糾弾し、破滅させるのか。マンティランタの遺伝子変異による生まれつきのヘマトクリット値の上昇が、パンターニやランディスの人工的なヘマトクリット値の上昇よりも合法的であるとみなすのはなぜだろうか。パンターニやランディスを告発し、マンティランタを英雄扱いするのはなぜだろうか。あらゆるスポーツ選手がドーピングしていると言ってもおかしくはない、なぜならあらゆる選手の体は人工的に改変されているからだ。エリスロポエチンの上昇をもたらす高地トレーニングは認めて、エリスロポエチンの直接の注入を禁じるのはなぜだろうか。あらゆるスポーツ選手がドーピングをしているが、違反者は一部である、なぜなら彼らはスポーツを支配する規則や掟に背いたからだ[30]。ところがこれらの規則は不動のものではない。変更がなされうるのである。

第六の論点——反ドーピング政策は無力であり、なおかつ多様な悪影響を生み出している。

——無力さ

ドーピング戦争に決して勝利はない。ドーピングにあるのは部分的な勝利だけだ。（ファン・アントニオ・サマランチ Juan Antonio Samaranch, *New York Times*, 2 July 2001）

ドーピングなしにツール・ド・フランスに勝利することは不可能だ。レースのスピードを見れば分かる。毎年時速四〇キロメートルくらいだ。私がレースに参加した年も、フロイド・ランディスが勝利した年も、今年も同じである。つまり選手たちはまだドーピングしているということだ。（ベルンハルト・コール Bernhard Kohl, *New York Times*, 4 October 2010）

今となっては、エリートレベルのスポーツ——オリンピックやプロスポーツ——においては何十年もの間パフォーマンスを変化させる薬物があちこちで使われていることがお分かりだろう。具体的な数には立ち入らないが、私の見解からすると大多数である。（ヴィクター・コンテ Victor

Conte, quoted in *Conte labels Olympics "a fraud"*, BBC Sport, 6 May 2008)

一九九八年からの反ドーピング政策の強化は、ドーピングを食い止めることができなかった。[31]「スキャンダル」は後を絶たない。[32]陸上や自転車のような一部の競技においては、数十年ものドーピング撲滅運動にもかかわらず、多数の選手が薬物を摂取し続けている。オーストリアの自転車選手ベルンハルト・コールが、二〇〇八年のツールでの再検査の結果、第二世代エリスロポエチンであるCERA（持続性エリスロポエチン受容体活性化剤）の陽性反応を出したことで明らかになったのは、一部の者がいかに巧みに発覚を避けているかということだった。自己輸血のためのヘモグロビンの冷凍パックの輸送や、世界反ドーピング機関公認の中欧のメディカルラボが非合法の予防的検査を実施するために陥っている腐敗、さらには検知不可能な新物質の使用。ドーピングする選手たちはコントロール政策に適応しているのだ。ツール・ド・フランスで新製品がお披露目される。第三世代エリスロポエチンであるヘマタイドや、筋肉に作用する薬物AICARが、すでにスポーツ界に出回っている一方で、遺伝子ドーピングの脅威は、リポクシジェン（Repoxygen）の使用の見通しとともに現実味を帯びている。スポーツにおけるドーピング問題についての大規模な調査の総括であるミッチェル報告によれば、アメリカでは検査の強化は非合法の薬物の摂取を食い止めたのではなく、検知の難しい、あるいは検知不可能な別の薬品に選手たちを向かわせただけだった。[33]こうしてバルコ事件（二〇〇三年に発覚したバルコ社をめぐるドーピング疑惑）の主人公であるヴィクター・コンテ[34]は、化学者のパトリック・アーノルドに、検知不能な新しい合成ステロイドを注文したのである。この新ステロイドTHG

は、陽性反応を回避することができたので、「クリア」とあだ名された。コンテは「クリア」をアメリカのアスリートや野球選手に提供していた。この薬物は、コンテの元協力者でコーチのトレヴァー・グラハムが、反ドーピングの検査ラボの責任者であるドン・キャトリンに、薬物の残留した注射器を送り届けるまで、反ドーピング当局には知られていなかった。コンテはトップレベルのスポーツ選手たち（マリオン・ジョーンズ、ティム・モンゴメリ、ドウェイン・チェンバース……）に、ドーピング薬物の摂取プログラムを提供していた。カレンダーには摂取すべき薬物のタイプが記されていた。エリスロポエチンはE、成長ホルモンはG、インスリンはI……。段階的に実施されるプログラムのおかげで、アスリートは異常な生理学的数値を出すことなしに、薬物の恩恵を十二分に受けることができた。コンテは大会前に自分の選手たちを「事前テスト」していた。手帳には、正式の検査で良からぬサプライズが起きることを是が非でも避けるために私設ラボで定期的に確認していた、選手たちの血液検査と尿検査の結果が記されていた。ドーピング検査が比較的無力であることは、スポーツの倫理と正義に関する深刻な問題を提起する。非常に多くのドーピング選手が網の目をくぐり抜けているのである。だとすればドーピング薬物を摂取していない選手は、暗黙裡にドーピングしている選手に比べて不利だということになる。勝者がしばしば「いちばんのいかさま師」、つまりいちばん狡猾で、ずる賢く、あるいはいちばん運がよい者であるという状況は、きわめて不道徳である。

——選手たちの私生活に対する脅威

犯罪者のような気分だ。（ラファエル・ナダル）

反ドーピング哲学の信奉者たちは、より大規模で、より新しい手段が手に入れば、ドーピングは徐々に根絶できると考えている。こうした態度により必然的に導き出されるのは、プロスポーツに対する、官僚的・法的・政治的な束縛の増加である。抜打ち検査、生体パスポート、事後検査に備えての血液サンプルの低温貯蔵、選手の寝室の家宅捜索、将来的にはおそらく遺伝子ドーピングを防ぐための筋肉生体検査……。全人生をスポーツに捧げている選手たちに、このような束縛を課することは、はたして合理的なのだろうか。ドーピング撲滅運動はスポーツ選手の私生活を侵害する。抜打ちのドーピング検査は、大会中やその前後のいかなる時点においても行なわれうる。選手は検査員に自分の居場所を常に伝えておく義務がある。もし選手が十八カ月の期間中に抜打ち検査を三回受けそびれたとすれば、出場停止処分を受ける可能性がある。[35] 検査手順の厳しさは明らかにエスカレートしている。最近になってＷＡＤＡは、真夜中の検査を推奨している。[36] しかし他のどんな社会の分野が、このような束縛を個人に課することを許しているというのか。ちょっとした移動でも反ドーピング機関に知らせなければならないような、潜在的犯罪者として選手を取り扱うことの合法性については、より深く考えて見る必要があるだろう。選手たちのなかからは、自分たちの私生活の尊重のために立ち上がろうとする動きも始まっている。テニス選手のラファエル・ナダルは近頃、「犯罪者のような気分だった」と語りながら、検査手順を批判した。一日につき一時間、自分の居場所を毎日報告しなければならないことに、彼は不満を述べたのである。ベルギーでは六五人の選手が、検査はあまりにも干渉的で、私生活にかんするEU法を侵害しているとして、世界反ドーピング機関を法的に訴えた。

――スポーツの重罪化とアスリートの悪魔扱い

とんでもないことだよ。連続殺人犯でも彼〔ベン・ジョンソン〕ほど批判を浴びたりはしなかった。（ベン・ジョンソンのコーチだったチャーリー・フランシス Charlie Francis, in *Reputations. The Ben Johnson Story*, BBC documentary）

誰にも許してもらえないだろうと彼〔ベン・ジョンソン〕は言っていた。彼は誰かのケツの穴を掘ったのですか。誰かの子供のケツの穴を掘ったのですか。よしてください。六週間にわたって週三回スタノゾロールを〇・五cc摂取したというのが、彼のしたことですからね。たいしたもんだわ。（ベン・ジョンソンのチームメイトだったアンジェラ・イサジェンコ Angela Issajenko, in *Reputations. The Ben Johnson Story*, BBC documentary）

今日のWADAの政策はスポーツ選手を犯罪者扱い・悪魔扱いすることに向かっている。反ドーピング政策の名のもとに、一部の競技ではスポーツの歴史的現実やスポーツ文化を否定するような偽りの純粋さを選手たちに押しつけてすらいる、スポーツの権威者たちは、容赦のない「魔女狩り」を実施しており、それは捕まったアスリートの人生に甚大な影響を与えうる、厳格なピューリタンによる十字軍だ。多くの選手たちが出場停止となり、引退を強いられる者もいる。アスリートの迫害という問題についてはすでに触れた。パンターニの例に立ち戻ろう。[37] このイタリアの山登りの名手は、一九九九年のジロ失格の後に自らが巻き込まれることになった司法やメディアの攻撃に耐えることができなかった。二〇〇四年の彼の早すぎる死の主因の一つが、このような攻撃であるのは間違いない。[38] 一九九九年のジロの歴史が、勝者イヴァン・ゴッティによって記憶されることは困難であろう。この大会はマルコ・パンターニの失墜として記憶されるはずだ。ほぼ手中にしていた総合優勝の四八時間前にかけられたドーピング疑惑によって、彼は栄光のさなかに叩きのめされたのだ。チャンピオンは一晩で英雄から不可触賤民に姿を変えてしまった。パンターニのようなチャンピオンがこのようなひどい扱いを受けるべきでなかったのは言うまでもないことだ。

アメリカにおいては、当局はドーピング容疑をかけられたアスリートたちにプレッシャーをかけるために、偽証罪という罠を仕掛けている。あるスポーツ選手が連邦当局の職員に、宣誓をした後で、例えばドーピング薬物の摂取を否定するなどして、嘘の申告をしたとすれば、実刑判決を課されることもある。アメリカではこの「偽証罪トラップ」が、ドーピング事件に巻き込まれた人物から証言を引き出すための、強力な武器となっている。[39] バルコ事件の主犯格ヴィクター・コンテが有罪判決を下されたのはこのためであり、その過程で引き起こされたのが、彼の協力していたアスリートたち、とりわけマリオン・ジョーンズの転落である。二〇〇七年十月五日、ニューヨークの法廷に召喚されたジョーンズは、二〇〇〇年九月から二〇〇一年七月にかけてTHG（バルコ社の製造した合成ステロイド）を摂取していたことを認めた。この自供を受けて、国際陸上競技連盟（IAAF）は二〇〇〇年九月以降の彼女の記録をすべて抹消し、国際オリンピック委員会は彼女がシドニー・オリンピックで獲得した五つのメダルを剥奪した。最終的に彼女は、連邦調査官に対する偽証によって禁錮六カ月の刑に処された。「彼女が辱めを受け、メダルを失い、破産に追いやられたという事実が考慮されることはありませんでした。彼女はすでに莫大な人間的代償を支払っているのです[40]」。二〇〇八年初頭の評決の発表後の、ジョーンズのいとこジョージ・ハルスによるコメントである。二〇一〇年一月、BBCのジャーナリストがマリオン・ジョーンズに対して次の質問をした。「あなたが刑務所行きになったのは正しいことだったのでしょうか」。ジョーンズは長い沈黙の後で次のように答えた。「正しかったとは思いません。私は評価も名声も財産も失いました。それを教訓とすることのほうが、私を六カ月間刑務所送りにするよりも、社会にとっては有益だったはずです[41]」。

――非合法ドーピングとパターナリズムに起因する健康リスク

私に言わせれば、アスリートの健康を害さなければそれはドーピングではない。（フアン・アントニオ・サマランチ）(Juano Antonio Samaranch, *El Mundo*, 26, July 1998)

金メダルが取れれば、ゴールラインを越えた後で死んだとしてもかまわない。（ティム・モンゴメリ）(Tim Montgomery, quoted in M. Fainaru-Wada & L. Williams, *Game of Shadows*, New York, Gotham Books, 2006, p. 95)

反ドーピングを主張する人たちが、ドーピングは健康を害するおそれがあると主張するのは理にかなっている。ドーピングが原因の死亡事故は実際に起きたことがある。しかしながら、こうした事故は多くの場合、大半が医学教育を受けていないトレーナーが、非合法下でドーピング薬物を処方することによって起こっている。スポーツ選手たちはドーピング根絶政策があるために、反ドーピングの憲兵たちに捕まることを避けて、医師の媒介のないままに、非合法下でドーピング薬物を摂取することを強いられている。経済的に余裕のあるアスリートだけが、プライベート・ドクターを雇って、生物医学的なトレーニングのための助言を受けることができる。今日では、ドーピングを医師のコントロールの下に合法化したほうが、非合法下でのドーピング薬物の摂取を防いで、逆説的ながら選手の健康リスクを減じることができると考える者もいる。合法化こそが、ある種のリスクの誘惑からアスリートを守ろうとする不健全なパターナリズムに終止符を打ってくれることだろう。スポーツ選手に対するこのようなパターナリズムや保護主義は、どうすれば正当化できるのだろうか。これは選手が自分で選んだ生き方ではないのだろうか。選手は教育を受けた大人ではないのだろうか。期待される利益とリスクを天秤にかけたうえで、ある種のリスクを選ぶかどうかを決めるのは、選手の自由ではないだろうか。リスクが増大するということは、期待される利益もまたそれに見合ったものとなりうるということではないだろうか。職業的もしくは私的な日常生活において、諸個人がさまざまな状況下で行動するか否かを決めるのに、どの程度の自由と自覚が必要かを常に問い続けることは、可能でありり正当でもある。だからといって、彼らが自分で判断するための情報を得ているのに、彼らの意に反して、彼らのためであるかを装いながら、彼らが自らを害するのを防ぐために介入すべきであるということにはならない。そもそもハイレベルのスポーツ、特に一部の競技は、それ自体が大きなリスクの源ではないだろうか。たとえば自転車競技には危険が伴わないはずがない。レース中もしくはトレーニング中に死亡する選手の数は膨大である。(42) ジーノ・バルタリとファウスト・コッピの両「カンピオニッシモ」(チャンピオンのなかのチャンピオン)は、どちらも弟を失っている。セルセ・コッピは一九五一年のジロ・ディ・ピエモンテの最終ステージのスプリント中に落車し、間もなく死亡した。「敬虔なるジーノ」の弟は、一九三六年の自転車事故で亡くなっている。ならば選手の健康の名のもとに、危険だからという理由でこのスポーツの実践を禁止するべきなのだろうか?

——度重なるスポーツ史の書き換え

——いちばん大切なのは何ですか? 世界記録ですか、金メダルですか?(ジャーナリスト)

——金メダルだ(ベン・ジョンソン)

——なぜですか?

——誰も私から取り上げることのできないものだから!(ベン・ジョンソン、ソウルでの一〇〇メートルの勝利の直後。*Reputations. The Ben Johnson Story*, BBC documentary)

一〇〇メートル競走で史上最高のスプリンターは私だ。彼らが何と言おうとね。彼らは私の記録を奪った。だから何だ。私がベストだった。私は九秒七九で走ったのか？　そうだ。（ベン・ジョンソン、ソウルでの「勝利」の数年後。*Reputations. The Ben Johnson Story*, BBC documentary）

一人の選手を格下げすることは、自転車競技の歴史全体を格下げすることだ。（O・ダザ O. Dazat, *L'honneur des champions*, Paris : Hoëbeke, 2000, p. 7）

シドニー・オリンピックの一〇〇メートル決勝で勝ったのは誰だろうか？　マリオン・ジョーンズだろうか？　ゴールテープを最初に切ったのは彼女である、しかし二〇〇七年、彼女はドーピングにより格下げとなった(43)。だからこの答えは正解ではない。エカテリーニ・タヌーだろうか？　このギリシア人の短距離選手は、同競技で二番目にゴールした。公式の入賞者リストに挙げられているのは彼女だが、彼女が他のドーピング疑惑に関係しているために、IOCは彼女に金メダルを授与するのを拒んでいる。タヌーは公式にはシドニー・オリンピックの一〇〇メートルに勝利したが、銀メダルで満足しなければならないのだ(44)。つまり「シドニー・オリンピックの一〇〇メートル決勝で勝ったのは誰か」という問いは答えのない問いであり、シドニー・オリンピックの一〇〇メートル女子決勝は勝者のいない試合だったのだ。同じようなシナリオになったのが二〇〇六年のツール・ド・フランスである。アメリカの自転車選手フロイド・ランディスは七月にツールに勝利したが、八月にテストステロンの陽性反応を出した。長い司法手続きを経て、二〇〇七年十月、ランディスの失格と、かのマイヨ・ジョーヌを二位だったオスカル・ペレイロに授与し直すことが決まった。司法のゴタゴタの挙句の果てに、二〇〇六年のツールの正式な勝者が決まるまでには一年以上も待たなければならなかったのである。「ようやく！　長かった、非常に長かった、遅くなった勝者ですが、真の勝者です」。ツールのディレクターであるクリスチャン・プリュドムはこうコメントした。真の勝者？　自転車競技とツールの愛好者のなかでは、ペレイロが二〇〇六年のツールの真の勝者だと考える者はまれである。シドニー・オリンピックの女子一〇〇メートル決勝と同じように、二〇〇六年のツールは本当の勝者のいないツールである。アスリートを遡及的に有罪宣告する可能性は、スポーツの入賞者リストを絶えず書き換えるという動きをなおさら促進してしまう。サンプルの八年間の保存——世界反ドーピング規程が承認するように——や、使用時には検知できなかったドーピング薬物を後から検知するのを可能にする遡及的な検査は、ダモクレスの剣〔栄華のなかにも危機が差し迫っていることの喩〕の役割を果たしている。今では試合の真の勝者を知るためには辛抱強くなくてはならない。アームストロングはツールの七年連続の勝者だとお考えだろうか？　現時点ではその通りである。しかし将来それは否定されるかもしれない〔実際に二〇一二年にアームストロングはツール七連覇の記録を剝奪された〕。つかの間の真理であるかもしれないのである。今日ではフロイド・ランディスが、USポスタルでのチームメイト時代に、ランス・アームストロングが二〇〇一年から二〇〇四年までエリスロポエチンを摂取し、輸血を受けていたという訴えを起こしている。[45] ドーピング選手狩りの次の犠牲者は彼かもしれないのだ。彼もまた陥落するとすれば、ツールの入賞者リストには大きな欠落が生じることになる。アームストロングは一九九九年から二〇〇五年までの七大会を制した。しかしアームストロングに次ぐ二位に入った選手たちが、WADA式の「スポーツ精神」の忠実な信奉者であることは確かなのだろうか？　何一つ確実ではない。そしてこの流れはアームストロングで終わることもないだろう。コンタドールが二〇〇七年、二〇〇九年そして二〇一〇年のツールを制したとお考えだろうか？　今日の真理は明日の真理ではない。ドーピング撲滅運動の激化とともに、奇妙な歴史の書き換えが進行することになる。真の「スポーツ精神」という観点からツールのマイヨ・ジョーヌのリストやオリンピックの一〇〇メートルの勝者を見直すなら、公式入賞者リストは白紙になってしまう可能性もある。たとえばコッピ〔「ボンバ」（アンフェタミンの俗称）の愛好者〕やアンクティル〔興奮剤とシャンパンの愛好者〕の名をツールの優勝者リストから消すべきなのだろうか。ひょっとすると〔レイモン・〕プリドールがいずれツールのディレクターから電話をもらい、一九六四年のツールを制したのは自分で（アンクティルの格下げに伴い）、ようやくマイヨ・ジョーヌに袖を通すことができると説明を受けるのだろうか。冗談抜きでいえば、「スポーツ精神」の純潔さに拠って立つ確信から生み出される倫理の名のもとに、スポーツ史の大半を消し去ってしまうべきなのだろうか。もしこのような勝者たちの美徳の絶え間ない再評価の流れが続くのなら、ツール・ド・フランスも一〇〇メートル決勝も、誰も勝たなかったのだと認めることで、真の「スポーツ精神」を尊重するというところに行き着いてしまうだろう。

D　スポーツのバイオテクノロジー的な進化の不可避性について

米国ではこの種のテクノロジーが近いうちにアスリートに使えるようにはなりそうもないが、

世界という舞台の上には、過去には自国の選手を勝たせるためには手段を選ばなかった国々があり、そうした国々は、パフォーマンスを向上させるかもしれない試薬なら、長期的な副作用がどうであろうと選手たちに投与するであろうから、十分な資金さえあれば、アスリートを遺伝子的に作り変えるプログラムを組み立てるというのは想像可能であり、そしてこれこそが真の関心事であるが、そのようなプログラムはアスリートから組織を採取することによってしか検知不可能なのである。血液には何もないし、組織が遺伝子的に改変されたことを示すものは血液中にも尿にも存在しない。つまりこれこそが彼らの関心事であり、短期的にはもちろん我が国の関心事ではないと思われるが、一〇年後には世界の舞台での関心事になっているかもしれない。（H・リー・スウィーニー H. Lee Sweeney, *Genetic Enhancement of Muscle*, Friday 13 September 2002 – http://bioethics.georgetown.edu/pcbe/transcripts

ドーピング問題についてどの政策をとるのが最良であるのかを言うのは容易ではない。この問題は簡単な解決策を用意してはくれないのである。しかし医師の監視の下に一部の生物学的改良に頼ることを許可するという実際的なアプローチが、パフォーマンスを最大化するという競技スポーツのグローバルな哲学といちばん矛盾しないものであるように思える。反ドーピング哲学は将来的には劣勢を定められていると私たちが考えるのはこのためである。この哲学は、かつてプロフェッショナル主義を抑え込んでいた――そして金儲けを受け入れた選手たちを迫害していた――アマチュア主義のイデオロギーと同じ運命をたどるのかもしれない。自由主義と資本主義にますます大きく門戸を開いた世界におけるスポーツの新たな現実と反りが合わなくなったアマチュア主義は、一九七〇年代に入って徐々に立場を弱くしていったのである。

ドーピング問題に関しては唯一の可能な態度が存在するわけではない。さまざまな道徳理論の多元主義が存在するのである。倫理が禁止主義というテーゼの支持者の独占物であるはずはないのに、WADAの元委員長ディック・パウンドや、IOC会長〔当時〕のベルギー人ジャック・ロゲのような白馬の騎士たちはそのように考えているようであり、彼らは二人ともただ一つの〈倫理〉しかないのだと考え、オリンポス山に金文字で記されたその〈倫理〉は、あらゆる妙薬の使用を禁じているのである。だが別のテーゼも存在するのであり、禁止主義の思想家だけが倫理を独占すると考えるのは思い過ごしであろう。今日では哲学者や社会学者、それにスポーツ選手たち自身が、スポーツにおいてドーピング薬物の使用を禁じる政策の正当性の再考を可能にする興味深い議論を支持している。人生のあらゆる側面においてパフォーマンスを向上させることを是とする社会が、アスリートたちの結果をこれからも向上させてくれるような技術を禁じるのはなぜなのだろうか。とはいえ、ドーピングの合法化が完全に満足のいく解決策には程遠いものであることも認識せねばならない。これまでドーピング撲滅運動の無力さや副作用を非難してきたのは、それが今日の諸々のスポーツ機関の公式政策であるからだ。しかしドーピングの自由化もまた副作用をもたらすということを付け加えておくのが、知的誠実さというものである。この立場の主たる欠点は以下であると言える。ドーピングを自由化することにより、ドーピングをしたくないアスリートたちは、ドーピングに宗旨替えするか、それとも競技を辞めるかの二択を強いられるのである[46]。こうして自由化は、ドーピングに頼らずに競技スポーツを実践する可能性を、事実上消滅させてしまう。このようにドーピング問題とは、完全に満足のいく解決策を示してはくれない問題なのである。この問題に関してどのような政策――そしてそれにともなう倫理――を採用するかは、どの種の副作用を回避したいかの選択にかかっている。だがこの選択自体が幻想ではないだろうか。「ドーピングに賛成か反対か」の議論とは別の次元で、スポーツにおいてある種のバイオテクノロジー的な向上が到来するのを避けることは不可能であるという印象を、私たちは持っている。スポーツ医学への遺伝子治療の応用の専門家であるアメリカ人テッド・フリードマンも同意見である。

「なぜ私たちは遺伝子的なスポーツのパフォーマンス向上というアプローチが不可避だと考えるのだろうか。第一に、アスリートたちはリクスを冒すことを好む。彼らは自分が無敵だと考えている健康な若者たちである。彼らがあらゆる種類のリスクを受け入れる覚悟であることは明白だ。彼らの大半は、次のオリンピックで金メダルが保証されるのなら、寿命が二〇年縮むことも受け入れるということを、アンケート結果が示している。メダルを勝ち取るためにこのようなリスクを冒すのである。パフォーマンスを達成して勝利するようにアスリートたちを促す経済的・愛国的なプレッシャーが存在する。アスリートたちが薬物的なドーピングに依存していることはすでに分かっている。彼らがDNA転移や遺伝子治療のテクノロジーについて知識を持っていることも分かっている。こうしたテクノロジーはまだ不完全だが、急速に発達している。遺伝子治療の実験の多くが、スポーツ選手にとっての利益となる可能性のある遺伝子を用いていることが知られている。エリスロポエチン遺伝子や、成長ホルモン遺伝子などである。スポーツ界に存在する巨大な圧力が、この方向を非常に確かなもの、不可避ですらあるものにしている」[47]。

H・リー・スウィーニーもフリードマンの考え方を共有している。スウィーニーによれば、IGF－1のような薬物が、老化に関係する筋肉機能の低下を避けるために、一般人によって危険なしに用いることができるとすれば、アスリートがそれを入手することを妨げるのはきわめて困難である[48]。そもそもどういう名目ならば、ドーピングの効能とは別に、老化に関係する筋肉機能への有害効果を防止する薬物の摂取を、アスリートたちに禁じることができるのだろうか。フリードマンやスウィーニーの理路をたどれば、ハイレベルのスポーツに内在する、ある種のテクノロジー的な運命に行き着くだろう。望もうと望むまいと、競技スポーツの進化に関係するもっとも現実味のあるシナリオには、パフォーマンス向上のためのバイオテクノロジー工学の利用の増加が含まれているのである。次に紹介する手稿はこのシナリオを裏づけてくれるように思われる。その内容を検討してみることにしよう。

2 「ブリュッセル二一四四」――スポーツ・パフォーマンス向上についての未刊の手稿の紹介

ブリュッセル自由大学の人文科学図書館の埃をかぶった書棚から、私たちが黒いファイルを発見したのは昨春のことである。そのファイルに入っていた手稿のことを、これからお話しようと思う。ブリュッセル自由大学のスポーツ哲学研究所二〇〇周年記念に際してなされた（あるいはなされるだろう――未来形を使うべきか単純過去形を使うべきか、私たちには判然としない）発表についての詳細な議事録である。

「ブリュッセル二一四四」と題された資料には、歴史的手がかりを含む付録が付いていたが、実際にはその手がかりは非常に些細なものだった。私たちがこの手稿についての相談を持ちかけた未来の歴史家の一部は、二一四五年十月すなわちブリュッセル・オリンピックの約一年後に開かれた権威ある国際シンポジウムのオープニング会議の文書ではないかという仮説を示した。文書に署名はないが、執筆者はおそらく、心身向上についての生命医学テクノロジーのベルギー人専門家である。ここでは便宜上、アメリカの偉大なるSF作家〔フィリップ・K・ディック〕へのオマージュを込めて、PKDと呼ぶことにする。

では、文書の内容に入っていこう。できるだけ淡々と紹介していくことにしたい。PKDによるオープニング会議の中心的なテーマは、スポーツのパフォーマンス向上である。争点にあげられているのは、この問題の歴史的・哲学的な研究であり、私たちの未来の同僚は、人間存在の向上テクノロジーの発達と、それにより二十一世紀初頭に活発化した倫理的な論争とに、立ち返っているのである。〈エイト〉――八つのバイオテクノロジー企業――のアスリートたちを集めた二一四四年オリンピックの後で、PKDはスポーツ・パフォーマンスの向上の問題を取り上げている。このようにスポーツは、向上医学や人間存在の改良可能性の問題についての、より広汎で、歴史的かつ倫理的な考察を例示してくれているのである。文書の構成はPKDの手によるものである。ローラーボールの試合時間を真似た構成になっている。つまり一五分間のピリオド四つである。ではPKDに第一ピリオド開始のホイッスルを鳴らしてもらうことにしよう。タイトルは「ブリュッセル二一四四」である。

A　ブリュッセル二一四四

二一四四年ブリュッセル・オリンピックの直後から、スポーツ・パフォーマンスの向上をめぐる諸問題が、PKDにとっての関心事となった。彼をとりわけ夢中にさせたのは、陸上競技の華である一〇〇メートル決勝であった。彼はレイモン・ゲタルス〔ベルギーの伝説的サッカー選手・指導者〕競技場で、八人のアスリートの登場を見守っていた。観客収容人数二五万人のこの新しい競技場は、オリンピックとスポーツという新たな宗教の栄光のための神殿であり、ブリュッセル北部の旧コクルベール大聖堂の場所に今大会のために建てられたものである。オリンピックの会場内に聖レイモンの遺骨を保存することも忘れられてはいなかった。一〇〇メートルの優勝候補は四人。第三コースにいるのはもちろん、ニューデリー・オリンピックの金メダリストで世界記録保持者のジャマイカ人、ナイキ・バイオテック代表のパーカーである。一年前までは、彼はまだ無敵だった。しかしアメリカの若き天才、十九歳のカール・ジョーンズが力をつけるにしたがって、勝負の行方はわからなくなってきた。アトランタで今年の最高記録を出し、近年ニュー・ファーマスーティックス社に買われたカール・ジョーンズは、第四コースに控えている。彼らの隣でウォーミングアップをしている、上海トランスジーニウム社の中国人リー・ピンは、アジアのバイオテクノロジーの期待の星である。そして四人目のベルギー人短距離選手ジェフ・コーエンズは、ヨーロッパのリサーチの秘宝である。事故が起こらない限り、残りの四人の選手は、五番目を競い合う定めであった。彼らの決意や勇気とは裏腹に、彼らと四人の優勝候補を隔てるテクノロジーの壁はあまりにも厚かった。スターターのピストルが競技場に響き渡った。屋根付きの競技場の環境は、パフォーマンスを最大化するため、それぞれの競技に最適化されていた。短距離走のためには、ハイテク空調により、酸素が少なく湿度の低い暑さが準備されていた。多くのスプリント種目の記録を破った一九六八年のメキシコ・オリンピックのそれに近い暑さであり、それらの記録のなかには、二二年も破られなかったボブ・ビーモンによる八メートル九〇の見事なジャンプがあったことも忘れてはならない。一つの記録がそれほどの寿命を誇ることは、もちろんＰＫＤの時代にあっては考えられないことだった。観客の期待がそれを許さなかった。トラック上ではアスリートたちがスタートの合図に反応する。パーカーとジョーンズがスターティングブロックから最初に飛び出した。彼らの反応の速さは驚くべきものだった。いわば人間の肉でできたバネである。ナイキ・バイオテックとニュー・ファーマスーティックスは注意力のモデレーターに定評があることも言っておくべきである。リー・ピンはリラックスするまでに時間がかかった。認識力向上の分野においては、アジアの科学はまだ遅れをとっていた。トラックに飛び出した八人のアスリートは、筋肉を弛緩させてその力を発揮させる。集中的なトレーニングの苦しみのなかで得られる力と弛緩である。ゴールラインに八秒以下で到達するために絶え間なく繰り返される単調な動作。なんという見事なスペクタクルだろうか、そうＰＫＤは思った。十二歳になる息子のトムは観客席で彼の隣にいた。喘息による軽い気管支炎が、会場内の酸素の低下により悪化して、少しばかり呼吸が苦しそうだった。この日の朝、競技場の入口で、ＰＫＤはプレミアのついた二枚のチケットを不法に入手することができたのである。彼は息子に美への手ほどきを、オリンピックの美への手ほどきをしてやりたかった。ほんの数秒のレースのために支払われる一財産。なんという狂気であろう。だがなんというスペクタクルでもあることか！　トムの目はアスリートたちに釘付けだった。六〇メートルを過ぎて、黒いトラックの上では、猫のようなジョーンズと、筋肉の塊のようなパーカーとが、相変わらず並んでいた。ゴールラインまで二〇メートルのところで、リー・ピンが近づいてきた。スピーカーの声が競技場に鳴り響いた。「パーカーがまだリードしています。ジョーンズが少し離されました。ジャマイカ人の強力な足運びに食いつこうとしています。しかし台風の目は五コースのリー・ピンです。パーカーがなおもトップですが、リー・ピンが来ました、リー・ピンです、リー・ピンがオリンピックのチャンピオンです」……。見事なフィニッシュのおかげで、中国人アスリートが、パーカーとジョーンズに先立ってゴールラインを最初に切った。コーエンズは四位だった。こうして中国人アスリートは上海トランスジーニウムにメダルを一つ追加し、オリンピックの総合順位で同社はナイキ・バイオテックを抜いてトップに立った。中国人ジャーナリストたちは金メダリストにインタビューをしようと押し寄せた。リー・ピンは極東の節度を保ち、満足と感動の言葉を発してから、両親とコーチ、それにもちろん上海トランスジーニウムの科学チーム全体への感謝を表わした。

七秒八四でゴールラインに到達して、リー・ピンは世界記録を打ち砕いた。血液および尿の採取という伝統行事がなされた。ＡＡＰがこの慣習的な検査を続けているのは、違反を発見するためではなく——自然主義的なイデオロギーが廃棄されてからすでにずいぶん経つ——、アスリートのリスクを評価し管理するためである。これによりリー・ピンのテストステロン／エピテストステロンの比は一二／一であることがわかった。一世紀前であれば、この結果はファンたちの憤慨と、スポーツ・ジャーナリストたちの見せかけの憤慨を引き起こしたことだろう。私たちの未来の同僚は、ドウェイン・チェンバース、ベン・ジョンソン、ティム・モンゴメリ、マリオン・ジョーンズ、ジャスティン・ガトリンやその他の多くの才能ある選手たちが、パフォーマンス向上のために薬物や技術を用いたことで処罰された時代を、面白おかしく思い起こす。「ドーピングのため」だなんて、二十世紀のようだ！　当時は検査で陽性反応が出れば、選手たちは失格になった。失格！　PKDは、スポーツのロマン主義的・自然主義的な理想を守ることがまだ求められていた時代を、理解しがたさの混じった同情とともに思い起こす。アスリートが努力と意志と勇気によって、生まれつきの才能を研ぎ澄ますことにより、ピュアなレースに勝利するという理想である。PKDにとっては、これは別の時代の態度であり、二十二世紀の人間には理解し難いものだ。二一四四年のブリュッセル・オリンピックのアスリートにとって、努力や意志や勇気が不必要だという意味ではない。むろんそれらは欠かせない。しかし身体と精神のテクノロジーがなければそれらはなんの役にも立たないのであり、新たなメダル、新たな記録、新たな利益の無尽蔵の源泉がこのテクノロジーなのである。バイオテクノロジー工学はアスリートの身体を強化して、偉業の準備をさせるのである。

私たちの同僚PKDは発表のなかでスポーツ競技の近代的形態の起源にまで遡っている。まだドーピングが語られ、それがある種の不正行為と見なされていた時代である。「不正行為を食い止めなければならない」。世界反ドーピング機関の最初の会長であるディック・パウンドは、二十一世紀初頭にこう主張していた。この機関は二十一世紀の半ばに、パフォーマンス向上委員会（AAP）に改組された。人間とは記録を破るために生まれてきたのではないだろうか。そしてそのためになら、アスリートの身体を組換え、向上させ、刺激を加えることで、「より速く、より高く、より強く」（*citius, altius, fortius*）というオリンピックの理念を尊重するべきではないだろうか。PKDは、ドーピングの地位の価値論的な変化、そのたゆまない発展を支えているものについて、検討を加えている。当初は非難され、忌み嫌われ、打倒された実践は、やがて必要悪として受け入れられた。ついにはハイレベルのスポーツに内在する特質と見なされて推奨されるようになったのだ。テクノロジー工学が、観客の喜びを最高潮に到達させるために、運動行為に寄与するのである。結局のところ、あらゆる分野でパフォーマンスの向上を推奨する社会が、いったいどういう理由で、スペクタクルと結果に飢える大衆を満足させるために、アスリートたちの結果を絶えず向上させ続ける技術を禁じるのであろうか。PKDがこのような発展の最初の理論化を見出すのは、二〇三二年五輪開会式で国際オリンピック委員会（IOC）会長のアントニオ・ペレスが行なった開会の言葉のなかである。

B　アントニオ・ペレスによる開会の言葉と、禁止の終焉

二〇三二年オリンピックの開会式では、オリンピック村と競技場の間の大型帆船のパレードを見守るために、大勢の観衆がイーストリバーの両岸に集まっていた。ブロードウェイを行進して新競技場に入る選手たちを見る観衆も、同じように大勢だった。ニューヨークは都市のなかに集約したオリンピックというコンセプトを提案していた。施設は二本の交通機関のルートに沿って建てられ、この二本が交差して形成するXすなわちオリンピックXは、禁止の廃絶、そして人間とテクノロジーとの新たな融合を象徴していた。イーストリバー沿いの北東ルートが、四七番街と並行する東西ルートと交差している。両ルートの交差する、クイーンズ区内のクイーンズボロー橋のたもとに、オリンピック

村が建設された。オリンピック村と新スタジアムは、この橋によって物理的かつ象徴的に結び付けられたのだ。マンハッタン西のハドソン湾岸に新たに完成したスタジアムは、フリーダム・スタジアムというオリジナリティの乏しい名前が付けられた。アスリートがパフォーマンスを向上させるのが新たな自由になったことを、おそらく示唆しているのであろう。

ニューヨーク・オリンピックの枠組みとなる場所の描写を簡単に行なったあと、PKDはIOC会長アントニオ・ペレスの開会の言葉に立ち戻る。ペレスはメキシコ人の弁護士であり、ベルギー人ジャック・ロゲの後継者である。何年にもわたってペレスは、ドーピングにかんするスポーツ界の偽善に決着を着けるための戦いを繰り広げてきた。ペレスの喜びはその声にも表われていた。しかしフリーダム・スタジアムの観客たちは、ハウス・ポップ・グループ「トゥーマインズ」の登場の後であり、また選手たちの入場の前でもあったので、会長の演説にはほとんど注意を払っていなかった。だが我らが兄弟のPKDは、ローザンヌのオリンピック・ミュージアムのアーカイヴで見つけた原稿を注意深く読みなおした。PKDが二十二世紀の人類のために引用した原稿の抜粋が以下である。

私がここに高らかに開式を宣言したこのニューヨーク・オリンピックは、スポーツの新たな時代の始まりを告げるものです。スポーツのパフォーマンス向上方法の自由化がスポーツ倫理に適合していると、すべてのオリンピック委員が納得しているわけではありませんが、こうした薬物の使用が不可避であり、認可されるべきであると、大多数が認めるに至ったのです。長らくの間、私の前任者たちは、スポーツにとっての災禍とみなされてきたものの廃絶を目指してきました。

彼らの努力が実りの乏しいものだったと認めるべき時期が訪れたと、オリンピック委員会は考えます。現場の現実が、私たちに政策の転換を促したのです。私の求めに応じて、パフォーマンス向上方法を場合によっては自由化することの妥当性について検討する特別委員会が招集されました。ドーピングは簡単な問題ではありません。ある意味ですべてのスポーツ選手はドーピングしていると言えるのです。なぜならすべてのアスリートは装置的な存在であり、装置によって構築され、装置を身に着けているからです。筋繊維の破壊と若い筋原細胞の自然形成を通してその再生を促進するようなトレーニングは認めながら、DNAや幹細胞の筋肉への直接の注入は、筋力の増強という同じような結果に結びつくのに、なぜ禁止されるのでしょうか。すべてのスポーツ選手はドーピングしているのに、一部の者だけが違反になるのは、彼らがスポーツを支配する規則や法律を侵犯したからです。ハードルを高くすることも低くすることもできます。禁止の指針をあらゆる方向に向けることもできます。数百の薬物を禁じながら、自らの規則を実際に尊重させることが不可能になっていた、私たちオリンピック委員会のかつての非常に厳しい公式の立場もあれば、一部の国内もしくは国際スポーツ連盟に広がっていた完全な放任主義もありました。ドーピングはパフォーマンスの生物医学的な準備の必然的な帰結でしかありません。IOCやWADAによる反ドーピング政策を今日まで支えてきたスポーツ哲学は、スポーツの実践やアスリートの健康に応じて見直されるべきです。この政策が不平等の温床になっており、また得てして医学的な専門知識のないトレーナーが提供した薬物を非合法のうちに利用することをアスリートたちに促すことで、彼らの健康を脅かしていることは、認めないわけにはいきません。つまりアスリートたちの健康に対するリスクを最小化し、またスポーツによる報奨の配分をよりいっそう平等なものとするためにこそ、オリンピック委員会のメンバーたちは、医師による指導のもとにパフォーマンス向上技術を利用することを、八年間という期限を設けて実験的に自由化することに決めたのです。新しいルールの適用にふさわしい条件を確保するのは、ＡＡＰ――ＷＡＤＡに代わる機関――の役目です。

ペレスによる開式の言葉に言及してから、ＰＫＤが手稿のなかで想起するのは、二十一世紀の最初の四半世紀における議論を賑わせ、ペレスによる荘厳な宣言に結びついた、自由化に賛成する主要な議論のいくつかである。二十一世紀の初頭は、ドーピングの有害な作用を最小化するための政策が推進されていた。反ドーピングのための禁圧政策の強化、人工的な物質を接種することに関係するリスクの教育、それに競技スポーツや身体的外見、勝利への意志に結びついた社会的な価値観を修正する試みなどである。こうした政策は失敗に終わった。ＰＫＤは二十一世紀の最初の二〇年間における合法化支持者たちによる議論に長々と立ち返っている。ペレスの演説に取り込まれた議論である。ＰＫＤはまた、ペレスが演説を執筆するに際して、『スペシエス・テクニカ』(*Species Technica*) の著者の主張を学んでいたことを指摘している。この著者〔ジルベール・オトワ〕はベルギーの多作にして卓越した科学技術の哲学者であり、とりわけ限界を順守する哲学は限界を超越する哲学ほど正当化され得ないという理念の擁護者である。この限界を超越する哲学は二十一世紀におけるスポーツのバイオテクノロジー的発展を準備したものであり、ＰＫＤはそれについて、二十一世紀後半に上海トランスジーニウム社によって運営されたオリンピックを想起する際に分析を加えている。

C 「エイト」のオリンピック

オリンピック委員会のメンバーたちは、二〇六四年の第四三回オリンピックの開催地として上海を選んだ。一九六〇年の東京、一九八八年のソウル、二〇〇八年の北京……に続き、再びアジアがオリンピックを招致したのだ。上海トランスジーニウム社の本社がこの街にあることと、オリンピックの執行部の選択とは、無関係ではなかった。前回と前々回のオリンピックのマラソンで金メダルを獲得した中国のスター選手、熊倪《ションニー》が、(49)上海トランスジーニウムによって同社の所有する上海南部の産業地区に新たに建てられた競技場で行なった宣誓の言葉は、一九二〇年のアントワープ・オリンピックでベルギー人フェンシング選手のヴィクトール・ボワンが行なった最初の宣誓と比べて、たった一語が変わっているだけだった。「私たちは、定められたルールを尊重し、貴族的精神をもって参加することを望む公正な選手として、オリンピック競技大会に出場することを誓います、私たちの国の名誉とスポーツの栄光のために」。ヴィクトール・ボワンは厳粛にこのように唱えた。二〇六四年版では、宣誓の末尾が少しだけ変えられている。「〈エイト〉の名誉とスポーツの栄光のために」と、熊倪は締めくくった。〈エイト〉とはもちろん八つの巨大バイオテクノロジー企業のことであり、それらの企業のアスリートたちが競い合った上海オリンピックは、国同士の競争が企業同士の競争に場を譲った最初の大会だったのだ。一面的なスポーツ批評家のなかには、このような変化を一世紀前のツール・ド・フランスで生じた変化と比較する者もいた。国や地域を代表していたツールのチームは、スポンサーのチームに変わったのである。だが二〇六四年オリンピックの組織において生じた変化はもっと根本的なものだった。新たなスポーツ哲学が、公式に認められることになったのである。一部の知識人や「昔ながらの」スポーツを懐かしむ少数の観客を除いて、ルールの変更に疑問が呈されることはなくなった。

知らぬ間に幅を利かせるようになった新たなスポーツ観においては、極めて効果的なものになった生物学的な改変のおかげで、前代未聞のパフォーマンスが期待できるようになり、人類が到達できるとされた限界が遠くに追いやられた……。アスリートにとっては、元チャンピオンの指導下に行なわれる日常的なトレーニングが苦しいものであることに変わりはない。しかし偶像化したアスリートが自らの身体の生理学を完全なものにするための配慮は、企業に委ねられることになったのだ。〈エイト〉のうちの一つに雇われて面倒をみてもらえる、スポーツ界のエリート中のエリートになることが、すべてのアスリートの夢になった。〈エイト〉の研究医たちは、いくつもの生物学的パラメーターを競技に応用する技術の専門家となった。企業の研究者たちはアスリートたちに、身体をより高性能にする新たな武器を提供し続けた。科学技術の発展と研究が、かつてないほどスポーツ競技と一体をなすものになったのである。アスリートの身体は、グランプリの前夜にエンジニアたちがメカの特性を緻密に調整するフェラーリのマシーンにも似たものとなった。ただし生物のエンジニア技術は、機械技師のそれよりもはるかに複雑でデリケートなものであるが。

このようなプロメテウス的な発展に嫌気が差した一部のファンは、ハイレベルのスポーツに背を向けるようになった。自らを条件づける自分よりも大きなシステムの只中でほとんど受動的な要素の役目に還元されてしまったスポーツ選手は、いったいどうなってしまうのかという疑問を、彼らは抱いたのである。彼らによれば、アスリートを勝つための機械に変える身体改造の可能性は、人類の非神聖化に結びつくおそれがあるという。このような混乱を念頭に置き、新たな目標を定義することが急務である。場合によってはハイレベルの競技スポーツを廃止することもやむを得ないという。しかし大半の者は新形態のスポーツに忠実であり続けた。他の形式のスポーツをまったく知らない若い世代は、「アスリートがスペクタクルの単なる一部であること」を受け入れ、改造された身体同士の戦いに魅了された。「限界の超越」という人工論的哲学が、「限界の順守」という自然主義哲学に代わって、少しずつ社会で幅を利かせるようになった。後者の哲学は、二十一世紀前半のテクノ＝リベラル社会の精神とは、ほとんど波長が合わなくなっていたのだ。とはいえこれまでのスポーツの進化をめぐる議論は、技術的手段を犠牲にしてでも自然的なものを暗黙裡に評価することや、他の技術（身体の生理を改変するための技術）を犠牲にしてでも一部の技術（スポーツ選手の装備を中心とする技術）を積極的に評価することばかりが語られてきた。アントニオ・ペレスがＩＯＣのトップになることで、スポーツ哲学に新たな精神が吹きこまれたのである。アスリートや大半のファンたちによって支えられる諸々のスポーツの決定機関は、人類の創造的英知の包括的なインスピレーションが、自然主義的なスポーツ哲学の名のもとに糾弾されることがないように、用心しなければならないと気づいたのである。

人体に直接的かつ物理的に影響する技術は、初めのうちは不当であると見なされていた。すでに見たように、二〇三二年のニューヨーク市でのオリンピックに際して、ＩＯＣ会長は薬物的・技術的ドーピングの利用への寛容を訴えた。その後に懸念されるようになったのは、深刻かつ不可逆的な人体の改変である。こうした観点からすれば、不安が高まりを見せ続けたのは、スポーツ選手の優生学的な未来をめぐる懸念のためだと説明がついた。積極的優生学が二十一世紀に発展を見せたとするならば、それが競技スポーツの領域においても生じる可能性はあるだろうと、正当にも考えられたのである。競技スポーツの目標は比較的単純であるため、「遺伝的エンハンスメント」の最初の実験にうってつけの土壌を提供してくれるのではないだろうか。残念ながらPKDは、オープニング会議においては、アスリートの改良にかんする生理学的なデータをはっきりとは示していない。確かなのは、二一四四年ブリュッセル・オリンピックにおいては、競技スポーツは大幅に科学技術的な競争、アスリートの身体の大きな改変をともなう、ラボ同士の競争になっているということだ。

D　エピローグ

レイモン・ゲタルス競技場を後にしながら、PKDの体は鳥肌が立っていた。スポーツ哲学研究所二百周年のシンポジウムのための発表を準備していた彼は、資料調査の過程で、自らの確信がゆらぐのを感じていた。このようなスポーツの進化から引き出されるべき結論とは何か？　パフォーマンス向上技術の自由化がもたらす帰結を、過小評価していたのではないか？　アントニオ・ペレスはドーピングを合法化することで歴史的な過ちを犯したのではないだろうか？　とりわけPKDの懸念は、ブリュッセルのローラーボール・チームのジュニア部門でプレーしている息子の将来だった。コーチたちが年齢別のチームの優秀選手をセレクションするのがこの競技場だったのである。一握りの選手は、やがて代表チームでプレーするという望みを持つことさえできる。だがそれは息子にとって望ましい運命なのだろうか？　仮にトムが選ばれたとしたら、拒否することなどできようか？　幸か不幸か、息子はどちらかといえば才能があり、コーチは父親に会いたがっている。このコーチの望みは何なのだろうか？　向上技術が自分の息子に応用されるという考えが、ＰＫＤの心をかき乱した。スポーツは、社会の他の部門に侵食する変化の実験室ではなかっただろうか？　人類もまた自らを向上させたいと望むようになったらどうなるのだろうか？

息子の将来について自分が感じた懸念に立ち返りながら、ＰＫＤは自分の理論的な講演が、理性に純化した世界ではおそらく有効だろうが、感情の世界ではそうとも限らないということに気づいた。アントニオ・ペレスの決断や、『スペシエス・テクニカ』の著者による「限界の超越」推奨の倫理的・哲学的正当化を批判するような有効な議論を、彼の理性は持ち合わせていなかった。しかしながら内心では、トムが選抜されてトップ選手たちと同じ道を歩むことを、彼は望んでいなかった。ブリュッセルのローラーボール・クラブが、若いアスリートたちに未成年のうちから課するパフォーマンス向上プログラムに、息子が加わるのを、彼は見たくはなかった。それなのにＰＫＤは競技スポーツが提供してくれる娯楽を堪能していた。だが彼は、ブリュッセル南部の郊外のサッカー場で自分が毎週土曜日の午後にプレーしている下手くそなサッカーこそが、まっとうなスポーツであるとの考えも拭い去ることができなかった。ＰＫＤは息子が〈エイト〉のスポーツエリートの仲間入りをしてほしいとは夢にも思わず、自分のように土曜日のスポーツ愛好家であってほしかった。

同様に彼は、自分の若い同僚のなかには、自分たちの子供のゲノムを胎児の段階から改変することを選ぶ者もいることに、少しばかりの恐怖を覚えていた。胎児に加えられるのは上海トランスジーニウムが商品化した新しい人工染色体であり、免疫機能の強化と、細胞の早すぎる老化を防ぐ抗酸化システム、そして一部のガンの予防をもたらすＤＮＡ複合体である。要するにおぞましいものは何もない。だがこれは始まりにすぎない。彼は自分がトムのためにそのような選択をする必要のないほど早く生まれたことを幸せに感じた。

講演の終わりにＰＫＤは、いつもは口数の少ない自分が、長話をしてしまったように感じた。演壇の書見台に長いこと肘をついていたせいで、彼の右腕はしびれていた。ズボンのポケットにしのばせていた左手は、ようやく手に入れた、十月十七日のギャラクシー・リーグのマンチェスター・ユナイテッド対ダーリン・ド・ブリュッセルの試合の切符を、大切に握っていた。トムは大喜びするだろう。父親と同様に、スポーツ好きなのである。

Ⅲ章　明日のチャンピオン
――生まれつきの素質の最適化か、構造的な向上のプログラムか？

ジェラール・ディヌ

要旨

十九世紀に近代スポーツが誕生すると同時に、人間の乗り越えをめぐる問題は提起されていた。このためドーピングはハイレベルのスポーツにすぐにつきまとうようになった。使用される薬物は、最初は化学的、次いで生化学的、そして今日ではバイオテクノロジー的である。生命および健康にかんする科学の知識の増大により、今日ではゲノムの解読が可能になっており、それはスポーツ選手においても可能である。ハイレベルのスポーツ選手が直面しているのは、自らの運動能力を評価できるような遺伝子的方法の出現であり、またそれだけでなく、その運動能力を置き換え、修復し、向上できるような治療因子の登場である。ドーピングの管理はデリケートなものとなっている。細胞や遺伝子レベルの治療の出現とともに、修復とドーピングとの間の境界もまた定義が難しくなっている。

二十世紀と二十一世紀の産業社会・ポスト産業社会におけるスポーツというスペクタクルの目覚ましい発展は、さまざまな問いを投げかけるものである。十九世紀におけるスポーツとは、哲学・社会学・政治学さらには医学の進歩が丸ごとそこで収束するような、反省点に属していた。長きにわたり、健康のためのスポーツと競技スポーツとは、地域や地方、国内外の連携的構造のシステムのおかげで、緊密な関係を保ち続けていた。二十世紀を通じ、とりわけ第二次大戦以降、ハイレベルのスポーツは、世界的でメディア的な大会の数々を介して、連携的なスポーツという古巣から、ついに旅立ったのである。争点は別のものになった。束縛や規則が複雑化していったが、とりわけ市場経済への統合にかんして、将来的な反省が真になされることのないままだった。二十世紀末にはこの現象はますます強固なものとなり、この二十一世紀初頭にもそれは続いている。パフォーマンスと結びついたスペクタクルと、観客と利益の源たるメディア的なインパクトの関係は、緊密になるばかりだ。

とはいえスペクタクルの役者たちに期待されるパフォーマンスは、ハイレベルのスポーツの場合には、彼らの心理的・身体的・生理的な能力に依存していることに変わりはない。スポーツ科学と健康科学のおかげで、この能力は、種の進化の限界という範囲内においてではあれ、著しく向上した。道具も進化し、スポーツのパフォーマンスには欠かせないものとなっている。フィジカルやメンタルのトレーニングは、合理的・体系的なものになった。こうしてスポーツのパフォーマンスの限界は、近代スポーツの誕生以来、常に遠くへと追いやられてきたのであり、それはどの競技でも同じことである。このような条件のもとで、将来のチャンピオンに対する投資は、スポーツというスペクタクルにとっての欠かすことのできない鍵となったのであり、それはこのスペクタクルのオーガナイザーが公的であろうと私的であろうと変わりはない。スポーツの才能の発掘、スカウト、訓練そしてチャンピオンとしてのキャリアの管理の、計画的な組織は、とりわけ東ドイツの栄光時代に、全体主義的な枠組みで整えられた。パフォーマンスの向上のために最良の人体の獲得を目指す、多少は人間的になった、より効率的な同様のシステムの再生産は、いまや現実のものとなっている。ドーピング問題はこうした装置と暗黙裡に結びついているにしても、それは今日の問題の一部であるにすぎない。スポーツというスペクタクルの鍵を握る要素である、パフォーマンスの追求は、ここ三〇年来、生命医学とバイオテクノロジーの出現に直面している。人間の健康や、ひょっとすると種の進化に関係するパラダイムのいくつかが、大幅に変化したのである。こうした新たな手段が、ハイレベルのスポーツに益するものであることは、もはや証明するまでもなく、その利益は単なるドーピング的な逸脱の域をはるかに超えている。今日のスポーツというスペクタクルのオーガナイザーたちの関心の核心にある、パフォーマンスの目的そのものとは、すなわち人間の身体であり、それは社会的・政治的・経済的な影響の大きいこの活動領域において待ち望まれている進化と発展のための、避けて通れない基盤である。

スポーツ選手の評価

評価という総称のもとに集められているのは、スポーツの技術者たち——医者ばかりではない——

がスポーツ選手の可能性を推定するために用いる、数々の科学的ツールである。実際のスポーツ選手の評価は、健康というより広い目的でなされる生理学的な観察から始まることが多い。このような身体運動と健康との関係は、二十世紀末まで続いたあと、ここ数年の間に、明白に別のものとなり始めている。現実に身体運動が健康に良いものであることは疑いようがない。エクササイズはメディアによって再び流行化し、今ではそれを専門とする職業も生まれており、個人や団体を対象とした特別なプログラムも作られている。同じ道具を特別仕様にしたものが、きわめて高いレベルのアスリートたちの評価にも用いられている。スポーツ選手の評価を可能にするシステムの開発は、近代スポーツの誕生と同じくらい古くからなされていることである。

初期の方法は主に人体計測と体の動きに関係していた。諸々の人体計測的なテストのセットが、スポーツへの適応やパフォーマンスとの関係の、個人による違いを推測する目的で、早くから定められていた。身長、体重、体脂肪率といった概念は非常に便利である。体の動きについては、身体の断片の分析、つまり生命工学的なパフォーマンスに対するモーメントアームの分析が、二十世紀初頭に登場し、基礎的な人体計測による方法を洗練させた。続いてどのタイプのスポーツのパフォーマンスにどの筋肉のグループが役に立つのかの定義が発達し、どのスポーツをやりたいのかに応じてトレーニングを選ぶことが可能になった。人体計測的な規準によって、目指す競技に応じてどのようなカテゴリーのスポーツ選手が必要とされるのかが、直ちに特定できるようになった。たとえば体操競技のために小柄で力の強い者がリクルートされるようになったのは二十世紀の半ばからである。大柄で機敏もしくは屈強な者を見つけ出すことは、非常に早くからバスケットボールやボート競技のリクルーターの業務マニュアルに書き込まれていた。ラグビーというゲームのさまざまな必要に特徴的な、異なった体格の選手たちの調和のとれた一団を獲得することが、この競技を実践するすべてのコーチの目標である。例はいくらでも増やすことができる。東欧の元共産圏の国々によってイデオロギー的な理由により実施された合理化によって、こうした慣行は促進されたばかりでなく、ルールとなったのだ。倫理的な限界は幾度となく突破された。とりわけ体型とスポーツのパフォーマンスを規準とした文字通りの繁殖センターが設立され、男性・女性のチャンピオンの繁殖が確保されようとしたときには。三〇年後の遺伝学の発展は、こうした逸脱ができの悪いサイエンス・フィクションだけの話ではないことを示している。特にバスケットボールの選手を作るために、こうした試みをまだ諦めていない国もある（中国）。

データを分類・選別できる情報科学の利用により、人体測定的な評価が最適化されても、この評価はスポーツのパフォーマンスにかんする価値の分析という観点からすると限界があることが、すぐに明らかとなる。医学に応用されたテクノロジーの発達により、運動パフォーマンスの諸基準の定義に必要な合理的アプローチが補えるようになった。一九六〇年代からラボでの度量衡学に基づく生理学的テストが登場したことにより、個人のエネルギー排気量を推定することが可能になった。多くの選手を実地でテストすることを可能にする計算機の使用により、コーチ自身が、一般的には医師により管理されているラボの外で、生理学的な評価を行なうことができるようになった。エネルギーの推定のためのＶＯ２ｍａｘ〔最大酸素摂取量〕は、競技スポーツの選手ならば誰でもわかるロゴになっている。等速性エルゴメーター〔一定の速度の運動時のパワーを測定する装置〕の登場により、規則的で正確な生体工学的評価を行なうことができるようになった。

筋肉の断片や集合を通して人体を探索することは、航空宇宙医学のスポーツ医学への技術移転のおかげで、ハイレベルのスポーツにおいては当たり前のことになっている。今日では、シーズン終了後の夏のトレーニングを開始するサッカー・チームが、VO2 maxのような一連のエネルギーテストと、特殊なエルゴメーターを利用した等速性分析によって、選手の評価をしないということは考えられない。

アプローチは洗練されたにしても、それは相変わらず人間という機械装置の生物学的な現実から遠く隔たったものではなかった。一歩が踏み出されたのは一九八〇年代以降のことである。複数の生物学的パラメーターを計測し監視できる経年的な生物学的調査の発達により、ハイレベルのスポーツ選手が、自分の健康に加えて、自らの運動パフォーマンスを阻害する要因について、内省することが可能になったのである。(1) エネルギー代謝にかかわる一部の生物学的パラメーターが、実際にパフォーマンス向上の歯止めになっているのであり、それは個人の肉体的・生理学的な性質と関係がないのである。他方では、集中的なトレーニングにより逆にパフォーマンスが低下したり、シーズン中や今後のキャリアにおいて望ましくない怪我が誘発されたりというような有害な影響を検知できる、バイオマーカーがいくつもある。(2) 筋疾患の治療のために筋肉解剖学の分野で進められた研究のおかげで、筋繊維の測定機器は高性能になっている。パワー、瞬発力、速さ、持久力、耐久力など、さまざまな筋肉パフォーマンスのタイプに応じて、筋肉の変質を分析することが可能になっているのだ。

二〇〇〇年代を迎えて、人体測定的なアプローチや、生理学的な測定、生物学的な分析を組み合わせて用いることは、ハイレベルのアスリートたちにとって当たり前になっており、彼らはもはや、自分たちの雇い主となった公営や私営のスポーツのオーガナイザーたちによって課される束縛により、そこから逃れることができないのである。このような条件下にあっては、遺伝学的な道具が次世代のスポーツ評価の重要な要素となることは、避けがたいことだった。[3]それを要求し、可能にしているのは、経済的・財政的圧力である。遺伝医学の領域の科学的知識は、分析器具が以前より使いやすく、迅速で、値段も安いだけに、用いられるのが当たり前になるのは目に見えている。ドーピングについての激しい論争とは対照的に、真の議論や問題提起のないまま、ここ十年来、数多くの研究がさまざまなレベルのスポーツ選手たちに遺伝的な分析を実施している。[4]ACE〔アンギオテンシン変換酵素。血圧上昇に関係する〕やACTN3〔筋肉が瞬発系か持久系かの決定に関係している遺伝子〕のような遺伝子型の配分頻度が、早くから実験結果として注目されるようになった。[5]また特筆すべきパフォーマンスを発揮する個人が、たとえばSHP〔筋肉量に関係するテストステロン合成を司る核内受容体〕やHFE〔鉄分の吸収をコントロールするタンパク質〕といったタンパク質にかんして示す変異が、スポーツの観点から興味深いものであることも指摘されている。

今日では評価こそが、国であれ企業によるものであれ、あらゆるハイレベルのスポーツ戦略の基本である。子供時代からのジュニア・チャンピオンとしてのトレーニング、そして自らのパフォーマンスの頂点に至るまで、スポーツ選手のキャリアの全体に、評価は関わってくる。能力の検出から回復度の測定や怪我の予防に至るまで、キャリアのあらゆる段階が関係している。ハイレベルのスポーツ選手は、自分の身体的、生理学的、生物学的、心理的な内面を、ほとんど休みなくモニタリングされ、検査されているのである。技術的な側面は、チャンピオンの身体を含めた人間の身体を守るための一部の倫理を貶めたり、そのような倫理と逆行するもののように見えたりするかもしれない。とはいえ、ハイレベルのスポーツ選手たちに対して実施された調査や日常的な研究のおかげで得られた知識は、他の人々にも応用可能であることが明らかになっているのは、認めなければならない。実際、身体運動という観点からも健康の維持という観点からも、私たち一人ひとりに応用できる情報が得られているのである。測定機器や記録されるパラメーターは似たり寄ったりである。だが求められる目標は同じではなく、ハイレベルのアスリートやプロのスポーツ選手のように強制的にそれが課されるわけではない。

科学的ドーピング

前節までを読めば、スポーツのパフォーマンスの追求のためには、ドーピングが重要であることが容易に理解できるだろう。ハイレベルのスポーツが誕生したのは、十九世紀末に近代的競技会が登場してからである。常により高く、より速く、そしてより強くを目指すことが必要になったのだ。器具の改良と、人体の生理学的な知識の発達が、目覚ましい向上を可能にした。自然適応をショートカットして、薬化学さらにはバイオテクノロジーの進歩に頼ることで、生理学的なメカニズムを最適化しようという意志が同時に現われるのは避けがたいことだった。パフォーマンス向上の追求は、政治や経済、メディアなどのさまざまなものに束縛されたスポーツ・スペクタクルに取り込まれて、生命科学や健康科学などの科学的発展と歩みをともにするようになった。この発展により、多かれ少なかれリスクのある、しかしパフォーマンスの最適化に関しては多くの場合効果的な可能性が導き出された。ここ三〇年来、スポーツ評価が合理化していくのと平行して、ドーピングは真に科学的なものとなった。ドーピングとは、人体の機能についてや治療について得られた進歩の陰画である。

有酸素運動の系統を例にとるとすれば、問題は以下のように整理できる。すなわち生体の通貨たるATP〔アデノシン三リン酸〕がグルコースを燃料として行なうエネルギー生産に欠かせない支燃性物質である酸素を、運搬し、利用可能にし、効果的に使用することが重要なのである。競技に応じて選別的な評価を行なったあと、特別なトレーニングをすることにより、有酸素運動の系統において可能な限り最良のチャンピオンを生み出すことができる。高地トレーニングや、WADAにも認可されている低圧訓練室、あるいは個人用の低酸素カプセルやテントを用いることにより、限界に最大限近づくことができる。だが一九七〇年代には早くも、輸血の力を借りることが魅力的なものとなっており、当時の陸上競技や長距離スキー、サッカーにおいて広く用いられていた。遺伝工学が組換えに成功した最初の分子の一つであるEPO〔エリスロポエチン〕の登場により、ドーピングという側面はいっそう拡大し、有酸素運動の競技者全体に手の届くものとなった。人工血液の登場はドーピング撲滅運動という任務を複雑化した。酸化ヘモグロビンの分離を可能にする薬物は、医学における夢であり、同時に有望なドーピング薬剤でもあるが、その出現は時間の問題である。それと平行して、ピンポイントの遺伝子治療の登場により、微小な細胞レベルへの介入が可能になったことで、数十年後には、有酸素運動の観点からも有益であることは疑いようのない、特別な治療薬が利用できるようになるだろう。それによって規制のための検査はドーピングの定義そのものと境界線を共にするようになり、また健康リスクのレベルも真に定義することができなくなるだろう。

無酸素運動の系統にとって、パフォーマンスの鍵を握る要素は、パワー、瞬発力、速さと同様に、アシドーシス〔血液中に酸が過度に蓄積した病的な状態〕への抵抗に関係する諸々の規準である。多くの競技において、有酸素運動と無酸素運動の系統の組合わせが必要とされることは言うまでもない。したがって有酸素運動の系統を過剰にコントロールする可能性に続くのは、無酸素運動の系統に、ピンポイントで手を加える能力である。アスリートの成長にあわせて進化することもある、特定の評価を行なったあとで、特別な応用トレーニングを実施すれば、個人のパフォーマンスをもっとも高いレベルにまで導くことができる。無酸素運動の系統に特有の制約を考慮すれば、筋肉による分岐鎖アミノ酸の摂取を改善するように働きかけることで、合法的に結果を最適化することが可能であるが、そのためには特別な栄養学の知見が必要である。クレアチンやカルニチンなどを的確に摂取することで、直接的なエネルギー備蓄に働きかけ、向上を得ることもできるが、それらをドーピング薬物とみなすことは不可能である。これに対し「生物学的障壁」という現象は現実のものであり続けており、生理学的な観点からのその侵犯こそが、ドーピング的逸脱の境界を体現している。一九七〇年代には早くも、ステロイドの使用――コルチコステロイド〔副腎皮質ステロイド〕であれアナボリックステロイドであれ――が、共産圏の国々の組織的なドーピング、さらには大半の競技でのさまざまなレベルの大会におけるドーピングの実践の、多くの基盤を構成していた。尿の毒物学の観点からのドーピング撲滅運動の実際的な進歩の結果、一九九〇年代から、ステロイドの使用にはブレーキがかかった。だがインターネットのおかげで、ハイレベルのスポーツ選手にのみ実施されるドーピング検査とは無縁の広い層に、ステロイドが広まるのは防ぎようがなかった。他方でバイオテクノロジーにより、効果的かつ検知不能な薬物が提供されるようになった。成長ホルモンや成長因子である[6]。

二〇〇〇年代初頭から、標的療法〔正常な細胞に害を与えることなく特定の分子を認識する薬物などを用いる治療法〕などの新たな治療法が登場し、筋肉吸収の阻害やステロイドホルモン受容体の活性化が可能になっている。筋疾患における筋肉の障害についての理解は、ここ二〇年で急速に進んでいる。科学的な知見が得られることにより、スポーツのパフォーマンスにかかわる無酸素運動系統の諸部門を劇的に向上させる方法が、バイオテクノロジーのおかげで、瞬時に数多く手に入るようになっている。それと平行して、インスリンのような遺伝子組換え医薬品が、一九八〇年代以降、ドーピングにかんする問題を引き起こしうるものになっている。これらの問題は、毒物学や生物学の枠組みによるドーピング検査の観点からは、解決されるに至っていない。実際のところ、このレベルでの勢力図に変化をもたらしうるのは、法的あるいは警察的アプローチによる強制措置のみである。二〇二〇年までには、細胞や遺伝子レベルでの標的療法が、思いもしなかったような結果をもたらすドーピングの可能性の宝庫になるだろう。人間のパフォーマンスの限界自体に位置するそれらの結果は、検査も困難であるが、スポーツ・スペクタクルのオーガナイザーたちの豊富な資金のおかげで、手の届くものとなりつつある[7]。状況によってはドーピング行為の定義そのものが毒物学や生物学の域内には属さず、倫理的・義務論的な規準だけに従って使用の可否が決められることになるが、そのことは議論や対立、論争を招かずにはおかない。

遺伝学とドーピング

今日では、人間の病気のいくつかを先天的もしくは後天的な遺伝子の機能不全と結びつけることが、分析的バイオテクノロジーによる診断の分野でなされた発展のおかげで、可能になっている。ナノテクノロジーとのカップリングにより、予測医療、オーダーメイド医療、さらには先制医療などが語られ始めている。生物学的な異常が、ゲノムやトランスクリプトーム、プロテオーム、メタボロームのレベルで病気を始動させる前に、その異常を修正するということが、もはやサイエンス・フィクションに属することではなくなっている。こうした診断・治療ツールの発展は、今後二〇年で加速する恐れがあるが、それは人道的ばかりでなく産業的・財政的な賭金がそこには賭けられているからである。医療の実践が激変する恐れがある。健康にかかわる職業の実践におけるこうした根本的な変化は、倫理に反映されねばならないだろう。バイオテクノロジーおよびナノメディシンと情報科学との結合により、重要な社会問題が提起されかねないのは、さまざまなツールが利用可能となることで、人間の行動自体が変化を被りうるからである。標的療法という語で知られるような、オーダーメイド化したピンポイントの治療法は、ガン医療において近年発達しているが、今後はそれほど深刻ではない地味な病気の治療でも当たり前になるだろう。各個人のプロフィールが主治医によって定義づけられることになる。二〇三〇年までには、治療のオーダーメイド化は、日常的なものとなるだろう。出産さらには未来の子供の選別にも、この進歩は応用されるかもしれない。

ハイレベルのスポーツがこのようなナノバイオテクノロジーのツールの応用から免れることができ

ると考えるのは幻想である。スポーツ選手の評価という枠組みのなかでは、遺伝学的な手法の利用は、科学的な観点からすると、すでにひとつの現実である。[8] こうしたテクノロジーを用いることにより、遺伝学的な評価はおそらく、どの競技でも未来のチャンピオンたちが集められているトレーニングセンターの日常的な実践を、自らのものにしてしまうだろう。一部のスポーツ選手のグループに見出される遺伝的な出現率についての指標に続いて、スポーツのパフォーマンスに好都合な先天的素質の状態が特定されるに至った。距離スキーの才能を持つフィンランドの家系にエリスロポエチン受容体のSH－PTP1酵素の変異があることが判明したことで、そのもっとも優れた代表であるエーロ・マンティランタが、一九七〇年代にこの競技を席巻したのはなぜなのかが理解できるようになった。近年では、二〇〇〇年代の最優秀トライアスロン選手であるルトガー・ベイクは、異常な血液検査の結果を糾弾されたが、実際には腎臓でのエリスロポエチン生産とシグナル伝達の系統で鍵を握るプロテインPHD2の遺伝子変異の持ち主だった。これら二つのケースは遺伝的な状況が異なり、分子メカニズムもまったく同一ではないにもかかわらず、同じような結果に行き着いている。すなわち先天的かつ非病的な赤血球の過剰生産である。彼らは有酸素運動のパフォーマンスの素地があり、血液ドーピングに頼る必要がなかった。これら二つの変異は、その後動物実験のレベルでは制御できるようになり、目下のところ標的型の新医薬品の定義のため、あるいは危篤の患者向けの遺伝子導入法の使用のための試験が行なわれている。おそらく二〇二〇年には、遺伝子工学のバイオプロダクションにより作られたエリスロポエチンは使われなくなり、私たち自身のエリスロポエチンの生産を自然に刺激する薬品、おそらく飲み薬が使われるようになるだろう。繰り返しになるが、すでにフェーズ1もしくは2の試験が行なわれているこれらの薬物は、人体の分子生物学的制御のメカニズムに作用するものであるので、特筆すべきドーピング薬物になることだろう。エリスロポエチンにとっての目下のところの好例は、HIF－PH阻害薬の系統である。

私たちの研究チームが一九九五年から二〇〇〇年にかけて開発したスポーツ選手の生体パスポートの実用化の結果、血液データがきわめて不自然なため、血液ドーピングの疑われる距離スキーのアスリートが存在することが明らかになった。[9]ドーピング的な状況を特定するには至らなかったため、私たちのチームは鉄の代謝のレベルでの遺伝的な素質の存在を疑うようになった。鉄分は赤血球の生成に不可欠である。筋肉レベルでの個体のエネルギー代謝において、鉄は重要な役割を果たしている。したがって鉄は、どんな競技であろうと、ハイレベルのスポーツ選手にとって必要なものである。遺伝子型決定の後で私たちが遭遇した驚きは、HFE遺伝子の変異が、血色素症（鉄過剰症）の原因とはならずに、保有者にとっての選択的有利性となっていたことだった。鉄の代謝を統御するのは、酸化に対する複雑な防御システムであり、これは人類の生物学的な進化の賜物である。[10]変異に応じて、該当する個体は、血色素症を発症することもあれば、逆に選択的有利性の恩恵を受けることもある。私たちの研究が明らかにしたのは、高い筋肉エネルギー効率を必要とするハイレベルのスポーツ選手における、〔変異の〕有意の出現率である。[11]

私たちに近い高等哺乳類において変異が見つかったことにより、私たち自身の代謝についての知識はめざましく加速し、バイオテクノロジーと情報科学との結合により、薬物治療の新発想が生まれている。二十世紀初頭に「ベルジャン・ブルー」と名づけられた肉牛種を特定したのは、ヘント大学の獣医師たちである。そのおよそ一〇〇年後、この畜牛の筋肉のつき方の目を見張る違いの原因が、ミオスタチンの生産をコントロールする遺伝子の変異であることが特定された。このタンパク質は筋肉の成長の阻止因子である。効果の弱いミオスタチンを持つことにより、筋肉量の増大と、脂肪量の低下が引き起こされる。食肉の生産という観点からは、これは興味深い帰結である。人間の筋肉の機能性という観点からは、このような現象は医学ばかりかスポーツから見た筋肉パフォーマンスにとっても重要なものであり得る。ミオスタチン遺伝子にかかわる遺伝的異常が特定された数年後の二〇〇四年に、人間でも同様の異常が、ドイツ出身の若い男性から見つかった[12]。驚くべきことにこの男性の両親は、優れたスポーツの才能によりリクルートされた、旧東ドイツのトレーニングセンターの常連だったのであり、そのことは強い倫理的な疑義を呼び起こした。父親は体操のチャンピオンで、母親は陸上競技における世界最高のスプリンターの一人だったのだ。今日ではゲノム的ツールの精度が上がったことにより、東ドイツのハイレベルなスポーツのイデオローグたちの実践が、ある意味で裏づけられたのだ。この発見は直ちに応用され、薬物ではないものも含めて三〇あまりの治療法の開発に結びつき、目下のところ臨床試験がなされている。遺伝子導入動物をモデルとした変異のコントロールにより、筋疾患を患っている子供たちに治療法が提供できるようになった。こうしたアプローチによる最初の試験が、制限付きの公式テストという名目で二年前から、筋疾患の子供たちに対して開始されている。筋疾患の子供たちにとってのもう一つの解決策が、問題のある筋肉群に含まれるＩＧＦ－１〔インスリン様成長因子1。幼児期の成長および成人の同化作用に重要な役割を果たす〕タンパク質に作用する、同様の遺伝子治療の研究である。こうした遺伝子治療をハイレベルのスポーツ選手たちに応用することは、技術的には可能なのである。このような兆候からは、ルビコン川はすでに渡られたのかどうかを知ることはできない。筋肉の潜在力を高めようとするこれらの改変が、スポーツのパフォーマンスという観点からも効果的であるかどうかは断定できないのだ。それでも筋疾患の阻害薬などについての目下の発展が医学的に重要であるのは、少数の筋疾患の子供たちだけでなく、下半身を骨折した高齢者のリハビリや、加齢と関係するサルコペニアの撲滅などの市場があるからである。複数の製薬会社がこのテーマに専心しており、標的療法のための分子を所持している。したがってスポーツへの応用を想像するのは難しくない。これを納得するためには、インターネットで「筋疾患」や「筋疾患阻害薬」を検索してみれば十分だ。筋疾患研究のパラドクスとは、理論的な研究の時点では、発見された原理が医学やスポーツの領域に応用可能かどうかわからないということである。劇的なテクノロジー上の発明につながる科学的な発見は、多くの場合そうなのである。

バイオテクノロジーというツールを用いて人体の不調を体系的に分析することが、情報や進化の源になることは明白である。スポーツの利害に関係しうる一部の分野に応用されれば、種の改善という問題が今や現実のものとなる[13]。たとえばカルシニューリンの異常のコントロールができるようになれば、遅筋線維の調整も視野に収められる。筋肉への遺伝子導入という手法により、人類にはない爆発的な性質を持つミオシン2Bの遺伝子を導入することも可能になる。筋肉の水準においては、遺伝子工学は、化学的薬品とは異なり、特定の筋肉群や下位筋肉群に働きかけ、それぞれのスポーツのパフォーマンスに必要なバイオメカニクス的な連鎖を改良することができる[14]。動物実験によるPPAR〔細胞内代謝と細胞分化に関与する核内受容体の一種〕タンパク質のコントロールから推測されるのは、糖ではなく脂肪からエネルギーを容易に消費しつつ、遅筋線維の成長を抑制することの可能性である。医学的な利点は明白であるが、スポーツにとっての利点もまた同様である。すでにオーダーメイド医療は進み始めている。

もたらされる利点に加えて、よからぬ副作用が引き起こされるために、隘路に陥っている方策も存在する。このような現実が、実用化以前の試験の透明性という問題を提起するのは言うまでもない。バイオテクノロジーの基礎研究や応用研究の増加は、新たな産業部門の創設の原動力である。経済界や金融界が関係しているのである。こうした発展に歯止めをかけたり、退却を進言したりするのは困難であろう。医学的だけでなく、人道的・倫理的にも、莫大な賭金が賭けられているのである。目指されているのは、今日の治療手段では手に負えない先天的・後天的疾患を治すこと以上でも以下でもない。遺伝子治療の技術は骨髄や肺、筋肉や肝臓、脳に応用され、何らかの深刻な医学的状況を治したり改善したりするようになるかもしれない。こうした方法を病人以外にも用いるというのは、超えてはならない倫理的な境界であるようにも見える。ところがそのような境界はすでに超えられているのである。というのもNASAが火星探索のために提案する医学プログラムは、二年から三年におよぶ地球の重力外でのミッションによって強いられる長期の無重力状態から引き起こされる筋萎縮を避けるために、宇宙飛行士たちの筋肉への遺伝子導入を、明確に志向しているからだ。レトロウイルス・ベクターを用いた筋肉へのIGF－1タンパク質の遺伝子導入による予防的効果という方策が、全面的に公式に提案されたプランなのである。宇宙飛行士は特別な人々であるかもしれないが、彼らは病人ではない。彼らを特殊なハイレベル・スポーツ選手のモデルと見なすことは可能である。成長因子IGF－1とbFGF〔ヒト塩基性線維芽細胞増殖因子。創傷治療を促す〕の遺伝子導入による腱の遺伝子治療は、動物実験のレベルではコントロールできている[15]。近年では最初の人体実験が開始され、満足のいく結果がもたらされている。ハイレベルのスポーツ選手をとりまく財政的な利得は、紛れもない生物学的なF1であり、スペクタクルの基盤であるが、凡人には恩恵を受けられない高額な治療法の利用が可能になるのもそのおかげである。口火を切ったのは、スポーツ外傷学における、生物療法の一種のPRP〔多血小板血漿〕と呼ばれる技術の利用である。それは患者自身の血液から分離された血小板中のPDGF〔血小板由来成長因子〕を用いる治療法であり、遠心分離器で濃縮してから、それを損傷部に再注入するのである。ここ三年でサッカー選手たちがこの治療法の主たる利用者たちになった。向上的な治療と標的療法との間の境界線は非常に曖昧になっている。

遺伝子工学と平行して、細胞工学はここ一〇年で知識量や技術の確実性を文字通り爆発的に高めた[16]。幹細胞をめぐる議論が応用にブレーキをかけたのは、妊娠一〇日後のヒト胚を犠牲にして得た幹細胞を用いることがつきつける倫理的問題のためだが、日本の研究者たちによる人工多能性幹細胞の発見が成し遂げた技術的な革新によって、問題は単純化した[17]。多くの応用が、基礎研究や橋渡し研究、技術研究の観点から待ち望まれている[18]。治療用の人工幹細胞を用いることにより、幹細胞そのものを体内で生産する患者自らが自分の治療薬の提供者になり得るのである[19]。最初の臨床試験が、重症の神経疾患に対して行なわれ始めている。とりわけパーキンソン病やアルツハイマー病の患者たちの間で、発展が待望されている。スポーツ・スペクタクルが持つ金銭的な重みのために、スポーツへの利用は間髪をいれず平行してなされた。たとえばサッカー選手の膝などの、軟骨の負傷に対する処置としての、細胞治療による再生は、すでにルーチン化している。フランス領内ではこのような治療は現在のところフランス生物医学機構による許可が下りていないが、EU内の他の国では許可されている。国境は個人の移動にとっての障害ではないので、彼らが必要とする治療にとってもまた障害にはならない。腱や筋肉の損傷の治療についても同じことである。今日では、さまざまなソースを持つ幹細胞を用いた筋肉の細胞治療プログラムが数十も進行中であり、それらは主に心臓の再生を目指している。筋肉の細胞治療が確立すれば、それを骨格筋、つまるところスポーツ選手に応用することも簡単にできるだろう。したがって法規制の問題は、再生と、生物学的に補助されたトレーニングとの間の境界を画定することである。応用の観点からすれば、多くのバイオ医薬品企業は、個人の回復力だけでなく、筋肉や運動の能力を劇的に高めることのできるような、いくつかの治療法をすでに公然と配布している。これらの方法はアニマル・スポーツにおいても、毒物学的な予防の観点から、明白なプラスの効果をもたらしてくれる。馬はコルチコステロイドや非ステロイド性抗炎症薬にあまり耐性がないということを知っておく必要がある。だがこれらの動物も、人間の仲間たちと同様に怪我をするのである。しかし彼らに危険なこうした医薬品を使うことは、アニマル・スポーツの規則で禁じられている。それらの利用はドーピング行為に属する違反とすら見なされるのである。これに対し細胞治療は、競走馬にとって抗炎症薬の使用よりも効果的で攻撃性の少ないツールであることが明らかになっている[20]。たとえば骨髄からの細胞の採取によるこうした治療法が、競走馬だけでなく競争犬の腱炎の治療に頻繁に用いられている。

本稿で私たちが紹介したような、ますますピンポイント化するツールを用いようとする多様な省察が向かう先にあるのが、人体のエンジニアリングである。それがスポーツのパフォーマンスに影響することは否定できない。科学的な知見に由来する、診断技術や治療技術の早急な発展は、多くの患者たちにとっての希望である。だが他方では、こうした診断や治療のためのツールの大半が、さしたる倫理的な点検もされぬままに、スポーツのパフォーマンス向上へと流用されうるのである。とりわけ生殖にかんしての、別の流用もまた想像しうる。すでに見たように、ドーピング自体もバイオテクノロジーの進化と深く関係している。望まれる向上の水準は、化学薬品的アプローチによって許容されるものと、もはや歩幅を同じくしていない。反ドーピング規程の定める検査が失敗に終わる可能性は今後ますます増えるおそれがある。たとえ病人には認められている技術であるとしても、特定の病気を患っていない個人にその技術を用いることによって生じる重大なリスクは、無視するわけにいかないだろう。こうした技術の進化と、今日におけるスペクタクル化したスポーツの拡大を鑑みれば、向上した人間あるいは変身した人間という問題は、非常に高いレベルのスポーツ選手たちにとって、極めて差し迫った問題として提起されている。

結　論

ドーピングはここ三〇年の間、とりわけハイレベルのスポーツにおいて、スポーツ活動の進化と歩みをともにしてきた。政治的・経済的・メディア的・財政的な賭金が巨大になるにつれて、こうした逸脱を醸成する環境が生み出される一方で、諸々の競技団体によって表明される倫理の大半が、災禍と見なされるものとの戦いを続けている。薬化学とバイオテクノロジーの進化によって、議論が複雑さを増すのは、配備中の毒物学的な点検や生物学的な監視のシステムでは、現行の規制の有効性を保証できないからである。とはいえ世界反ドーピング機関（WADA）が設置され、ユネスコが立場を鮮明にして以降、現実的な進歩は成し遂げられた。ドーピング撲滅運動が正当化される根拠は、何よりもまずハイレベルのスポーツ選手の健康維持であり、彼らは完全なる人間存在と見なされるべきなのである。チャンピオンたちが模範的であると見なされていることや、ファンやサポーターたちが彼らの偶像に自らを同一視する心理的なメカニズムは、見過ごすことのできない重要な要素である。ドーピング薬物をドラッグの不正取引に類するものとみなすことで、警察や税関や司法の力が介入することが可能になった。このような近年の進展は効果的であるが、スポーツ選手の個人としての自由も侵害してしまう。とはいえこうしたアプローチのほうが、ドーピング検査を正当化するためにしばしば引合いに出される、公平さや「スポーツ精神」への言及よりも理に適っているのであり、一方でドーピング検査は、検知不能の薬物を前にして限界に直面しているのである。

遺伝子治療や細胞治療の発達により、ハイレベルのスポーツ選手たちの人体の無欠性《インテグリティ》は損なわれる恐れがある。すでに示したように、問題はもはやサイエンス・フィクションにはとどまらない。これらの方法において問題となるのは、ドーピング検査によりそれを検知することができるかどうかということであり、これは薬物学に属する問題ではない。検出がまったく不可能であるか、できたとしても実施するのが非常に困難であり、コストについては言わずもがなである。二〇〇五年には早くも、世界反ドーピング機関が遺伝子ドーピングや細胞ドーピングの定義を試みている。問題となるのは、アスリートのパフォーマンスを人工的に向上させることのできる、細胞や遺伝子あるいは遺伝的な要素の、非治療的な使用である。だがこうした立場は夢物語であることが明らかになりかねない。使用の許可と禁止の間の境界は、それぞれの応用ごとに明確に定められる必要がある。遺伝子治療や細胞治療は、ハイレベルのスポーツの実践における、とりわけ筋肉や靭帯、腱や軟骨や骨に生じた急性・亜急性・慢性的な怪我の優れた治療法の代表格である。こうした状況において、非治療的な使用はどこに位置づけられるのであろうか。規則違反を見出すための検査はどのように実施されるのであろうか。この問題に関係している専門家集団や科学者集団は、来たるべき困難の数々を認識している。彼らはまた、バイオテクノロジーのツールが、例外的な回復を可能にするばかりか、向上や変形を行なうことで、スポーツ選手の身体を実際に変化させることができることも確信している。誰でも望めばチャンピオンになれるわけではない。ハイレベルのアスリートは、種の限界にまで達するような心理的・身体的・生理的能力を備えている必要があり、特別な集中的トレーニングによりその能力を最大限に応用できる状況に恵まれていなければならないのである。欠かせない素質の一部は遺伝的な決定論の範疇に属している。そうした能力を持ち合わせていても、トレーニングなしにチャンピオンになることは不可能だろう。逆にいくらトレーニングをしても、持たざる者がチャンピオンになることはないだろう。[21] よってスポーツ選手の評価と、そのためのさまざまなツールが不可欠なものとなる。公的あるいは私的なスポーツ機関の大半はそれを禁じているものの、遺伝学的アプローチがこうした仕組みのなかに場を占めることになるのは必然的である。[22] スポーツの利害にかかわるヒトの遺伝子は一九〇に及ぶとされる。DNAのジェノタイピングにより特定されるこれらの遺伝子の諸要素は、最大酸素摂取量や心臓効率や筋力、持久力に関連する諸特性だけでなく、バイオメカニクスや神経生理学に関する特定の性質にも作用しうる。心理や認知、記憶の能力も、やはり関係しうる。分析のためのマイクロシステムが将来利用可能になれば、オーダーメイド医療や先制医療の発達を促すだろう。アスリートたちのゲノムを解読して予測的な評価を行なうことが、現実の慣行になりうる。批評家からはすでにチャンピオン工場だとみなされている、ハイレベルのスポーツ選手の育成センターが、おそらく関係するに違いない。先天的もしくは後天的な欠点の幾つかの修正を目指す遺伝子や細胞のテクノロジーが入手できれば、スポーツ選手になるチャンスが増えるのかもしれない。レベルは高いがスーパーチャンピオンに必要な能力は持たないスポーツ選手が、生まれつき自分よりも才能のあるライバルに対する自分のチャンスを増加させるために、スポーツに関係する遺伝子導入による修正を求めるようになる恐れがあるのだ。競争の激化が、壊滅的とは言わずとも、問題含みのものになる可能性はある。ドーピングの規制だけでは、答えは得られないであろう。利害関係者の全体に受入れ可能な提案を定めるために、倫理的な正当性を深化させるべきである。

人間のチャンピオンにはまだ既成事実ではなくても、動物のチャンピオンには、こうした進化はすでに応用されている。すでに見たように、遺伝子治療や細胞治療は、競走馬や競争犬においては一部の適応症で薬物よりも攻撃性が少ないため、すでに用いられている。犬や馬のスポーツ能力の遺伝学的な決定は、すでにひとつの現実だ。最近になってチャンピオン馬のクローンが初めて作られた。人類でも実施されるかどうかは、ごくわずかの科学的・技術的障壁の問題であるよりも、何よりもまず倫理的な境界の問題であり、それは社会制度的・文化的・イデオロギー的・政治的な基準によって定められるものだ。パフォーマンスに必要な要素についての知識は、利用できる治療ツールが何であれ、達成すべき改変の目標を設定するだろう。たとえば一部の筋肉の病気について実施されている試験から得られる結果により、近い将来が左右される。効果が実証され、リスクも許容範囲内ならば、スポーツへの応用が目指されるのは間違いないと言ってよい。思考レベルでは境界はすでに超えられているのである。いずれにせよ、地上のエコシステムから出て宇宙をコロニー化したいのなら、旅行に耐えて帰港するためには、私たち自身を改変する以外に解決策はない。こうしたテクノロジーの応用と、ハイレベルのスポーツ選手の遺伝子の解読は、人類の発展・変転・向上についての夢や幻想が、特定の活動において結晶化したものにすぎないのである。

Ⅳ章　反ドーピング政策——倫理的ジレンマ(1)

ベンクト・カイザー

要旨

本稿が検討するのは、現在のドーピング撲滅運動が提起しているいくつかの問題である。最初に指摘するのは、現在のところ一般の人々がこの運動に寄せている支持の多くが誤解に基づいており、この誤解によって人々がドーピング撲滅運動の現実から目をそらし、ドーピングした選手を麻薬中毒者と同一視し、そこでのドーピングの定義が曖昧なものであることを知らずにいるということである。続いて、この曖昧さのいくつかの詳細をたどる。すなわちドーピングの意図の有無を問うことの拒絶や、絶対的な責任原則、推定無罪の否定、スポーツ選手の私生活のさまざまな侵害、検査の長期的な持続や不確かさである。最終的に強調するのは、スポーツにおけるドーピング行為に対する不寛容と、社会におけるパフォーマンス向上の実践の拡大との間に広がる矛盾である。

反ドーピングのグローバル化

競技会でのパフォーマンスを向上させると考えられる薬物の使用は、エリートスポーツにおいて常に見られる現象であり、そもそもの初めからそれは見られた。二十世紀の前半においては、国際オリンピック委員会（IOC）や国際陸上競技連盟（IAAF）のようなスポーツ機関が、アスリートのドーピング行為に対して消極的にしか対応していなかったのは、おそらくこの時代にはまだ世論の圧力が弱く、アスリートを出場停止にするためのドーピングの証拠を得る手段も限られていたからである。[2]二十世紀の後半に入り、生物医学の大きな進歩は直ちにエリートスポーツに応用され、受け入れられた（たとえば一九八〇年代から九〇年代の組換えエリスロポエチン）。自転車競技におけるフェスティナ事件のような、メディアで大問題になった一連のスキャンダルを経て、ドーピングのない「クリーン」なスポーツを推奨する運動が、ここ数十年で非常に大きなものとなった。ドーピングしたスポーツ選手のイメージが一般の人々にとって徐々に悪いものになっていることの理由の一つはおそらく、ドーピングした者と非合法の向精神薬を用いる麻薬中毒者との間の類似性である。[3]ドーピング撲滅運動がとりわけ加速したのは、世界反ドーピング機関（WADA）の設立によってであり、同機関は二〇〇九年末に創立一〇周年を祝った。WADAの目的はドーピング撲滅運動の足並みを世界的に揃えることであり、その拠り所はスポーツにおけるドーピングの防止に関する国際規約（UNESCO）であるが、この規約は国連加盟国によって次々と署名されている。[4]

足並みの揃ったドーピング撲滅運動という象徴主義

ドーピング撲滅運動の目的は、エリートスポーツからドーピングの慣行を取り除くことである。反ドーピング政策は典型的なまでに罰則主義である。とりわけ競技場内外での監視および尿検査・血液検査に基づきながら、あらゆるいかさま師を捕捉して競技から締め出すことで、「クリーン」なアスリートと観客に利するというのが、その目標である。このシステムが成功するためには、すべてのドーピング使用者を捕まえるだけでなく、本当に「クリーン」なアスリートに対するすべての不当な告発を避ける必要がある。ドーピング撲滅運動のグローバル化の背後に控える一大権力のIOCが、最終的に望んでいるのは、オリンピックの観客によって讃えられるメダリストたちが、すべて「クリーン」であるのを確実にすることである。

一見するとドーピング撲滅運動の目標は高貴なものに見えるし、WADAによるドーピング撲滅運動のグローバル化は、この目標に到達するための適切な方法のようにも見える。だがアン・アモスが博士論文で指摘しているのはまったく反対である。「反ドーピング政策は混乱と不可解さに満ちており、これはもっとも基本的で根本的な問題についてもすでにそうなのである。現行の反ドーピング政策や、その普遍的な規程、政府間の協調・合意のレベル――到達できることは稀である――を見ているだけでは、そんな問題など存在しないのだと容易に思い込まされてしまう。合意の到達水準の大半は、スポーツのパフォーマンス向上薬剤をめぐる問題についての世論の一致の帰結である。そしてこの世論の一致はといえば、その大半は反ドーピング言説の象徴主義の力のなせる業なのだ[5]」。

アモスによれば現行の反ドーピング政策に対する世論の支持は、ＷＡＤＡの実際の行動についての理解が限定的なものであるために、部分的に歪められているという。(6) 足並みの揃ったドーピング撲滅運動という象徴主義は、非合法向精神薬の使用者に対する世論のイメージが著しく悪いことに起因しており、この麻薬中毒者というイメージが、ドーピングをするアスリートにまで及んでいるのである。実際には反ドーピング政策が実現困難であり、そのことが副作用をもたらしているという事実に、こうした足並みの一致を脅かす弱点が潜んでいる。アモスが示しているように、(7) 世論が考えるドーピングの定義と、ＷＡＤＡの採択する、世界反ドーピング規程に記された定義とは異なっている。この規程が定めるドーピングの範囲は、世論が理解するそれよりもはるかに巨大である。たとえばサンプルから薬物が検出されれば、アスリートにパフォーマンス向上の意図があったかどうかにかかわらずＷＡＤＡの処罰を科するというのが、こうした違いからもたらされる帰結である。しかしドーピングの意図がないことが明確な場合には、世論はアスリートの処罰を望まないと考えるのが自然であろう。

規程の適用は多くの問題をはらんでいるので、現行の反ドーピング政策を批判的に検証し、可能な代替策について考えておく必要がある。これまでの著作で私は、共著者たちとともに、エリートスポーツにおける現行の反ドーピング政策の根幹を批判する議論を展開してきたので、読者は参照願いたい。(8) 本稿の狙いは、現行の反ドーピング政策のある種の限界や副作用を浮き彫りにして、既存の文献を補足することである。

現行のドーピングおよび反ドーピングの定義がもたらす帰結

一見したところ、エリートスポーツにおける反ドーピング政策の練り上げと応用は単純なことのようにも見える。必要なのはドーピングの定義と、原則的役割を果たすルールである。つまり「ドーピング禁止」、そしてアスリートたちをこのルールに従わせ、違反した場合には罰則を科するための方法。だがドーピングの定義は困難であり、ルールを徹底するために用いられる方法にも限りがある。V・メラーが記すように、WADAはその規程において、スポーツにおけるドーピングとは何かについて、循環的定義を用いている。「ドーピングとは反ドーピング規則を一つないし複数の点で違反した場合という定義がなされる。〔…〕ドーピングとは単にWADAの反ドーピング規程に対する侵害として定義されるのだ。言い換えれば、ドーピングとはWADAがある時点でそれがドーピングであると判断するもののことでしかないのである[9]」。

許可されていない方法や薬物は、WADAが毎年更新する禁止リストにリストアップされる。WADAがある薬物を禁止リストに書き加えるために用いる基準は三つであり、そのうちの少なくとも二つが当てはまらなければならない。方法や物質がパフォーマンスを向上させる、ないし向上の可能性を持つこと。それが健康にとって危険、ないし危険である可能性を持つこと。それが「スポーツ精神」に反すること。これらの基準の輪郭は曖昧であり、とりわけスポーツ「精神」という基準は、時代によって移り変わる文化的な特徴の影響を深く受けている。たとえばこれらの三つの基準が、スポーツの黎明期であるヴィクトリア時代の英国で用いられたとしたら、身体トレーニングは許可されなかったであろう。というのも、当時はトレーニングはスポーツ精神に反するとみなされており（トレーニングはいかさまとみなされていた。それは無作法の一種だった）、パフォーマンスを向上させる効果があり、過度に行なえば実際に健康を害する恐れもあるからだ。ＷＡＤＡの基準にスポーツ「精神」が含まれているおかげで、他の基準を満たさない、あるいは部分的にだけ満たす薬物――たとえば大麻の派生物（マリファナ、ハシーシュ）――がリストに加わるという柔軟性がもたらされている。

　現行の反ドーピング政策の帰結を物語る一例が、アメリカのスケルトン競技（頭を進行方向に向けたリュージュ）の選手ザック・ランドのエピソードである。二〇〇五年末に尿のサンプルからフィナステリドが検出されたことから、彼は二〇〇六年の冬季オリンピックの出場を禁じられた。ＷＡＤＡが出資し、後に公刊された科学的調査に基づき[10]、二〇〇五年初頭にＷＡＤＡがフィナステリドを禁止リストに加えたのは、この薬物がアナボリックステロイドの使用を隠蔽する物質であると考えられたからである。ランドは一九九七年から異常な抜け毛（脱毛症）対策のためにフィナステリドを服用していたが、反ドーピング検査官にはこの薬物を使用していることを伝えてあった。そして彼は二〇〇五年にフィナステリドが禁止リストに加えられたことを知らなかった。ランドが、二〇〇五年にこの薬物が禁止リストに加えられた後にも、繰り返し検査を受けていたのに、陽性反応が出たのは二〇〇五年十一月が初めてであったというのも興味深いことだ。全米反ドーピング機関（ＵＳＡＤＡ）が、ランドはドーピングの意図が皆無であったことを理由に、寛大な処置を決定すると、ＷＡＤＡはローザンヌのスポーツ仲裁裁判所（ＣＡＳ）に告発し、開催を控えたトリノ冬季オリンピックにランドが参加することを禁じようとした。当時のキャリアからするとランドにはメダルの可能性があった。Ｃ

ASの裁定は、パフォーマンス向上のためのステロイド摂取を隠すためにフィナステリドを用いるという意図はランドにはなかったことを明言した。しかし効力のある規程を適用することを強いられたCASは、裁定に対する自らの苦悩を表明しつつも、ランドのドーピング違反を宣告せざるを得なかった。[11] ランドは開会式の日にトリノ・オリンピックから排斥されたが、これは彼と彼の名声にとっては大きな打撃だった。二〇〇八年になってWADAはようやくフィナステリドを禁止リストから除外することを決め、新たな実験技術によってフィナステリドはステロイドの使用を隠蔽するには無力であることが明らかになったと通達した。ランドは自分のドーピング処分を取り消すことを求めたが、このランドの訴えは退けられた。つまりそれは、彼にとってもう一度違反を犯せば終身の出場停止処分を受ける可能性があることを意味した。反ドーピング政策の厳格な適用が、ドーピングの意図の皆無なアスリートにとってどれほど有害たりうるかを、このケースは示している。事後に編まれた資料のなかで、WADAはドーピング撲滅運動のこうした側面に対して以下のように遺憾の意を表明しているものの、断固たる立場を守ることを選択している。

TUE(治療使用特例)を申請し忘れ、その結果としてαリダクターゼ阻害剤(フィナステリドのような)の摂取により処罰を受けたアスリートたちの不満を、WADAは理解はするが、リストは厳密な科学的基盤にもとづいて作成されており、また反ドーピング科学は世界中のクリーンなアスリートたちのために日進月歩で進化することを忘れてはならない。〔…〕特定の事象がその時点において有効な規則に準じなければならないのは、社会のどの部門でも同じことである。[12]

このランドのケースは特殊ではない。同様のケースは頻繁に生じている。B・プルイムが分析したのは、国際テニス連盟が発表した五年間（二〇〇三―二〇〇七）のドーピングのケースである。[13]WADAが採っているのは「無過失責任」（英語でいうstrict liability）の原則、つまりアスリートは尿中または血中の禁止薬物の存在に責任があり、それはこの薬物がどのようにして体内に入ったのかを問わないというものである。このやり方に従うならどのような弁明もありえず、ドーピングの告発は極めて簡素化される。他方でこのやり方には代償もある。世論の大半から無実だと思われているアスリートに、多大な損害をもたらしうるのである。この期間の四〇件のドーピングのケースのうちの大半（六八％）は、パフォーマンス向上の意図は皆無であり、（重大な）過失も不注意もなかったとの判断が下された。[14]にもかかわらず罰則は適用され、選手の名声と収入、キャリアに多大なマイナスの影響が及ぶことになったのである。

無過失責任の原則を含む、WADAによる便宜上のドーピングの定義が、禁止の薬物や方法によりパフォーマンスを向上させるという意図を持たないアスリートたちを、どれほど日常的に告発しているのかは、これらの例からも明らかである。「有罪」ではなく（つまりパフォーマンスは実際には向上していない）、直接的意図（パフォーマンスを向上させるために意図的に禁止薬物を使ったという意味で）もないままに、罰されるアスリートたちがいるのだ。「スポーツ精神」の名のもとに、無実の（つまりパフォーマンスは向上しておらず、パフォーマンスを人為的に向上させようという意図もない）アスリートたちを犠牲にしても当然だと考えるのがスポーツ界であるらしい。さらに今日の反ドーピング政策は、推定無罪の原則を覆して、スポーツのあらゆる偉業に対してドーピングの疑いをかける方向に向かっている。

スポーツにおける監視

現行の反ドーピング政策のもう一つの問題点は、大会開催期間外の抜打ちドーピング検査に備えて、一日一時間、年間三六五日、どこにいようと反ドーピング機関と接触ができなければならないという、エリートのアスリートたちに課された義務と関係している。このためにアスリートたちは、書面あるいは電子媒体で、来たる三カ月間の自分たちのプログラムの詳細を、年に四回届け出なければならず、途中で変更があればそれも知らせなければならないのだ。WADAによればこのような通達と場所の特定のルールは、ドーピング撲滅運動の根幹をなす要素である。大会のためのトレーニング期間になされるドーピングを妨げることができるからだ。アスリートにこのルールを守らせるべく、指定の場所に不在だったために検査を受けられなくなることが、十八カ月の間に三回生じれば、ドーピング一回に相当すると定められている。アスリートたちは当局に自分の居場所を伝え続けることにしばしば困難を感じており、三回の検査を受けられなかったことから出場停止処分を受けるケースも珍しくない。ベルギーの才能ある若い女子テニスプレーヤー、ヤニナ・ウィックマイヤーの場合がその例である。二〇〇九年末、彼女は当局に自らの居場所を伝えることに三回失敗したために、連盟から一年間の出場停止処分を受けた。彼女が世界ランキングのトップ五〇入りをした直後のことで、そのことにより彼女には居場所報告プログラムへの加入が義務づけられたのである。彼女はベルギーの裁判所において、居場所報告を管轄する当局側の不具合やミスを証明することで、自らの無罪を勝ち取り、競技に復帰することができたが、汚されたイメージは二度と元に戻らないかもしれない[15]。三回の検査の失敗によりドーピング違反となったアスリートの例は他にもたくさんある。ひょっとすると時には検査を逃れようとした場合もあったかもしれないが、たいていは予定の変更や当局への伝達が厳密でなかったためである。このような伝達義務は、今では成人に達していないジュニア選手にも適用されている。こうしてたとえば二〇〇九年には、オランダの十三歳のスピードスケート選手ドミニク・ロマースに、居場所報告プログラムへの参加が命じられたが、それは彼女の兄に強いドーピングの疑いがかけられた後のことだった。両親は通常のドーピング検査は受け入れつつも、彼女の居場所特定のための情報を提供することは拒否したため、彼女はジュニアレベルの大会への出場を停止されたが、この決定は後に取り消された[16]。

一般的にはアスリートたちはこのような情報通達の義務を受け入れているように見えるが、もちろん彼らには選択の余地はないのである。実際には多くのアスリートが、ルールを定めている原則には同意しているものの、好んでそうしているわけではない[17]。とはいえ批判の声も頻繁に上がっている。たとえば二〇〇九年初頭には、ラファエル・ナダルを含む複数のトップレベルのアスリートたちが、このような私的領域への介入は行き過ぎであり、またこれらの義務の実際の運用も強制的すぎることを、公けに訴えた。WADAの考え方は事務的である。ルールに従うか、別の活動を選ぶかは、アスリートの自由である、と繰り返しているのだ。だがエリートのアスリートであることが職業となっている以上、その規制は他の職業と同様の法制にしたがってなされなければならない。目下のところ、このような情報通達の義務がヨーロッパの労働法制と齟齬をきたすことがないかどうかを検証するための議論が、欧州委員会とＷＡＤＡとの間で交わされている。

研究所のテクノロジーの限界

現行の反ドーピング政策が提起するもう一つの問題は、アスリートの身体から採取されたサンプルのなかの禁止薬物を検出するための検査に関係している。「黒か白か」というものであれば理想的だろう。つまり薬物があるかないかのどちらかという場合である。こうした両極端のケースも存在しうるが、実際には、薬物の種類によっては、不確定な部分が大きいことがしばしばなのだ。診療所で実施されている生物医学的な検査の大半がそうである。検査が陽性となる（薬物の存在を示す）のは、薬物が本当に存在する（真の陽性）ときもあれば、そうでないとき（偽陽性）もある。逆に検査が陰性となるのは、薬物が本当に存在しない（真の陰性）ときもあれば、それでも実は薬物が存在する（偽陰性）ときもある。

このため検査で争われるのは基本的に精度（実際に真の陽性だと確認できる割合）と特異度（実際に真の陰性だと確認できる割合、すなわち実際に薬物が含まれていないことが正しく確認されるサンプルの割合）である。ドーピング検査は偽陽性の割合をできるだけ低く保ちながら、精度をできるだけ高める必要がある。問題は検査の回数が増えるにつれ、またドーピングの「罹患率」が減少するにつれ、偽陽性の出現する可能性が高まるということである。[18] 科学的な議論には決着がついていないとはいえ、すでに偽陽性が生じていた可能性も十分にある。[19] ＷＡＤＡは自らが認証した研究所での検査の品質評価の結果を公表しようとしない。それをすればアスリートたちは、自らのドーピングを検査の不具合のせいにするだろうというのが、ＷＡＤＡの言い分である。これは一見理に適ったことに思われるが、同時にそれはドーピング検査のシステムの不公平性について疑念を抱かせるものである。

一定数の横断的な調査から得られた基準値と検査の結果の比較からなる、一時的検査の限界を克服するために、一部の血液の数値の継続的な調査が、近年になって「生体パスポート」という名で導入され始めた。[20] これは一部の血液のパラメーターの通時的な変化から、ある種のドーピングは検知できるという考え方に基づくものである。二〇〇九年末、継続的な血液の数字に基づく間接的な証拠で、アスリートがドーピングを告発されるという最初のケースが報告された。ドイツの偉大なスピードスケート選手クラウディア・ペヒシュタインは、キャリアを通じて無数の検査を受けてきたが、陽性を告げられたことはなかった。だが若い赤血球の数の変化を根拠に、彼女はドーピングで有罪になった。[21] このケースが興味深いのは、禁止薬物自体（あるいはその代謝物）は特定されていないのに、薬物を使用したかもしれないという間接的な証拠により、アスリートにドーピング違反を宣告した最初のケースだからであり、なおかつこれには科学的な見地からの疑念も大きいからである。生体パスポートがアスリートにさらなるプレッシャーをかけ、ドーピングから遠ざけることになるのは確かであるとしても、抜け道のための戦略が発達することになるのも同様に確かである。いずれにしても生体パスポートは、当然ながらそれが何かを明らかにしうる限りでしか有用ではない。たとえば近年の実験結果によれば、一酸化炭素吸入法による総ヘモグロビン量の測定は、エリスロポエチンのメンテナンス治療を受けている人を五〇％しか特定することができず[22]、継続的な調査による検査に疑念を投げかけた。エリスロポエチンの尿検査も常に問題含みであるため、継続的な検査によって状況が改善するかどうかは不確かであり、逆に不当な告発の可能性が新たに生じているのだ。

現行の反ドーピング政策においては、ルールを守って競技に参加しているアスリートが告発されるリスクに晒されている一方で、捕まることなくドーピングをする選手は常に存在するのである。もちろん反ドーピング政策によって、ドーピングの慣行がここ一〇年で一変したことは間違いない。露見しやすい慣行は実施されなくなる一方で、別のタイプのドーピングが発覚を免れている。反ドーピングの存在理由たる、信頼できるレベルで、あるいは確信をもって「クリーン」であるとのお墨付きを得たアスリートの称揚は、未到達の目標のままにとどまっているということである。表彰台の上のチャンピオンは「クリーン」なのだろうかという、倒錯的な問いが投げかけられ続けているが、残念ながらその問いへの答えはない。今日のチャンピオンたちの「クリーンさ」の度合いについて、世論はますます懐疑的になっているとさえ言えるが、これはドーピング撲滅運動の目標とは正反対の結果である。

どれだけの数のアスリートのドーピングが実際に発見されているのだろうか。WADAの統計によれば、およそ一～二％の検査が陽性であり、この割合はここ一〇年で変化していない。しかしながらドーピングの本当の「罹患率」はもっと高いとする近年の研究もある[23]。この研究が伝えるところによれば、ドイツのデータによると陽性は一％以下であるのに対して、デリケートな話題についての質問によって生じるバイアスを数値化できるランダム回答法を用いると、実際の「罹患率」はその八倍になる可能性があるという。

ドーピング撲滅運動の支持者たちは、実際に自らの目標に到達しようとすると、困難な立場に置かれることになる。現行の反ドーピング政策の目標は、チャンピオンたちが「クリーン」であるのを保証することだが、この目標は到達不可能なのである。というのも監視や研究所のテストに内在する限界により、「クリーン」なチャンピオンの確実性は排除されているからだ。ドーピング違反と社会のその他の違反とが区別されるのはこの点においてである。社会はそれが機能する限り、そして違反の広がりが限定的で、抑止のコストが過大ではなく、人々が全体的にルールを受け入れている限り、ある程度の違反を許容できる。酩酊状態で出歩くことは当然取り締まられるが、完全に排除されるわけではない。社会にとってのアルコールのコストは上昇していると見なすこともできるが、リスクの減少政策を伴った実際的なアプローチにより、個人や社会にとってのコストを低いままに抑えることができるのである。

「反ドーピングの戦い」は成功の度合いをますます増していると主張することは、エリートスポーツにとってはおそらく正しいことなのであろう。しかしながら、この提言を受け入れるにしても、チャンピオンのなかには発覚を免れたドーピング選手が多数いるかもしれないという疑いは残る。実際のところメディアも観衆も、並外れたパフォーマンスに対して疑いの眼差しをますます向けるようになっている。今日においてエリートのアスリートであるということはしばしば、有罪の可能性という重荷を背負い込むことも意味する。我らがチャンピオンたちの「クリーンさ」を疑うことが強いられれば、エリートスポーツの目的、すなわち「クリーン」なチャンピオンの称揚という、「スポーツ精神」の中心原理は、土台から崩れ落ちるのである。

エリートスポーツと社会

ＷＡＤＡとＩＯＣは、アスリートたちがドーピングをしないようにするための圧力を高める方法を常に探している。居場所を報告する義務がその一例である。別の方法は、オリンピックの開催国を目指す国に、特別な反ドーピング法制の導入と順守を含む、いくつかの基準を満たすように強いるというものである。一部の国ではドーピングは今や犯罪行為であり、家宅捜索や罰金、禁錮刑といった処置が準備されている。現行の反ドーピング政策は、抑止と不寛容に邁進している。発案者たちによれば、情報と教育と抑止の正しい組合わせが、違法薬物のないエリートスポーツを創りだすという。ＷＡＤＡの考える長期的なドーピング抑止策は、真の反ドーピング文化を形成するような諸価値の取り入れに基づく、教育的なアプローチを経由するものである(24)。

しかし反ドーピング法制とその適用を目指す諸方策を土台とした、反ドーピング文化の創造と維持にとっての問題の一つは、スポーツによって代表される特定の社会的実践と、社会の他の場所で生じていることとの間に広がる溝である。

実際のところ、社会においてはパフォーマンス向上は非常に一般的な現象となりつつある。たとえば科学雑誌『ネイチャー』が行なったアンケートが明らかにしたのは、アンケートに参加した一四〇〇人の読者のうちの五人に一人が、認知能力を向上させる薬剤を使っている、もしくは使ったことがあるということである。[25] メチルフェニデート（リタリン）が一番人気で、使用者のうちの六二％を占め、モダフィニル（プロビジル）が四四％でそれに続いている。こうした薬物を摂取する理由として挙げられたのは、眠気覚まし、注意力、長時間労働、時差ぼけなどである。生物医学研究が追求する治療へのアプローチが治療を超える可能性を秘めることは確かなので、こうした可能性は、とりわけ副作用が限定的であれば、間違いなく活用されるであろう。[26] 薬物や処置の治療外の利用すべてを不当であると宣言するのは、したがって短絡的かつ非現実的である。必要なのはむしろ、個人や社会にとってのコストが最小限となるような使用統制を基本とした、現実主義的なアプローチであろう。

スポーツにおけるドーピングに対する不寛容は、認知向上のテクニックや、スポーツ以外の自己の向上テクニックに対して、むしろ寛容な社会の立場とは正反対である。このような文脈にあって、反ドーピングの影響がエリートスポーツだけにとどまらず、その帰結がスポーツ以外にも及びうるということを指摘しておくのは重要である。ここ数十年でアナボリックステロイド全般の使用は増加したが、その販売の規制や禁止のために、非合法のうちに使用がなされており、結果として非合法向精神薬の使用に似たような危険な慣行が蔓延している。[27] 過度な監視を駆使する反ドーピングが社会にもたらす損害は、それがおそらく社会におけるドーピング撲滅運動のなし崩し的な全般化を予告し、代弁しているということだけにはとどまらない。ドーピング撲滅運動に携わる人々は善意に満ちており、積極的な理想に衝き動かされているのだということは、銘記しておく必要があるかもしれない。ユートピアを目指すことが、見事な大義のために行動することであるのはもちろんである。問題は、現行の反ドーピング政策の文脈においては、（ユートピア的）治癒の探求が病よりも悪い結果となり、ディストピアに至りうるということである。

ドーピングはいかさま

論争の締めくくりにしばしば持ちだされる見解の一つが、ドーピングは「いかさま」であり、だからこそ許されないのだというものである。スポーツのルールは変化しうるし、反ドーピングのルールも同様であるということを別とすれば、スポーツとはルールのあるゲームであり、ルールに従わずにプレーすればゲームの本質と目的を損なうことになるので、いかさまという意見は傾聴に値する。しかしドーピングに対する道徳的な抗議の声は、スポーツにおける他のいかさまに対する諸々の競技団体や観客の反応とはまったく対照的である。いかさまは事実上スポーツの一部とみなすこともできる。その好例はもちろん、一九八六年のディエゴ・マラドーナの「神の手」ゴールや、フランスに二〇一〇年ワールドカップの出場権をもたらしたティエリ・アンリによる手でのボール操作である。いずれのケースでも選手がその場を切り抜けたのは審判がファールに気づかなかったからで、そしてルールによれば審判こそが絶対であるからだ。このようにスポーツにおけるいかさまは道徳的に非難を受けるような行為ではない……。だがドーピングの場合ばかりが攻撃されるのは、おそらくドーピング選手のイメージの感情的な重みが大きく、しかもそれが麻薬中毒者のイメージに似ているからである。(28) 実際「反ドーピングの戦い」と「反ドラッグの戦い」は同じ一つの努力を作り上げているかのようであり、またそれは違法な向精神薬の使用のような行為すべてを強く非難する世論のなかに根を張っている。社会における向精神薬の使用を規制する最良のやり方は、それを根絶しようとすることではなく、管理しリスクを減らすというアプローチであることがわかっている[29]。これとは対照的に、現行の反ドーピング政策は、本質として懲罰的であり、目的のためならどんな手段でも正当化されるというような、極端なところにまで行く恐れがある。英国やオランダ、スイスのような国で、向精神薬の使用の現実主義的な規制が放棄され、社会におけるあらゆる非合法薬物の使用に、反ドーピングのような禁圧的アプローチが適用されたとしたら、それは大変な後退であろう。このような展開の可能性は決してありえないことではない。認知パフォーマンスの向上のための薬物の使用を特定するために、学生の尿検査をしたり、フィットネスクラブでアナボリックステロイドの検出が試みられたりすることが考えられる。これが進むべき方向であるとは決して思われない。反ドーピング政策の立案者たちに対しては、もっと現実主義的になって、推定有罪やその他の副作用をもたらした現行の政策ではなく、コントロールとリスク軽減戦略というアプローチをとるようにと呼びかけたい。

Ⅴ章　ドーピングと（は）スポーツ精神（である？）

アレクサンドル・モロン

要旨

ドーピングと反ドーピング政策との間の軍拡競争は、今日のスポーツ界における重要な要素である。反ドーピング政策が論争を招いていることからすれば、これは驚くには値しない。「いかさま撲滅」という主張は、それだけでは今日のさまざまな禁則を正当化するのに十分ではない。これらの禁則にはさらなる正当化が必要であり、スポーツの諸機関は「スポーツ精神」のなかにそれを見いだせると考えている。本稿が検討するのはこの概念の曖昧さについてであり、この概念は、競技スポーツにおいて実際の行動原理となっている、勝つためなら何でもするという要請に取って代わるには力不足に思われるのだ。

ドーピングと反ドーピング

ドーピングはスポーツの歴史と切り離すことができない。いつの時代にも一部のアスリートたちは、伝統的には薬理学に属する技法、あるいは生体工学などの他の分野に属するさまざまな技法を用いて、「不相応な」（この曖昧な用語自体も考察の対象となりうるだろう）アドヴァンテージを獲得しようとしてきたからだ。ここ数年の変化は、ドーピングのニュースがスポーツそのもののニュースと同じくらい人々の目に飛び込んでくるということだ。ツール・ド・フランスで名だたる選手たちがドーピング検査に「引っかかり」、それが必ずメディアの「炎上」を招き、「過当競争社会における価値観の喪失」や、より強制力の強い監視装置の必要性が、声高に叫ばれることになる。逆にドーピングの発覚がわずかであったり、まったくなかったりすれば、ツールは「クリーン」になったとみなされ、自転車競技連盟はスポーツのモラルの勝利を早々に宣言しようとする一方で、疑い深い一部の人々は、ドーピング検査官たちを出し抜く手段が密かに見出され、発覚を免れることができるようになったのではないかと訝《いぶか》しむのだ。

ドーピングと反ドーピングはマスコミのテーマになったのは確かだが、大学人や知識人からも注目を集めるようになっている。たとえば社会学的もしくは哲学的な見地から、スポーツの事象——とりわけサッカー——にたいして批判的な視線を投げかける者がいる(1)。他の者にとってはドーピング問題は、特に生物医学的なテクノロジーの、かつてない使われ方に関するパラダイムをなしている。さまざまな領域においてパフォーマンス向上が、あるいはより一般的な言葉でいえば、人間の体質の技術的な改造が目指されているのである。本稿の筆者がこうしたことに関心を持つのは、現実的な理由（医学部における生命倫理の教員かつ研究者という役割からの要請）と同時に、「トランスヒューマニズム」と好んで呼ばれるものの倫理的な側面に対する関心からくる、より理論的な理由によるものである。スポーツ生理学者（ベンクト・カイザー）と哲学者（アンディ・ミア）との協力のもと、筆者がドーピングと反ドーピングについての議論に足を踏み入れたのは、現行のような抑止政策を批判し、健康被害の防止を中心とした、より控えめな目標を提案するためである。[2] こうした提案は他の識者たちも、しばしばよりラディカルな形で行なっているものだ。[3] 私たちが望んでいるのはドーピング撲滅運動の廃止ではなく、それを「スリム化」し、健康に関する予防や推進の機能だけを残すことである。[4] ドーピング撲滅運動を、科学的に評価可能な健康リスクに集中させることで、より効果的かつ合理的なものとして、今日そうであるように、道徳的かつ非現実的で定義も曖昧なイデオロギー計画で運動を肥大化させるのをやめることも、私たちの望みだ。

私たちが主張してきた立場を要約すれば、ヒポクラテス的で功利主義的だと述べることができるだろう。ヒポクラテス的であるのは、アスリートの健康を守り、過度に危険なドーピングの実践に歯止めをかけるという目標を前面に掲げているからだ。功利主義的であるのは、私たちの立場の関心が、スポーツのパフォーマンスを向上させる生物医学的な実践（「ドーピング」という言葉に対する先入見を避けるために、私たちはそれを「エルゴジェニック」〔力を生み出す〕と呼ぶ）の、具体的な帰結――良いものでも悪いものでも――にあるのであって、道徳や職業倫理に関わる絶対的な原則を侵害しているかどうかではないからだ。私たちの立場に先立つものとして、ジョン・スチュアート・ミルによって体現され、今日では哲学者のルーウェン・オギエンによって描き出されている、リベラルかつ功利主義的な伝統の影響を挙げることができる。(5) とりわけオギエンによる「犠牲者なき犯罪」という概念の分析がそれであり、スポーツにおけるドーピングとはそのような犯罪の典型例であるように見受けられる。実際のところドーピング行為は、アスリートによって自由に選び取られている限りは、そして競技会の全アスリートに原則として開かれている限りは、損害を被りうるのは当事者と、スポーツの模範性や「クリーンなスポーツ」といった、抽象的なイデオロギー上の構築物だけである。道徳的な不名誉や刑の宣告を、他者に対して明白な損害をもたらした場合に限定したミルにとっての重要な概念である、危害原則あるいは無害の原則が、ここで応用されているのがわかるだろう。もちろんこの原則は多様に解釈されうるものである。とりわけ第三者の扶助のもとに自己に加えられた損害のような場合がそうだが、スポーツにおけるドーピングは一般的にそのような状況でなされるのである。しかしながらこの原則の精神は明解である。それは肥大化した倫理に対する健全な懐疑主義の源であるのだ。こうした肥大化した倫理によって、「礼節」や「良き習俗」あるいは「人間の尊厳」さらには——私たちが目にしているように——「スポーツ精神」の名のもとに、あらゆる類の道徳的告発が、大盤振舞いされているのである。

いかさまという意見とその限界

さまざまな競技団体と、その筆頭としての世界反ドーピング機構（WADA）の立場によれば、ドーピング撲滅運動には二つの根拠がある。第一はアスリートの健康の保持である。すでに述べたように、私の共著者や私自身も、さまざまな著作でこの目標を擁護しており、相違があるのは主に方法についてであって、目的自体ではない。現行の反ドーピング政策を支えるために持ちだされた第二の根拠とは、まさしく「スポーツ精神」であり、本稿の目的は、謎の多いこの概念に含まれうる内容を検討することである。最初の答えはありきたりのものだ。スポーツ精神、すなわちそれは単なるフェアプレーであり、いかさまの拒絶であり、英語圏では比喩的に「a level playing field」（平らな競技場＝公平な立場）と呼ばれるもののことではないのか。すべての競技者に対する同一のルールに基づく公明正大な競技は、あらゆるスポーツにとって必要不可欠であるということには、同意するに吝《やぶさ》かではない。問題はそこから派生する、「いかさまはいけない」というルールが、現実には同語反復的な形式的ルールであるということである。それぞれのスポーツには認められるプレーと認められないプレーとがあり、それらを隔てる赤い線は、強制的な規則によって引かれるということを、そのルールは言っているにすぎない。言い換えればそのルールは、アスリートに対して次のように言っているのだ。「許可と禁止の間の赤線はここに引かれているから、お前はそれを守らなければならない」。

確かに、だがなぜここであって、他所ではないのか。なぜある種のエルゴジェニックな実践は認められて、他は「ドーピング」つまり不道徳で――日に日に頻繁に――非合法と定義されているのか。いかさま撲滅というルールに、形式的な側面を超えた実質を付与するためには、赤い線に道徳的な正当化を追加して、そのような限界が必要なのだという単なる確認を乗り越えなければならない。あるドーピング行為を治療行為や合法的トレーニングと区別する何らかの本質的な特性を拠り所にして、

ドーピングを *malum in se* すなわち内在的な悪と定義したくなる誘惑は大きい[6]。反ドーピング規則を検討すれば、そのようなアプローチが無益であることがわかる。何よりもまずそれは、同じ薬物がドーピングにも治療にも用いられることが、ますます増えているからである。より一般的にいえば、反ドーピングの指針を詳細に調べてみると、許可と禁止の区別はしばしば実際的な検討の結果から導き出されており、内在的な道徳の影響はほとんど見られないことがわかる。世界反ドーピング機関が刊行している禁止リストの二〇一〇年版から例を一つ挙げよう[7]。酸素運搬の向上に関する介入のなかで、特に禁じられているのは以下である。「酸素摂取や酸素運搬、酸素供給を人為的に促進すること、過フルオロ化合物、エファアプロキシラール（RSR13）、修飾ヘモグロビン製剤〔…〕が含まれるが、これらに限定されるものではない。但し、酸素自体の補給は除く」。強調部分[8]は、筋組織の酸素化の向上が目指されている点では、他の方法と何ら変わるところがないが、酸素分圧の変えられた条件下でトレーニングすることからなる方法は、事後においてアスリートから検知することができないので、十分な抑止力をもって禁止することが難しいように思われる。これを簡単にいえば、化学は禁止だが、物理は許可、ということである。確かにこのような境界を支持することは可能だが、ただしそれはこの境界が純粋に現実主義的な性質のものであることを認めるのが条件である。しかもこうした理路をそのまま進めていけば、別の現実主義的な理由によっても禁止／許可の境界を根本的に変えることが可能である。たとえばすでに述べた私たちの提案の基盤にあるような理由によって。ドーピング撲滅運動を、以下のようなより現実的な目標に限定してみたくなるのはこのためである。

——ドーピング撲滅運動を、科学的に証明された、人々の健康に関わる目的に限定する。

——ドーピング撲滅運動に伴うスポーツ選手の私生活の侵害を制限する。

——より控えめな反ドーピング政策を採用する。スイスを含むいくつかの国で実施されている、薬物依存の管理におけるリスク軽減政策がお手本である。


もちろん現状の擁護者たちはこうした結論を受け入れないが、赤い線がおおよそ今ある位置にある必要があり、しかもそれは単なる実用的な理由でなく、原理的、とりわけ道徳的な理由によるものだということを証明しなければならないのは、彼らの方である。このために「スポーツ精神」が儀礼的に召喚されるのだ。何が問題なのかを見ていくことにしよう。

スポーツ精神さん、そこにいますか？

すでに見たように、公平な立場（level playing field）といかさまの禁止を召喚するだけでは、現行の反ドーピング規則を正当化するには不十分である。現状の擁護者たちが望むような方向で、スポーツ精神が規範の源としての役割を果たすためには、形式的な命令に帰着してはならないし、違反の証拠の確立や、多少なりとも現実的な抑止の性質についての、実際的な考察に行き着いてもならない。そうした考察の傍らで、スポーツ精神はいわば希望の灯火を必要としているのだ。だからこそこの概念をめぐってのスポーツ言説の調査が必要になるのである。ここでのそれが網羅的であると自負するつもりはないが、頻出するいくつかのテーマを特定し、それらを現代文明において機能している他の集合的表象と関係づけることだけは試みてみたい。スポーツ精神という概念の説明を試みた公式の文書において、しばしば見出されるのは、保守的な真理の羅列であり、そこにはある種の道徳的な美徳（フェアプレー、誠意、尊敬、団結）と並んで、スポーツ競技からの望ましい帰結を述べる表現（娯楽、喜び、成熟、教育、グループ精神）が列挙されている。以下は世界反ドーピング規程に見出されるその一例である。

反ドーピング・プログラムの目標は、スポーツに内在する価値を保護することである。この内在的な価値はしばしば「スポーツ精神」と呼ばれる。これはオリンピック精神自体の本質でもある。この価値はフェアプレーを推奨する。思想・身体・精神の価値を高めるスポーツ精神は、以下の諸価値によって特徴づけられる。

・倫理、フェアプレー、誠意
・健康
・卓越したパフォーマンス
・人格の成熟と教育
・娯楽と喜び
・チームワーク
・献身と志願

・規則と法の尊重
・自己および他の参加者の尊重
・勇気
・グループ精神と団結
・ドーピングはスポーツ精神の本質そのものに反している。[9]

このような列挙のなかに、先に述べた二つのタイプの考察と比べて、特別で真に新しい倫理的な議論を見つけ出すのは困難である。しかしながら、スポーツ精神に具体性を付与することを目指した、より建設的で興味深い考察も存在する。こうしてアメリカの倫理学者でスポーツの諸機関とも近しいトマス・マリーは、すでに示唆したようなエルゴジェニックな実践、ここでは低酸素トレーニングについてのコメントのなかで、スポーツ精神に実用的な内実を付与している。

WADAの倫理問題検討委員会は、人為的にもたらされた低酸素条件を用いてパフォーマンスを変化させることを、テクノロジーによる侵害とみなす。アスリートの洞察力や努力、あるいは何らかの有意な能動的参加が、必要とされないからである。このためパフォーマンスを変化させるための人為的な低酸素条件は、オリンピック精神に背いている。オリンピック精神が祝福するのは、自然の才能や、徳あるその完成である。(WADA倫理問題検討班に代わって委員長のトマス・H・マリー博士により二〇〇六年四月二十一日に提出[10])

低酸素の活用は「アスリートの洞察力や努力、あるいは何らかの能動的参加を必要としない、テクノロジーによる侵害」であるとして非難されている。だからこそこの実践は、「自然の才能や、徳あるその完成を祝福する」オリンピックのスポーツ精神に違反している。先に引いた寄せ集めのリストとは対照的に、世界反ドーピング機関の倫理問題検討委員会が示したスポーツ精神の定義には、比較的明瞭であるという利点がある。この概念についての、争点をより絞り込んだ疑問が提起できるのはこのためである。私の見立てでは少なくとも三つの疑問がある。

（一）なぜ自然の才能なのか、そしてなぜこれらの才能――他ではなくその才能である、そしてそもそも才能とは何なのかも定義が必要だろう――の完成が特定の道徳的利益をもたらすのだろうか。そしてこれらの自然の才能のうちで、伸ばされるべきなのはいずれか（あるいは自然であるかぎりはすべてがそうなのだろうか）。こうした疑問は本稿で検討するにはあまりにも大きすぎるが、備忘として記しておく。

（二）自然の才能を完成させる方法のあれこれの、いずれの特性が、この完成を徳あるものとするのだろうか。先の引用からすると、個人的かつ意図的な努力の存在により、完成は徳あるものとなり、逆に単なる小細工は、簡単には称賛できないはずのものを、安易で称賛するまでもないものにしてしまう、というように読める。広く共有されているこのような考え方を正当化するためには、ここでもまた数多くの議論を発展させる必要があるだろう。目下のところは、「本来は」難しく、手間がかかり、苦しいトレーニングを簡単にする魔法の薬という、安易なドーピングのイメージに、疑問を呈するにとどめておこう。粘り強くやることや苦しむこと、汗をかくことのうちに価値があるはずだと、戯画的なまでに信じられているのである。ところが多くのエルゴジェニックな実践——酸素分圧の改変を含む——は、成功のために必要なトレーニングを減じるのではなく、トレーニングをより効果的にしたり、激しい運動後の生理的な回復の過程を手助けしたりするとみなされている（いずれの方法も有効であるとここで私が認めたわけではない）。スポーツのドーピングは、ひょっとすると他の理由で道徳的に非難されうるのかもしれないが、卓越した結果を獲得し、ライバルを追い越すために必要とされる努力を、アスリートが回避できるようにするわけではない。

（三）有効であるか否かはさておき、生まれながらの才能の意識的な開花を目指す有徳な努力としてスポーツ精神を定義する考え方は、とりわけ若者のスポーツ教育において、疑いの余地なく、誠心誠意に実行に移されていると言うことができるのだろうか。それが疑わしいと考えることは禁じられてはいないので、それを本稿のこの先で取り扱おうと思う。その前に現時点での私たちの分析を要約しておこう。

第一に、スポーツ精神をフェアプレーや「公平な立場」（level playing field）の保証に限定することはできない。なぜなら仮にそうだとすれば一部のドーピング行為の合法化に反対することはできなくなり、そうなればドーピング撲滅運動とその法制化は、平板な法実証主義へと転げ落ちるからだ。第二に、スポーツ精神が必要とされるのは、「幅のある」道徳的諸価値を結びつけるためである。すなわち定義からして不相応な才能と、徳あるその完成との間の、調和のとれた平衡であり、それはつまり努力とは称賛に値するということを意味するが、これもさまざまな疑問を招かずにはおかない[11]。最後に、このように定義されたスポーツ精神が実際に果たしている役割についても、疑問は残る。それは実際に具体的な理想で、今日のハイレベルのスポーツにおいて徐々に実現されているのだろうか、あるいは本質からして修辞的な理想で、ハイレベルのスポーツの落差のある現実を、可能な限り覆い隠しているのだろうか。原則的にこの問いは競技スポーツの社会学に属するものであり、ここでは二つ目の答えの方に傾きたくなるような、いくつかの示唆的な例を紹介するにとどめたい。

重要なのは参加すること？……それとも勝つこと！

ここで取り上げる一つ目の例は、「クール＆クリーン……スポーツ精神のために」（Cool & Clean… for the Spirit of Sport）と題された、スイスのスポーツ教育プログラムであり、インターネットのおかげで広く拡散したものである[12]。このプログラムは若いスポーツ選手たちに五つの誓いを立てることを推奨したもので、ドーピング、タバコ、それに過度のアルコール摂取をやめることが、そうした誓いに含まれている。だがこれらの誓いの最初のものは、「目標に到達したい」というものだ。この宣言をクリックすると、「エリートの仲間入りをしたい」という司令とともに、今日のスイスのスポーツ界のヒーローたちを紹介するショートフィルムと、アニメ動画が現われ、そこでは小さなキャラクターが山を登っている――つまるところスイスなのだ。山の頂上には1、2、3と数字の書かれた表彰台がぶら下がっている。小さなアスリートは一位の場所によじ登り、嬉しそうに跳びはねる。他の登場人物はいないことに注意しよう。二位と三位は存在すらしないのだ。ここで幅を利かせている暗黙裡のメッセージとは、「スポーツ精神」とは実際のところ、真に重要なのは勝つことであるという原則につきるのであり、フェアプレーや衛生、脱ドーピングには軽くご機嫌伺いがなされているだけなのだ。仮にこれこそが現代スポーツ精神なのだとすれば、逆説が導かれることになる。本当に重要なのが一位になることなら、ドーピングが勝利のための重要な要素である――もしくはそうなりうる――スポーツにおいて、スポーツ精神は定義上それを抑止することができなくなる。選ばれた例が戯画的であるとして反論することもできるだろう。もっとよく探せば、スポーツ精神についての、より含みのある注釈を、数多く見つけだすことができるに違いない。たとえばスポーツ精神とはある種のやり方で勝つことであり、手段を選ばずに勝つことではない、と主張することもできるだろう。だとすれば、スポーツ精神についての公式言説の概念的な曖昧さに引き戻されることになる。「自然の才能や、徳をもってそれを完成することの祝福」として定義すれば、高貴さが増し、粗暴ではなくなるかもしれないが、お決まりの概念的な困難に、またも直面することになるのだ。つまり「自然」というカテゴリーの道徳的な空虚さや、この文脈における徳の概念的な不明確さ、そしてドーピングが内在的な悪であると説得するための議論の不足である。

スポーツニュースのトピックのなかには、スポーツ精神についての言説、より一般的にはスポーツにかんする公式の声明から窺える道徳じみた大仰さが、二枚舌に行き着いていることを示唆するものもある。スポーツの道徳性という旗を高々と掲げながら、実際には勝者がすべての賭金を自分のもののにするという原則がまかり通っているのだ。しかもこのような二枚舌は、真摯に情熱を傾けているハイレベルのスポーツ選手たちに、真の苦しみをもたらしている。この点にかんしては、二〇〇九年十一月のドイツ代表ゴールキーパー、ロベルト・エンケの自死の後に、多くのサッカー選手たちの証言が（特にドイツ語圏で）メディアを賑わせた(13)。彼の仲間であるFCバーゼルのイヴァン・エルギッチは、二〇〇四年の重度のうつ病での入院から復活してプレーを再開しているが、彼によればサッカー選手の教育とは、是が非でも成功することだけに向かわせる洗脳であるという。「社会全体がサッカー選手の洗脳に参加している。子供のときからである。ジュニアのときからすでに、勝利と競争の崇拝が大切にされている。子供たちは成功のなかでしか幸せを感じないようにプログラムされている。彼らは戦いに慣れているので、感情移入をほとんど発達させていない。このようにして社会ダーウィニズムが暗躍するのである(14)」。エルギッチは同じ文章のなかで、エンケの自殺のスペクタクル化を批判し、エルギッチが「サッカー官僚」と呼ぶ人々や政治家によって偶像視されることで、エンケは二度死んだのだと述べる。とはいえエルギッチは次のようにも付け加えている。「エンケが〈自分のスポーツ〉を失うことを恐れていたことが背景にあるのは明らかだ。サッカーは彼にとって支えであり、生きる理由であり、アイデンティティだった。〔…〕終わってしまったものを本当に失うことの恐怖は、率直にいって恐ろしい。一人の人間の人生がこのようにたった一つの側面だけに還元されてしまうのはなぜなのかは、残された問いである」。このような光を失ったスポーツ像を描き出すのはエルギッチだけではない。スポーツ哲学者のギュンター・ゲバウアーは、現代サッカーを「残酷劇場」であると語っている(15)。こうした証言の数々から浮かび上がるのは、「終わってしまった」何かを失うことの恐怖という共通の感情であり、かつては違った——違ったはずの——サッカーに対するノスタルジーである。これは道徳的教訓よりも芸術の域のパフォーマンスによって称賛を引き起こした、「古き良きプレー」に対するノスタルジーなのだろうか。そうかもしれない。だとすればスポーツ精神が表わしているのは哀悼や喪失であり、それは倫理よりも美学に関係の深いものであろう。たまに代表戦を観るだけのファンにとっては、サッカーが観るに堪えないスペクタクルになってしまったのは確かである。陰湿もしくは明白な暴力、大小さまざまな不正、イエローカードやレッドカードの累積、審判のミス……。負けることの恐怖を滲ませた二二人の闘士たちを見守ることには、どことなく恥ずべき何かが伴う。

だが勝者がすべての賭金を自分のものにするという原則に立ち返ってみよう。この原則が今や社会生活のさまざまな側面において幅を利かせていることを見ずにいるのは難しい。一九九五年、今からすると予言的にも見える書物において、アメリカの経済学者のロバート・フランクとフィリップ・クックは、さまざまな分野（スポーツを含む）で成功の勾配を「硬直化」させ、孤立する頂点を生み出している力学を分析した[16]。金融経済のネオリベラルなドグマに端を発する、全方位的な競争崇拝は、芸術、オペラ、ポピュラー音楽やクラッシック音楽、文学、大学、科学的研究など、もともと「勝者がすべてを手にする」（winner takes all）の論理とは無縁だった、あらゆる種類の活動にまで影響力を広げている。頂点には一部の勝者が居坐り、そのはるか下に大多数の人々が、少しばかり才能を欠いただけで、「ガレー船を漕ぐ」、あるいは地味なキャリアに身をやつすことが、ますます多くなっている。フランクとクックは、才能の不平等な分配が、貨幣その他の報酬の不平等な配分を「自然に」生み出すという、素朴なまでに保守的な見解に異議を唱えている。彼らの仮説によれば、ますます多くの人間活動――彼らはそれを「勝者がすべてを手にする市場」（winner-take-all markets）と呼ぶ――で繰り広げられる競争は、スタート時点の状況（才能、家庭の物質的・文化的資産、粘り強さや楽天性など）を多かれ少なかれ維持した配分を、不平等がはるかに拡大した、まったく異なる結果の配分に変えてしまう。社会的勾配の傾きは急になり、ほぼ二極化した配分に近づこうとする。つまり、少数の絶対的勝者が頂点に君臨し、大多数の敗者たちは多かれ少なかれ引き離されて、よくても尊厳を保てるくらいの慎ましさ、悪い場合には貧困のなかに置かれる。彼らが詳述しているように、このような拡大する不平等は、明らかに誰にでもできるわけではない個人的な努力とすらまったくあるいはほとんど関係がないので、不正義を生み出しているが、それだけなら倫理学者と心優しい理想主義者を困らせるだけだろう。これは市場自体の非効率の原因でもあるので、経済学者たちからも懸念されているのだ。実際のところこうした不平等は、投資（時間や金銭、発明の才能など）を非生産的な方向へとますます向かわせてしまうのであり、競争者たちは「陣取り合戦」で疲弊し、無意味な発展ばかりのために戦うことになるのだ[17]。こうした集合的な不利益には、集合的な健康問題も付け加わることも、備忘のために指摘しておこう。この問題はその後の社会的な疫学研究によって明らかにされたので、この書物を執筆した当時のフランクとクックには知ることの難しかったものである[18]。マイケル・マーモットとリチャード・ウィルキンソンのチームが示したように、社会的勾配が「急斜面」すぎることは、健康と寿命にかんする大幅な不平等の要素であり、そのことは最終的に社会全体にとっても有害なものとなるのだ[19]。

締めくくりの言葉

締めくくりの言葉はイヴァン・エルギッチに借りることにしよう。彼は別のインタビューで次のように述べている。「サッカーはこの世界の他愛のないもののなかでは最高だ〔……がしかし〕それが拠り所にしている基本原理は、差別、パフォーマンスの強制、競争イデオロギーが、完全に非人間的な規模に拡大している社会の原理なのだ[20]」。能力主義を謳っているときですら、私たちの社会はますます宝くじの原理で動くようになっており、この原理はごく少数の個人に莫大な物質的・象徴的褒賞を与え、その犠牲となる大多数においては、不運な者たちと月並みな者たちを、ほとんど区別することができない。金融や起業の世界がそうなのは言うまでもないが、スポーツのような付随的活動を含む、拡大する「勝者がすべてを手にする市場」も、この論理によって包囲されている。ハイレベルのスポーツが、金融的・政治的・自己愛的な賭金を今日ほど危険なまでに動員し続けるかぎり、ドーピングは事実上の不可欠要素であり続けるだろう。最悪の場合にはドーピング撲滅運動自体が道徳的な軍拡競争に巻き込まれて、栄冠は一番の厳格主義者に、すなわち個人の自由に対してもっとも抑圧的でもっとも有害な手法を提案する者に与えられることになる。人間的に許容可能なものに戻るためには、競技スポーツは真剣にスリム化をして、二義的で他愛もないものであることを受け入れなければならない。他愛もないものとは時として美しいものなのだから、これはさして深刻ではあるまい。今スポーツに起こっていることは、他の「人間的」活動の諸領域を代表しているのであり、いずれの領域も、留保なしの人間的なものに戻るためには、デフレによる治療を必要としているのである。

＊草稿に目を通し、数々の啓蒙的な議論をもたらしてくれた、サミア・ハースト教授に感謝する。

Ⅵ章　医療倫理とスポーツ的規範の押し付け（一九八五―二〇〇九）

クリストフ・ブリソノー

要旨

私たちが検討するのは、自転車競技の倫理が、ドーピングをめぐる一九九〇年代の正常状態から、二〇〇〇年代の異常状態へと、どのように変化したのかである。この変化を理解するために、この二つの期間における、異なる社会的当事者グループ間の相互作用の影響を考察する。どちらの期間においても、もっとも重要な役割を果たしたのは医師たちである。

すでに十九世紀末には、スポーツ選手による怪しげな薬物の摂取が、医師たちにより指摘されていた。その後も医師たちは、用いられる薬物をリストアップして、パフォーマンスの役に立つものを特定しようとしてきた。やがて一九七〇年代の終わりからは、どれだけのスポーツ選手が、どのような動機でドーピング薬物を用いているのかを特定するための、疫学的研究が発達し始めた。多くの場合、合法的な薬物は、同じように用いられて、やはり危険であっても、こうした疫学的研究の対象にはならなかったことに注意しておこう。この点においてすでに、医師団の代表たちにとっては、健康問題よりも道徳問題のほうが優勢であったことが指摘できる――これは私たちの分析にとっての導きの糸の一つである。こうした歴史、そして推進されてきた疫学的調査を通して、医師たちはドーピングがいかさまであるとのイメージの形成に寄与してきたのであり、この点にこそ誤りはあるのである。一九九〇年代の半ばから、社会科学出身の研究者たちが、こうした歴史をこれまで記述してきたのは誰なのかに興味を抱き始め、医学の両義性、とりわけ「道徳請負人たち」[1]と名指されたスポーツ医たちの両義性が指摘された。たとえばジョン・ホバーマンによれば、二十世紀初頭には医師たちはスポーツ選手たちを観察するだけだった。[2]規格外のパフォーマンスの達成において自然がどのような役割を果たしているのかを、彼らは理解しようとしていたのだ。ホバーマンが根本的な変化を見出すのは、一九三〇年代であり、この時期に一部の医師が、スポーツ選手の身体能力を変化すなわち向上させるための研究を開始したのである。努力の生理学についての研究者たちがその一例だ。[3]スポーツ医学の両義性についてはアイヴァン・ウォディングトンによっても指摘されており、彼の分析によれば、サッカー・チームの医師と選手の距離は近接しすぎている。[4]このために医師たちは適切な診断や治療を平静に行なうことができなくなっているという。ウォディングトンは、一九八四年のロサンゼルス・オリンピックの際にさまざまなナショナル・チームの医師たちが、ドーピング薬物を合法的に処方した数多くの例を挙げながら、自らの分析を裏づけている。[5]さらにポール・ディメオは、医学・スポーツ・薬品が、三位一体そのものであることを明らかにしてみせた。[6]ディメオが十九世紀末にまで遡って紹介するのは、医学教授クリステンセンが一八七六年に行なった、コーラナットやコカなどのさまざまな物質を学生たちに服用させ、彼らを近隣の山々で長時間歩かせるという実験である。続いて彼は二十世紀初頭のフランスの医師たちが、自転車選手や他のスポーツ選手を使って行なった同じような実験の数々を紹介している。ただし医師団として一括りにされたもののなかには、さまざまな医学のセグメントがあり[7]、健康やドーピングの定義がそれぞれ異なるということには注意しなければならない[8]。

この導入部で、ドーピングという複雑な問題におけるスポーツ医学の重要性に焦点を合わせたのは、意図的なものである。さまざまなスポーツ選手から集めたドーピングについての証言から、その重要性が中心に浮かび上がってきたからだ。ただしここでは自転車競技だけに関心を集中させて、ドーピングが集団的なプロセスであり、スポーツ医学がそこで特異かつ両義的な位置を占めていることを示したいと思う。検討されるのは二つの期間（一九八五—一九九八および二〇〇三—二〇一〇）であり、この期間のなかでスポーツ選手たちの倫理が、構造的文脈の進化と相関して進化していること、またその文脈では一部の支配的な医師団が自らの倫理を押し付けていることを見ていきたい。

医師団によるドーピング問題の形成

一九五〇年代末からスポーツ医学が発達し、スポーツさらにはハイレベルのスポーツに接近するにつれて、医師たちは、主に自転車競技において、さまざまな薬物の濫用を指摘するようになった。道徳問題にも言及されてはいたが、医師たちが医学雑誌やジャーナリストたちに対して語るこの慣行は、主に健康問題だった。やがてこの慣行はスポーツのシステムを脅かす問題になっていく。その結果スポーツのプロ化の問題は二次的な問題へと追いやられたのである。「問題」の輪郭を定めるためのシンポジウムが、青少年スポーツ省の医師たちによって開かれた。ユリアージュ・レ・バン〔フランス南東部イゼール県にある保養地〕において、一九六三年一月二十六日と二十七日のことである。強調されたのはスポーツ倫理の尊重と健康の保持である。そこでの論調と、このシンポジウムから生まれた著作物が、一九六五年六月一日の最初のドーピング法の練り上げのための基礎となった[9]。スポーツの慣行における逸脱的な流れとしてのドーピングの定義が、この日付とともに公式化された。ドーピングはスポーツ医学が立ち向かうべき疫病だという紹介がなされたのである。それに続く数十年にわたって、医学の重鎮たちは学術誌やシンポジウムで、さらにはさまざまなスキャンダルの折に合わせて、ドーピングの害を告発し続けた。彼らの言説はドーピングを単に健康問題としてだけではなく、むしろスポーツ倫理の問題として提起するものだった。フランス・サッカー連盟の医師ルイ・ドゥルゼンヌにとって、「いつでも帰着するのは、ドーピングとは不正なアドヴァンテージを追い求めることであるという道徳的理由である[10]」。ドーピングがこのように道徳的な側面から扱われてきたのだという考え方を裏づけるものとして、一九六五年六月一日の法では、ドーピングが健康問題である以前に倫理問題として提起されているという事実を付け加えることができる。続く一九八九年六月二十八日の法では、俎上に載せられるのは倫理問題だけであり、健康問題は消されている。医師団の行動は間もなく問題を引き起こすことになり、一九六五年の最初の法はすぐにその限界を露呈する。その後の数年で警察により自転車選手からドーピング薬物が発見され、裁判が繰り広げられたが、当局はそれが「故意に」用いられたかどうかを立証できなかったのに対し、法は厳しくそれを要請していたのである。多くの薬物が処方箋により正当化されており、日付が実際より前に変えられていたこともあった。

その数年後、一九七七年五月二十七日の政令《デクレ》第七七-二五四号、次いで一九八四年の法により、医師団は医学的な監視にかんする自らの特権の一部を失った[11]。こうしてドーピング撲滅運動は諸々のスポーツ競技連盟の問題となった。競技連盟はパフォーマンスの練り上げ方のノウハウを持っている（そこには薬品の合理的な使用法も含まれうる）ので、ドーピング撲滅運動はあまり効果的なものではなくなるだろう。逆に競技連盟は、ドーピング撲滅運動が特別な専門知識を必要とするということを理解できていない[12]。ここでの私たちの関心である自転車競技についていえば、フランス自転車競技連盟とプロ部門との間に距離があったことも、ドーピングへの無関心の原因である。このためにスポーツ倫理は選手たちにあまり影響を与えることができなかったが、医療倫理については事情は別だった。それはこの先の、一九八五年から一九九八年の間にドーピングした選手たちのキャリアについて述べる部分で確認する。

私たちが行なったインタビューから浮かび上がるのは、「月並みな」世界つまり私たちの世界にも、「並外れた」ハイレベルの世界にも、異なる二つの局面があるということである。一方の世界から他方の世界への移行は、プロ契約へのサインの時点で生じる。身体の働かせ方も、日常生活のリズムも、健康や倫理にかんする規範も、根本的に異なる社会空間での、新生活がそこから始まるのだ。こうしたスポーツ選手としての経歴に、道徳的・薬理学的な経歴が付け加わることになる。

スポーツによる第二の社会化――スポーツ医学の影響

そもそもの最初の局面において、若者が自転車競技を選ぶきっかけは多くの場合、血の滲むような努力に対する趣向か、すでに自転車選手だった近親者からの助言である。最初の数年は、マシーンの取扱いと、グループでの走り方、そしてこのスポーツに特有の身体的資質を強化することに捧げられる。取組み方は一定ではなく、季節や学業の量によって変化する。健康や倫理の問題は不在である。何よりもまず楽しみのためだけに自転車競技が行なわれているのである。医師にかかる義務が生じるのは一年に一度、運動に対する不適応がないことを証明してもらうときだけである。成績次第で、若い選手はステップアップのためにレベルの高いアマチュア・クラブに登録するように促され、評価を受けるための準備をする。ここからが月並みな世界の第二局面である。すでにここでスポーツ選手としてのキャリアの第一の転機を見出すことができ、日常生活には、新たな構造との地理的な隔たりに起因する、さまざまな帰結がもたらされる。若い選手は家族や友達や学校に捧げていた時間を削って、トレーニングに充てるようになる。トレーニングはコーチや新しい同僚、「先輩」たちとの出会いとともに変化する。やがて職業となるであろうものの要素を、現場で学ぶのである。すなわち集団での走り方、そしてとりわけ、トレーニングの負荷をより高くすることである。この負荷は身体の感覚や疲労に大きな影響を与える。こうした文脈のなかで、これまで選手同士の議論には不在だった単語が聞こえてくるようになる。ケア、体調、健康などである。こうしたテーマは、トレーニング中はもちろんのこと、トレーニング後にも、指導者らと話題にされる。その重要性は、スポーツ医学の専門家という新しいタイプの医師への依存によって強められる。過度に刺激された身体からの声に、ほぼ常時耳が傾けられるのである。スポーツ医との出会いによって、選手はスポーツの実践の医学的なアプローチを身につけることになる。スポーツ活動はほとんど病的なものになっているからである。薬剤の摂取により対応しなければならないような、生物学的・生理学的な不調という形で、このアプローチは出現する。この段階では、仲間や一部の医師から、軽度とされる薬剤が提供される。法で認められたこれらの薬剤の登場が、薬物化のプロセスの第一歩である。この第二局面の締めくくりとして、ここまではいかなるスポーツ倫理の言説も不在であることを強調しておこう。指導者たちが若いスポーツ選手とともに話すのは、スポーツや目標やトレーニング、パーティやガールフレンドについてであって、スポーツの道徳についてではないのだ。

第三局面への移行はプロチームとの契約のサインを契機になされる。証言者たちは「別世界」への移行にはっきりと言及している。時間の流れ方が明白に変化し、以後はパフォーマンスという唯一の目標だけに向かうことになる。トレーニングと、再び力を発揮するためのアフターケアとに、ほとんどの時間が費やされる。仕事の負荷は質的にも量的にも増大する。疲労、苦痛、怪我が、新星のプロにとっての日常となるのに時間はかからない。医師への依存がプロとしての義務になる。「いいかエリック、レベルが上がれば上がるほど、医者のモニタリングが必要になるんだ」と、先輩に言われました」（エリック）。チームに専属医がいなければ、選手は実績のある専門家を訪ねるように強く促される。そうした専門家は外傷を診断し治療できるだけでなく、心血管系の機能の良し悪しを判断できる。選手にとって身体機能は、治療されるべき数多くの疾患の発生源として理解されるようになる。

同僚や医師団のメンバーとの出会いによって、「健康」という用語の意味は横滑りし、パフォーマンスへの適性と同義になる。一部のスポーツ医への接近により、ドーピングについてのある種の情報すら蓄えることができる。

倫理問題は選手の日常生活に不在であるばかりでなく、プロの自転車競技の世界の部外者たちによって提起されるそれと重なってすらいない。「いいえ、いかさまという気持ちは少しもありませんでした。みんなが、もちろんそれで許されるとは思いませんが、本当にみんながやっていたのです――いかさまをしたという気持ちはありませんでした、絶対に！」（ベルナール）。ドーピング薬物――多くの場合ステロイドホルモン――はいかさまとは認識されておらず、むしろ身体全体が過度に刺激される活動をサポートする手段として理解されている。身体の可能性を最適化するテクノロジーと考えられているのである。だからこそドーピング薬物は交換され、同僚がストックを切らしたときには貸し借りされるのだ。プロの倫理問題に該当するのは機会の平等だが、それはむしろ「リーダーがトイレ休憩中や変速機の故障中にはアタックを仕掛けない」というような処世術的なルールの問題なのである。

一部のライフヒストリーのなかには、プロの第四にして最終の局面を見出すことができる。さまざまな理由から、選手が「職業に勤しむ」だけでは飽きたらなくなる日が訪れるのだ。つまりレースに勝つことも欲するようになるのである。ここでもまた、ライフスタイルはパフォーマンスだけを目指して再編される――よりいっそうきめ細かい栄養管理、アフターケアの最適化、ドーピングに超専門化した、ドーピング検査で陰性になるための知見を持った医師。選手は超合理的な工程のなかに組み込まれる。トレーニングは完全に科学的なものとなる。エリスロポエチンの摂取の出番である。この新たなペプチドホルモンの一種が自転車競技に利用されたのは、一部の噂によれば一九八〇年代末のことである。一九九〇年代半ばにその使用が急増したのは、ドーピング撲滅運動を担う諸々のスポーツ機関の介入がほとんどなかったからである。「海外遠征にはエリスロポエチンの魔法瓶をトランクに入れて移動していました。身体検査があるかもしれないなんて思ってもみませんでした」（エルヴェ）。

その効果はめざましかったのである。エリスロポエチン、「あれのおかげで絶好調になれる、体が重くなることがないのだから」（ニコラ）。

「並外れた」世界のなかの真の断絶が表面化する。第一に、これまでのところ団体スポーツとして理解されていた自転車競技が、薬理学的な特殊性のために、個人スポーツに様変わりする。薬剤を用いている選手たちは、トレーナー兼医師とともに個別にトレーニングを行なう。レースの際だけに戻ってくる彼らは、新しい生理学的な能力を身につけたことを理由に、本来はシーズンの開幕時に決められるはずの、リーダーのポジションを要求する。健康という側面にかんしては、ステロイドホルモンの使用と結びついたリスクというのは極めて低かったが、新しいペプチドホルモンの場合には、死の気配が漂っている。睡眠中の不審死や、血液凝固を避けるために夜中に「腕立て伏せ」をしている最中の死が伝えられている。いかさまに結びついた倫理という側面では、ようやく選手たちの目にもそれが現実として映じるようになるようだ。ドーピング薬物（向精神薬、ステロイド）が実際の練習を強化してくれれば、それまでの並の選手が、潜在的にチャンピオンになる。スポーツの価値の序列がもはや尊重されなくなり、いかさまという意味でのドーピングが、自転車競技にも出現するのだ。

構造的文脈の変化――一九九八年以降に強まった医師団の力

フェスティナ事件〔一九九八年のツール・ド・フランスで発覚したドーピング・スキャンダル〕に際して生じた議論のなかで、スポーツ医学は重要な位置を占めていた。二つの問題設定が真っ向から対立しあうようになる。最初のものは選手に対して一つないし複数のドーピング薬物を投与するスポーツ医に関係している。金銭的な利益が動機の、仲買人のような者も一部にはいるが、大半は、スポーツ医学がハイレベルのスポーツ選手のケアにおいて占めるようになった独特な地位との関連で理解される必要がある。すでに見たように、こうした治療士たちと、まだ病気ではないが、彼らと出会うことによって独特の疾患を進行させることになる患者たちとの距離は非常に近い。単なる患者ではなく友人でもある場合、同じ怪我でも処方は同じではない。近しさから生まれた独特の関係のために、ある種の要求を拒絶することが難しくなるのだ[13]。二番目の医学的な問題設定は、フェスティナ事件に際して、一部の大学病院の医師から提起されたものである[14]。彼らは自転車競技における慣行にスポットライトが当たったことに乗じて、ハイレベルのスポーツの医学的なインフラの整備において国の役割が退行していることを告発したのだ。ＩＮＳＥＰ（フランス国立スポーツ研究所）の医学部門の元責任者であり、フランス・スポーツ医学会元会長のミシェル・リュー教授は、新しい青少年スポーツ大臣マリー＝ジョルジュ・ビュフェに対して、そうした進言を行なった。

一九九九年三月二十三日の法をきっかけとした新しい医学化のプロセスの一部は、こうした政治的な文脈において理解される必要がある。諸々の競技連盟や公権力に対する独立性と専門性を高めるため、CNLD（ドーピング撲滅のための国家委員会）は、ドーピング予防・撲滅評議会（CPLD）に改組された。そこでは生命科学が非常に大きな発言力を持っている。九人のメンバーのうち、医師が一人（アンドレ・ブエ）、薬剤師が三人（クロード・ブデヌ、ロジェ・ブリュ、ジェラール・ル・フュール）、生物学者が一人（クロード＝ルイ・ガリエン）。ミシェル・リューはCPLDの科学評議員に就任した。議長は国務院評議官のミシェル・ボワイヨンが務めている。九人のメンバーのうちで、第一の利害関係者であるはずのスポーツ競技ライセンス所持者を代表するのは、元柔道チャンピオンのダヴィド・ドゥイエだけある。ドーピングはスポーツ選手による逸脱、さらには一種の病気であるとみなされ、フランス全土をカバーするドーピング撲滅運動の診療所網が張り巡らされた。スポーツ選手たちはそこで診察を受けることができ、競技連盟やCPLDから処分された場合には、「治療」をしてもらわなければならない。長期的な医療モニタリングによって二次予防が実施される。競技団体の医師たちが実施するこのモニタリングは、ホルモンや血液の異常を検知することが目的であるが、こうした異常はつまり健康問題を意味する。大半のスポーツ医が実際にこうしたモニタリングをドーピング検知の方法とみなしている。一九九九年三月二十三日の法とともに、医師団はハイレベルのスポーツ選手たちの包囲網をより強固なものにしたのである。

国家レベルにおいては、青少年スポーツ省が法的措置を補足し、二〇〇〇年代には警察や憲兵隊の介入が頻繁になった。こうした努力は成功し、スキャンダルが続けざまに起こった。フランスでもっとも有名なケースの一つが、二〇〇二年のツール〔・ド・フランス〕総合三位の選手の妻エディタ・

ルムシャスのケースであり、彼女は車のトランクに多数のドーピング薬物を積んでいたために、税関に逮捕されたのだ。二〇〇三年のコフィディス事件では、チームのトレーナー、選手、薬剤師を巻き込んだ組織的なシステムの存在が明らかになった。捜査の過程では合宿中や大会期間中の選手たちの、いずれも常軌を逸したさまざまな行動が詳らかにされた。二〇〇七年にはデンマークの選手ミカエル・ラスムッセンが、ドーピング検査時の度重なる不在を理由に、ツール終了前に去らなければならなくなった。数日後にはアレクサンドル・ヴィノクロフとクリスチャン・モレニがそれに続いた。こうしたことの傍らで、税関ではドーピング薬物をトランクに満載したアマチュア選手の車が頻繁に摘発されていた。

フランスは――他のヨーロッパ諸国とともに――国際オリンピック委員会（IOC）に働きかけて、世界規模でのドーピング撲滅運動の統率を担う独立の国際組織の創設を促した。一九九九年十一月十日、世界反ドーピング機関（WADA）がローザンヌに創設された。協定に批准した国々での、さまざまなスポーツにおける監視政策が、すぐに整えられた。とりわけフランスではツール・ド・フランス開催のたびに、自転車競技に対して大規模な取締まりがなされるのが恒例になっている。こうした不断の圧力が功を奏し、二〇〇〇年代を通じて、自転車競技では数々のスキャンダルが勃発した。「非出頭」（non-shows 検査官が所定の場所に選手を発見できない）を避けるために、WADAはインターネットや携帯電話で利用可能なソフトを開発した。選手はそのソフトを使って自分のスケジュールを三カ月前に提出する必要があり、それを怠ればドーピング違反にも匹敵するような重い処罰を受けることになる。選手たちの取締まりは厳しさを増しているのだ。

ブランド・イメージを脅かすスキャンダルを受けて、フランスの自転車競技のスポンサーたちは、ドーピング撲滅運動に一役買うという行動に出た。もっとも積極的なのが、スポーツくじ会社フランセーズ・デ・ジュー（ＦＤＪ）の社長であるクリストフ・ブランシャール＝ディニャックであることは間違いない。他のスポンサーや自転車競技チームの監督らとともに彼が創設したのは、「クリーン」な自転車競技の確立を目指す組織である。スポーツの諸機関や政府の当局に、断固たるドーピングとの戦いを求め、法が規定する処罰の強化を促すことが、彼らの活動である。こうしたスポンサーたちはチームの医療責任者により大きな力を与えて、追加の検査を導入し、ドーピングの疑いに対する即時の罰金や、有罪の場合の解雇などの内規を定めている。ブーイグやＡＧ２Ｒのようなフランスの大チームは採用方法を改めた。以前はチームの監督がさまざまなクラブ出身のフランスや外国の選手たちを採用していたのを改め、チームが専属の教育組織を作って、必要に応じて毎年そこからスカウトするようになった。

メディアや公権力、スポンサーの圧力に直面して、フランス自転車競技連盟は是が非でも対応することを迫られた。新たな規則の制定がその答えだった。クラブの分類のカテゴリーと、上位のカテゴリーに到達するための条件が作りなおされた。クラブが一つ上のレベルに上がるたびに、医療や補助医療のサポート体制およびトレーニングにかんして満たすべき基準が多くなる。トレーニングを医学化・科学化することが望まれており、これまでの経験主義がドーピングの温床になったと考えられているのだ。

一九九八年までは、ドーピング撲滅運動は瑣末な話であり、自転車競技の大部分でドーピング薬物が気軽に用いられているというのが常態だった。フェスティナ事件をきっかけとして、治安維持的とも言える厳戒な政策が敷かれるようになった。他のどんな競技も受けたことがないような非難が、自転車競技に対して浴びせられたのである。続いて、こうした構造的な文脈の劇的な変容が、スポーツ選手のキャリアにどのような影響を与え、道徳的・薬理学的な変化をもたらしたのかを見ていくことにしよう。

スポーツの諸構造と社会化の諸形態（二〇〇三―二〇一〇）

こうした外部からの圧力に対して、自転車競技の世界は、クラブという受入れ機関の再編を迫られた。両極を代表する二つの理念型的なクラブの構造を叙述していくことにしよう。現実にもフランスのクラブの全体は、その予算規模に応じて、おおよそ二つのどちらかに位置づけられる。最初の理念型は、一九九八年からの変化がもっとも少なかったものである。ヒエラルキーの下層に位置するクラブが該当する。主にボランティアからなる指導スタッフは、自転車競技に対するネガティヴな報道によって深く打撃を受けた。非難を受け、また過去の逸脱を反省して、指導者たちはあらゆる形態のドーピングに反対を表明している。財政難のために、いつも多数の指導者たちがトレーニングや大会に同席しているわけではない。このために年少や年長の選手たちは、今も自転車界に存在する、かつてのドーピング薬物の消費者たちと接触することができる。法が定めた処罰のためにかつてほどあからさまではないにしても、婉曲的にドーピングの利点が口にされ、従うべき作法についてアドバイスがなされている。耳を傾ける者に対しては、まだ薬物の販売が行なわれている。

第二の理念型にかかわるクラブは、数こそ少ないものの、とりわけ私たちの関心を惹くクラブである。二〇〇〇年代半ば以降、このようなクラブが、プロツアー・クラブと協定を結ぶことで、大部分の新人プロを供給しているのである。そこでの教育構造は異なっている[15]。プロ組織と協定を結んだナショナル・ディヴィジョンのアマチュア・クラブからは、一定の数の優秀な選手が、優先的にスカウトされる。その代わりにクラブは、ドーピングに反対を表明しているスタッフを雇い、科学的な知見に基づいたトレーニングやアフターケアを実施しなければならない。このようなスタッフが常に目を光らせることで、前世代の選手や指導者との接触から若い選手たちを守っている。若いアマチュア選手たちは、プロの選手たちとのトレーニングや合宿を毎年行なっているので、お手本となる組織との相互交流は盛んである。このようにドーピング撲滅運動は、スポーツと教育という二重のプロジェクトの構築を足がかりにして行なわれる。未来への展望を開くことで、危険な誘惑を退けようとしているのだ。このような全国レベルの若手たちは、国が一九九九年以来導入している長期的なモニタリングを受けている。彼らが新人プロになると、UCI（国際自転車競技連合）プロチームもしくはコンチネンタルUCIに属するチームとの契約に基づき、かの有名な生体パスポートに加わることが義務づけられる。このために選手たちは年に数回の尿と血液の提供をしなければならない（チーム内とUCIの検査のためには月に一、二回）。生物学的データと、ドーピング検査の結果とが、そこに記録される。これらの卓越したフランス・チームは、チームドクターによって実施されるチーム独自の生物学的モニタリングを、さらに付け加えている。選手は怪我をするたびに、あるいは他の医師に薬を処方してもらうたびに、チームドクターに報告しなければならないので、監視の目は常に行き届いている。他の指導スタッフの選別も用心深くなされており、自転車競技での実績や、トレーニングについての科学的な知見、ドーピング問題についての態度表明などに応じて報酬が定められる。だが、こうしたスタッフのなかにはドーピングと少なからず近しかった者もいる。[16] 彼らが口を閉ざすのは職を失うことを恐れてだが、プロ自転車競技の世界がスポンサーを手放さないためには、是が非でも勝つことではなく、イメージ・チェンジが必要だと理解したためでもある。[17]

こうした新たな組織のあり方をもってしても、かつてのドーピング経験者との短い接触を防ぐことはできない。「自転車チームではいつも東欧の男が世話係をしています。チームのみんなが少しばかり疲れていた日がありました。その日はうまく行きませんでした。ゴールの後で彼は私たちのことを見て、嘘みたいに号泣しました。そしてこう言うのです。「このコースは簡単じゃないんだよ、私に手伝わせてくれないか？」」（若いフランス人選手）。

新たなドーピング撲滅運動の枠組みのなかでのクラブ構造の変化を簡単に振り返ってから、このようなスポーツによる社会化の構造の新形態が、代表的な若い選手たちに与えた影響と、そこからの帰結を見ることにしたい。つまり薬物を摂取するか否かという問題である。

薬物の科学的な管理、そのイメージと服用

月並みな世界における二局面を、再び見出すことができる。最初の局面は、すでに分析した一九八

五年から一九九八年という前時代のそれと同じである。これに対して、選手がハイレベルのアマチュア構造に到達すると、第二局面の違いが見出されることになる。

フランスではファーストカテゴリー（プロの直前）からすでに薬の問題が出現する。薬は話題にはされるが使用されるとは限らない。「他の連中が使っているのは知っていました〔…〕。私はまだよくわかりませんでした」（フランスの若手）。プロレベルに特有の負荷の高いトレーニングとともに、薬が話題にされ、使用されるようになる。「マグネシウムとか、そういったものを試してみました。でも疲れを感じたときだけです」。プロツアー・チームの教育センターに加わった選手ですら、薬の活用を話題にすることがある。これはまだ指導が緩いことがあるためである。

――五～六時間の長距離ロードに出るときには、よくプロテインを服用します。筋肉のバランスや回復のための走りなので、気分がいいですよ。他にはときどき鉄分の手当をします。

――どのようにですか？

――錠剤です。それから朝鮮人参やローヤルゼリー。冬にはよくビタミンCを一緒に摂ります。

――あなたもですか？（もう一人の選手に対して）

――同じですね、サプリメント、ビタミン剤、プロテインです。

特に医師が目を光らせている、管理の厳しいプロツアー・チームに入ると、口調はすっかり変化する。

——ビタミンやその他の薬剤を摂るように、との医師からの働きかけはありませんでしたか？
——バランスの取れた食事、必要なものすべてを、適度に食べれば、ビタミン剤は必要ありません。

プロツアー・チームの選手には、ドーピングやある種の薬物投与に反対する支配的な論調が染み込んでいるが、薬が不在であるわけではない。逆に推奨されることもある。

——でも何か医薬品はあるでしょう？
——各自に自分の薬があります。X先生は鞄の中に入れておくべきもののリストをくれました。湿布は入れておいてはいけません。

ドーピングは科学的な無知に関係すると見なされているために、選手は自分の身体の機能を完璧に掌握することが求められている。このために周囲からは書物や学術論文を読むように促される。「読書は好きです、トレーニング・ブックや食餌療法について、どんな分野でも、心理学や自然療法など、選手生命の健康管理にかんすることは最大限学ぶようにしています」（フランスの若手選手）。プロツアー・チームに属するフランス選手の一部は、WADAの定義に隅々まで忠実であることだけでは飽き足らない。さらにその先に進んで、あらゆる薬物に反対というところにまで向かっているのだ。これとは逆にプロツアーの構造の外部に位置する若手選手たちにとって、注射器はまだ仕事道具の一つである。使われているのは合法的なものばかりである。「鉄分を一粒飲んでも、それで自分の鉄分が三日で上昇するわけではありません。調べてみると、筋肉内注射をしなければならないことがわかりました、そのほうがよく効きますから。薬局に行って鉄分のアンプルと注射器を買いました」（フランスの若手選手）。他の選手は自分が何を注射しているのか、もっと詳細に語ってくれた。

——仲間と話をすると、お尻を四等分しないといけないことがわかります。坐骨神経の場所を知ることが重要で、それから注射器に薬剤を入れて、空気泡を入れないように気をつけて、それから打ちます。初めてのときには「痛い、痛い」といいながら五時間はかかります。一度できれば、二度目もできます。

——なるほど、それで注射したのは鉄分だけですか、それとも他にもやったのですか？

——鉄分にビタミンB12、ビタミンPP、それに回復のためなら何でも、それからマグネシウムです。

状況が良くなっていると感じているので、フランスの選手たちはこのような新しい方向に積極的に進んでいる。「ドーピングをしなくても勝つことは可能だと私は考えています。数年前には難しいことだったかもしれませんが、今はよい方向に向かっていると実感します」。あるいは別のフランス人選手はこう言う。「プロはずいぶんと改善しました。特にフランスでは長期的な検査があります。何人かのプロを知っていますが、彼らの自転車観はとてもクリーンです。確かに一九九八年より前は、何でもありだったと彼らも言っていますが、今では管理が行き届いていて、やりたいようにはできません」。このように状況は変化したのかもしれないが、それはフランスだけの話である。フランスのような政治的意志を持たない国の外国人たちは、ドーピングを続けているようだ。「うんざりしますが、ドーピング行為は外国から入ってくるのだと思います。フランスにはもうあまり選手がいないのが問題です。自転車のイメージが悪くなったのは、自転車競技のためにフランスに来る外国人たちのせいです」。フランスのプロツアー・チームにおいては、かつてと反対の方向（つまり何であれ薬物への依存をやめる方向）に舵が切られたが、他の外国チームでは、合法すれすれの技術が使われているようだ。

結論

最初の時期（一九八五―一九九八）には、かつてのドーピング経験者とのインタビューに基づく限り、薬は常態であり、極めて特殊なこの世界における紛れもないテクニックの一つだった。若手のチャンピオンは、単なるゲームから職業へと徐々に移行するが、いつでも喜びがあった。選手にとっての論理は、スポーツの価値についてのシンポジウムでしばしば引合いに出されるフェアプレーではなく、オリンピックの聖火のもとに掲げられる、「より速く、より高く、より強く」だった。「アウトサイダー」たちが考えるような倫理問題は不在である。その代わり、健康問題が潜在的に力を強め、いつでも注目を向けられるようになる。同じ方向に進む社会的当事者グループ（同僚、指導者、元選手）

との相互行為が増えるにつれて、この問題はますます重視されるようになる。薬の常態化の過程において登場するもう一つの当事者グループは、スポーツ医たちである。通常彼らはドーピング撲滅運動のベクトルに位置づけられるので、この登場は意表をつくものである。彼らとスポーツ選手との相互行為は時間にすれば限られているが、彼らが私たちの社会において尊敬を集める科学者の出身であるだけに、影響は大きい。

一九九八年のフェスティナ事件以来、フランスでは倫理問題が別の形で提起されるようになった。自転車競技は外部の世界からの強い拘束を受けるようになった。新しい法、新しい連盟のルール、そしてさらに新たな拘束力のを持つのは、繰り返される警察の介入と、スポンサーや雇用者にドーピングをしたと認められた一部の選手に対する、真の処罰の後の脅迫である。スキャンダルの連続によって示されるのは、「アウトサイダー」の政策が、「インサイダー」の世界に根付いていたかつての一般化を、多大な時間を費やしながら屈折させたということだ。この変化はまた、異なる社会的当事者グループの求める倫理イメージに応えることを望んだプロの自転車競技チームによって整えられたシステムの帰結でもある。結果として言説は変化し、かつての慣行はほとんど姿を消した。この変化は表面的なものなのだろうか、それともメンタリティが本当に変化したのだろうか。というのも選手に対する拘束がいくら強くなっても、「より速く、より高く、より強く」の論理は、常にそこにあるからだ。そしてスポーツ医学の位置取りは両義的である。言説はドーピングに反対であるのに、行動はパフォーマンス向上の手助けをする方向に向かっている。

以上のような確認に対して提起される、以下の新たな問いを締めくくりの言葉としたい。ドーピングがスポーツの倫理に対する侵害であるとすれば、現行のドーピング撲滅運動には、スポーツが伝えるはずの価値が含まれているのだろうか？

Ⅶ章　ドーピングおよび諸々のドーピング的振舞いの防止
――シシュポスの岩

パトリック・ロール

「私たちは父たちよりも弱いのだろうか、そして私たちに先行する世代は、活力を自分たちのために吸い尽くしてしまったので、通常の刺激物では足りなくなり、私たちは人工的な手段でそれを手に入れているのだろうか？」（アンリ・ギンバイユ、一八九一年）

要約

ドーピング的振舞い、ないしはパフォーマンスのための物質の摂取は、スポーツ選手の間に、そして人々全般の間に広まっているようである。そうした物質は、パフォーマンスに益する諸要素（記憶、筋肉量など）を改善し、あるいは妨げになる諸要素（不安、疲労など）を低下させることで、人生の進路上に現われた現実ないし心理的な諸障害、つまり学校の試験や就職面接、スポーツ大会などに立ち向かうことを可能にしてくれる。ドーピング的振舞いという概念はいくつかの問題を提起するが、とりわけ大きいのはその防止という問題である。

神の力や魔法の力の召喚を含めれば、身体的・心理的さらには社会的なパフォーマンスを向上させたり保持したりするための物質の摂取は、人類のさまざまな手段のなかでももっとも古いものの一つである。刺激効果のある植物が、先史時代以来、根本的な欲求を満たすための秘密兵器の主役であり続けてきた。十九世紀の初頭に、研究者たちによる有効成分の抽出が始まり、たとえば麻黄からエフェドリンが、コカの葉からコカインが取り出された。やがてそれらは合成され、大量生産されるようになる。後には分子に直接介入して改変がなされ、アンフェタミンや一部のステロイドホルモンのような、完全に人工的な物質が作られるようになるだろう。

このときから論理は変化し、身体への影響はより大きくなった。もはやそれは疲れた体への単なる一押しではなく、最新のバイオテクノロジーを駆使して身体を再編し、スポーツのトレーニングや仕事の負荷などのさまざまな束縛に適応させることになる。

他方でこうした実践に関係する望ましくない影響は、常習者の肉体に刻み込まれ、殺しはしないまでも痛めつける。十九世紀にはすでに、健康の専門家たちが問題を把握していた。彼らの問いかけは、こうした実践の妥当性よりは、用いられる薬剤の性質に向けられていた。もっとも効果的なのは何で、健康にもっとも害が少ないのは何か？　やがて二十世紀になると、利用者の数を制限するための方策に思いが巡らされるようになった。とりわけスポーツの世界では、こうした摂取が「ドーピング」と名づけられ、機会の平等や、スポーツ選手の努力と献身のみによる勝利といった、伝統的な価値を侵害するものとみなされるようになった。こうした方策のなかでもとりわけ予防策は、該当者の振舞いを改めさせることで効果を発揮すると考えられたのだ。

こうして簡単に歴史を振り返ったうえで、本稿の目的となるのは、パフォーマンスのための薬剤の摂取を予防する行為に、どのような限界があるのかを検討することである。

ドーピングあるいはドーピング的振舞い?

スポーツの世界においては、世界反ドーピング規程の採択によって初めて、オリンピック、諸々のスポーツ連盟そして政府という、予防を担う諸機関が共通して受け入れる定義が通用するようになった。この定義はスポーツ選手だけに適用され、毎年更新される禁止の薬物や手法のリストに基づいている。つまり定義の核心をなすのは薬物であり、ただその性質のみがドーピングか否かを振り分ける。他方でドーピングはスポーツのコミュニティにおいて否定的な価値判断の対象であり、とかく「疫病」「今世紀の新たな病」「スポーツの癌」などと見なされがちである。こうした姿勢は、必要な距離をとって冷静に分析するためには、妨げとなることもある。

一九九七年に私は、このテーマを他の社会にも広げて、薬物ではなく人間に注意を向けるために、「ドーピング的振舞い」という概念を提案した。簡単に定義すればそれはパフォーマンスのための薬剤の摂取のことである。ドーピングとはそのうちの部分集合であり、それは一部の人間(スポーツ選手）、一部の利用可能な薬剤（リストに登録されたもの）に限られ、特殊な規制の対象となる（抑止と予防）。

ドーピング的振舞いとはつまり、現実の障害、または当人もしくは周囲により障害だと感じられるものに立ち向かうために、パフォーマンス向上の目的で薬物を摂取する振舞いのことである。この定義には以下のことが含まれる。

――薬剤の性質はさして重要ではない。とりわけ問題になるのが医薬品や刺激物、サプリメントであるにしても。スポーツの枠組みでは禁じられているものも、そうでないものもある。

――障害とは、ある人物の経歴上に現われる困難のことである（学校の試験、就職面接、スポーツ大会）。現実のこともあれば（倍率の高い採用試験）、感覚的なもののこともある（人前での発話）。後者の場合、感覚は当人のもの、あるいは周囲のものである（両親、職場の同僚、コーチ、チームメイト、医療関係者）。

――パフォーマンスとは、常態における日常生活の文脈での、すなわち当人にとっての通常の物理的・社会的環境での、役割の実現のことである。それはスポーツの偉業に限られるものではない。薬剤はパフォーマンスに益する要素（記憶、筋肉量）を増やしたり、妨げになる要素（不安、疲労）を減らしたりするという働き方をする。

二〇〇〇年以降、フランスではこのドーピング的振舞いという概念が、健康スポーツ省や、ドラッグ・薬物中毒撲滅のための省庁間ミッションなどの、報告書や告知と予防のための文書に用いられるようになっている。ヨーロッパ諸国や北米・南米でも〔それぞれの言葉で〕報告がなされている（"doping behavior," "Dopingmentlität," "conducta que dopa"）。

蔓延する危険な振舞い？

ドーピングおよびドーピング的振舞いの予防のためのさまざまな活動について考察する前に、そうした活動を正当化する主な二つの理由を、手短に想起しておくべきだろう。つまりそうした実践は社会に蔓延しており、また健康にとって危険であることがわかっている、というものである。

蔓延する振舞い

スポーツのドーピングの分野では、多数の疫学的な性質の研究が存在し、少なくともアマチュアではこうした摂取が広がっていることが叙述され、分析されている。ドーピング的振舞いの分野では、知識量は少し遅れをとっている。実際のところ、パフォーマンスのための薬剤の利用は、民間の世界では規制されておらず——麻薬の使用は例外である——、とかく生産性に結びつく要因と見なされがちである。したがって問題が認識されることは稀であり、一般の人々にまで広げてそれを研究することの必要性は、めったに研究者に共有されることがない。しかもこれが扱いにくい主題であるのは、拠り所になるのが「パフォーマンス」および「振舞い」という二つの概念であり、いずれも人によって認識の異なるような実体であるからだ。スポーツ選手に対して「ドーピング」を語れば、仮に禁止薬物のリストについての知識が曖昧であったり部分的であったりしても、何が問題になっているのかは分かってもらえる。逆に「ドーピング的振舞い」は、たいてい大した反応をもたらさないか、あるいは薬剤が用いられる状況も、その表象も、薬剤自体も多様であるために、あまりにも多くのことを喚起しすぎてしまう。このため研究者たちはしばしば、疲労や不安などの「わかりやすい」分野に調査範囲を限定することを強いられ、それらに向き合うために服用される薬剤や、それが服用されている環境（職場、家庭生活、大学、立ち向かうべき障害の賭金、社会支援の存在など）を数え上げることに徹することになる。

危険な振舞い？

科学的ないし医学的な研究は、パフォーマンスのために摂取される薬剤に関係する疾病率さらには致死率について、どちらかといえば口を閉ざしている。甚大もしくは致命的な悪影響が報告されている臨床例は数十件のみであり、大半はスポーツ選手のケースである（ボディビルディング、自転車競技、サッカーなど）。これは服用に健康被害がないことを意味するわけではない。一部の薬剤の性質や、それの使われ方を考えてみれば、健康被害がないわけではないのが予感される。たとえばアナボリックステロイドの一つのテストステロンは、医師が治療用に処方する最大量の五〇〇倍もが投与されていたのだ。単に今日まで、スポーツやそれ以外でのドーピング的振舞いの文脈での副作用についての、大規模な調査が存在しないだけなのである。

それでも健康への危険性についての議論は、スポーツ界では一九三〇年代には早くも医師たちにより提起されていた。ストリキニーネやヒ素のような、当時流行していた刺激剤の使用や濫用が、特に長距離種目での多数の事件や事故の原因とされたからである。たとえばドイツの臨床医ハインツ・ハイタンは一九三一年に、周知のような特殊政治状況下にあって、次のように宣言することを厭わなかった。「薬剤を用いるスポーツ愛好家はリスクを冒している、なぜならすべてが健康に対する難点を示しているか、健康を害するものになりうるからである」[1]。その少し後には、英国代表の国際オリンピック委員会（IOC）メンバーであるバーリー卿が、ワルシャワでの一九三七年六月九日のIOCのセッションにおいて、ドーピングの実践、手法や効果について同僚たちに解説した[2]。一九三九年に刊行された国際連盟の報告書も、次のように確認している。「人工的な興奮をもたらし、中毒のリスクや、大暴れしたくなる衝動のリスクを伴う薬剤の使用は、すべて禁止するべきである」[3]。

ドーピングを避けるための議論と戦略

スポーツにおけるドーピング予防の発端は一九五〇年代に位置づけられる。それは基本的な二つの原則の上に成り立っており、それらはやがて世界反ドーピング規程に取り込まれることになる。つまりスポーツ選手の健康と、スポーツの倫理である。パフォーマンスのために摂取される薬物は、この二つの柱に支えられたスポーツという建造物を危険にさらす要素に満ちていると見なされた。すなわち健康への望ましくない影響、ライバルに対する不敬意、ルールや機会の平等の侵害などである。こうした薬物は特別なリスト――一般的に「ドーピング薬物リスト」と呼ばれる――で見せしめにされ、一九六〇年代の半ばにには禁止された。すでにこの時期から、ドーピングは「社会秩序全体にかかわる教育的・人間的問題[4]」であるので、スポーツ界だけに限定されるべきではないと考える者もいたことは興味深い。

このようにドーピングに対して提案や警戒がなされるなかで、欧州評議会の学校外教育委員会は、とりわけ若いスポーツ選手の健康保持の懸念とともに、ドーピング反対の呼びかけを、マドリードで一九六三年に正式に発表した。一年後には、ユネスコによりベルギーで開かれた国際ドーピング・セミナーの参加者たちにも再び取り上げられた。その後も多くの国際会議がドーピング禁止の必要性を認めたが、若いスポーツ選手に対する予防が優先されるべきであることも強調された。

一九六〇年代には、とりわけヨーロッパのさまざまな国々で、予防のための取組みがなされた。その目的は必ずしも明言されていないが、原則としては、「(若い) スポーツ選手たちのドーピングを回避せよ」と要約される。問題なのはこうした取組みが、たとえば禁止薬物を用いるスポーツ選手を一年で一五%減らす、というような、具体的な目標を何ら定めていないことである。このために対象となるのは特にどの集団なのかを定義することが難しく、何よりも最終評価が不可能だった。評価できるのは取組みの有効性、すなわち用いられた手法が、予定表にあらかじめ記載されていたものと一致しているかどうかだけだった。今日の健康教育の官僚ならばこのようなやり方を厳しく批判するだろう。スポーツ界のドーピング状況の診断に基づいてすらいなかったのである。たとえば今日の疫病学者なら「罹患率」と呼ぶような、禁止薬物を摂取している選手の割合すら知られていなかった。薬物により健康が脅かされた利用者の率も同様である。にもかかわらずこうした取組みは、当時の予防をめぐる文脈のなかにうまく組み込まれた。ある意味で当時は「まずやらなければ」という雰囲気だったのであり、すぐに手段を講じることが絶対に必要だという気分がはびこっていたのである。この目的のためにさまざまな戦略が編み出された。

恐怖戦略

恐怖戦略が依拠しているのは、次の主たる二つの仮説である。①スポーツ選手は合理的な人間である。②彼らは適切な行動をとるための必要な情報を得ていない。こうしてドーピングが引き起こしうる健康への危険という名のもとに、多かれ少なかれドーピングを悪役に仕立てたメッセージを拡散するための、諸々の取組みがなされることになる。錯乱状態、不安、脳内出血、心不全、心筋梗塞などから、死まで。たとえば一九六三年にジャン・ボワシエは、パリ大学の薬理学講座で次のように主張した。[5]「私は断言しますが、最終的にはドーピングを行なう選手たちの大半は、あらゆる点から見て人間の屑のようになってしまうでしょう」。主にスポーツ選手に向けられていたが、時には他の人々にもメッセージが向けられることがあった。たとえば一九六六年にパリ大学薬学部長のアンドレ・クヴォヴィエは、試験期間にアンフェタミンを服用することの危険性についての映画を学生たちに上映した。[6]

こうした取組みの推進者たちは、上記の仮説に基づき、薬物の害についての知識が増えれば、すでにドーピングに頼っている者や、その誘惑にかられている者に、ドーピングに対する拒否反応を生じさせることができると考えた。情報だけでは、仮にそれが知識を増やしたとしても――いつもそうとは限らない――、それが自動的に健康のために行動を改めさせることにつながるとは限らないことが、当時は理解されていなかったのである。期待とは逆の結果を引き起こすこともあるのだ！

たとえばスイスの高校生スポーツ選手一一五五人に対する予防の取組みの後で、確かにドーピングを行ないたい者の割合は半減したが、禁止薬物の利用者の割合は上昇したことが判明したのである（九％から一一％へ）[7]。アメリカで行なわれた別の研究もこれに念を押している。この研究はアメリカンフットボールの若手選手一九〇人を対象にしており、そのうちの二〇人がすでにアナボリックステロイドを利用していた[8]。選手たちは三つのグループに分けられた。最初のグループは薬物の害についてのビデオ上映に参加し、討論をしてから、まとめの資料を受け取った。二つ目のグループは資料だけを受け取り、三つ目のグループは立会人を務めた。結果を確認してみると、危険についての知識がある程度改善したのは、第一のグループだけだった。その代わり薬物に対する若者たちの態度には変化が見られなかった。たとえば以下のように認める者の数はむしろ増えた。「私はプロのアメフト・チームとの契約を得るためならアナボリックステロイドを摂取します[9]」。

したがって恐怖戦略は思ったほどの効果を発揮できなかった。健康に対する振舞い方を説明するいくつかのモデルに依拠することで、その主たる理由が得られる。

――薬物に起因する健康への危険は、それがパフォーマンスに致命的かつ即時的な作用を起こさないかぎり、ドーピングする選手たちの関心事にはならない。これはとりわけ若者たちに言えることであり、彼らの大半にとっては、自分の健康に生じる変化を、とりわけ長い目で見ることが難しい。たとえばアメリカでアナボリックステロイドを摂取している若者の六四％は、その危険性を危惧していないことが示されている[10]。そのうちの二一％はすでに苦しんだことがあるにもかかわらずである。

——あえて危険に身を晒すことは時として魅力的である、とりわけ危険と冒険への嗜好が知られている若いスポーツ選手においては[11]。つまり薬物の望ましくない効果を述べることは、なおさらそれを魅力的にしてしまい[12]、たとえそれが一度だけの「お試し」であっても、使用を促すことにもつながるのだ。

「善と悪」戦略

薬物が効果的である、すなわち使用者が自ら定めた目標に到達させてくれる（勝つこと、脱落しないこと、ランキングを保つことなど）との仮定から出発し、スポーツ・コミュニティが推奨する諸価値に共通する核心に照らしてみるならば、ドーピングに対する判断は好意的ではなくなる。「それはよくない！」と。換言すれば、ドーピングはスポーツ選手の間の機会の平等の侵害、ライバルや自分自身に対する非敬意の原因、不自然な勝利の可能性、その他のルール違反（さらには法令違反[13]）などを構成するのである。一方で非人工的なアプローチの高貴な側面を価値あるものとし、他方でスポーツの諸価値に対立する手法の使用を厳しく批判する、数々のメッセージが選手に対して発信される。たとえば以下のようなものである[14]。「ドーピング薬物に頼ることは、誠実さと矛盾することではないか。そして誠実さがなければ、スポーツ競技の理念自体が不条理に接近してしまうのではないか」。

しかしながら一九六〇年代半ばには早くも、スポーツ界でスポーツ倫理の旗を振りかざすことは、それ自体で薬物消費を低下させる有効な道具になるのかどうか、疑問を持つ者が現われた[15]。というのも、ドーピングに対する注意の全体をいかさまに集中させることは、「いかさまはドーピングだけに存在するわけではない[16]」ということや、いかさま行為は、それが軽はずみな裁きを受けないときには、しばしば許容されているということを、忘れてしまうことにつながるのである。当時のドイツ陸上競技連盟会長のヘルムート・ディーゲルは、「いかさまの事実はスキャンダラスなものではない[17]」と述べている。そもそもいかさまとはスポーツの世界に固有のものではない。いかさまは世界そのものと同じくらい古く、一部のジャーナリストが考えるように、それは「ひとつのあり方であり、ほとんどひとつの文化[18]」となるほどまでに、社会的に通俗化しているのである。予防の取組みの推進者たちに反対意見を表明するところにまで至った者もいる。彼らは倫理の名のもとに以下のように主張している。

——ドーピング薬物の使用を処罰することは現実的でない[19]。

——該当者をその活動（プロフェッショナルかつ／またはスポーツの）から排除することを目指した捜査（ドーピング検査）を行なうのは、陽性反応が出て「ドーピングをしている」との宣告を受けたすべての人のケアをする健全化システムが提供できない限りは、受け入れられない[20]。当時はこれが提供されていなかった[21]。

——ドーピング検査は、とりわけ大会期間外の抜打ち検査の場合、私生活への介入によるスポーツ選手への損害という観点から、許容しがたい[22]。

他の戦略

スポーツのパフォーマンスのための薬物の摂取を減らすことを目指した戦略は、他にも数多く作り出された。そのうちのいくつかを以下に挙げる。

――薬物の無効性をはっきりさせる。先の戦略とは少しばかり矛盾するが（ドーピングが有効ではないとなれば、いかさまもすることができなくなる）、また科学的には逆の結果が出されているにもかかわらず、専門家たちは、一部の薬物について、身体パフォーマンスに関してはそれが実際には大して、あるいはまったく役に立っていないと主張して、その有効性に疑問を挟んでいる。たとえば一九八〇年代のアナボリックステロイド、一九九〇年代末のコルチコイドあるいはクレアチンである。曰く、「アナボリックステロイドの過剰な摂取が、スポーツのパフォーマンスを改善もしくは改悪するという科学的な証拠はない〔…〕。人体パフォーマンスの改善や危険性に関しての、アナボリックステロイドの効果の不整合について、男女のスポーツ選手やトレーナー、体育教師や医師、一般大衆に伝達するために、真剣な努力がなされるべきである[23]」。だとすれば、それに頼ることは無駄だということになるだろう。利用者が自分の健康を望ましくない影響に晒すことになるとすれば、なおさらである。ドーピングの効果を確信した（実際に証拠はなくても）スポーツ選手や一般の人々の見解では、こうした類の言論は、その分野の専門家たちの無能力を露呈させるだけである。

――対案を提起する。薬物を禁止したり、使わないように促したりするだけで満足することなく、ドーピングの代わりに心理的・生物学的な対策を提案する、折衝的な戦略である。この戦略が最初に出現したのは一九五〇年代である。シュルツの自律訓練法、暗示、精神賦活トレーニングなどの方法が拠り所にされていた。続いてこの戦略は一九六〇年代からも発達し始めた。拠り所にされるのはアミノ酸やビタミンその他のサプリメントなど、無害とされた薬剤であり、努力を先取りしたり、回復を促進したり、明白もしくは予想される欠点を補ったりするために、スポーツ選手の必要に合わせた量が投与される。確かに禁止された薬物でなければドーピングではないが、生物学的な対策は、とりわけその下位区分である「ホルモン・バランス改善」のように、テストステロンやDHEA〔デヒドロエピアンドロステロン。男性ホルモン作用のあるステロイドのひとつ〕あるいはコルチゾン（禁止された薬物）などのホルモンを少量投与して、強い、あるいは長いトレーニングの後のホルモンの血中濃度の低下を改善するものの場合には、ドーピング的振舞いと区別するのが困難である(24)。

——規制を強化する。一九六〇年代から、反ドーピングのための数々の規制的措置がとられてきており、ストラスブールで一九八九年に調印された反ドーピング協定のように(25)、国際的な使命を持つものもある。一九九九年に創設された世界反ドーピング機関の指揮のもとに、世界反ドーピング規程および国際基準が起草され(26)、すべての国とすべての競技でドーピング撲滅運動の規則の足並みをそろえることが目指されている。これと平行して、ドーピング検査、とりわけ抜打ち検査の数が増大した。

イノベーション戦略

これまで検討されてきた戦略は、いずれも薬物とその使用に焦点を合わせている点で共通している。だがイザベル・クヴァルが強調するように、「ドーピングはスポーツにおける諸々の手練手管の論理的な延長として考察されるべきである」[27]。このような方針のもとに、ドーピングの問題を、技術であれ道具であれ何であれ、身体やスポーツの実践において導入が望まれる、あらゆる新しい手法にまで拡大することが提案されたのだ。そうした手法は数多くあり、なかには時代を賑わせたものもある。たとえばグラスファイバーのポール（陸上競技）、いわゆる「無溶剤」のグルー（卓球）、組み込みエレクトロニクス（ヨット、F1）、流体力学水着（水泳）などである。

クリフトン・ペリーが言うには、望ましくない影響を予防しつつ、スポーツのパフォーマンスを向上させるような、あらゆる「追加アドヴァンテージ」は、受け入れられるべきである（たとえば肘の腱炎のリスクを減少させつつ、ボールの送り出し速度を増加させるような、複合素材の新しいテニスラケット[28]）。テリー・ブラックらは、すべてのスポーツ選手が恩恵を受けるために、迅速かつ広範に普及しなければならないという条件も付け加えている[29]。

こうした提案をする著者たちによれば、スポーツに導入される見込みの、生物学的あるいは技術的なあらゆる新発明が、同じ一つの分析の枠組みで検討されうるというのが利点である。医薬品もこのなかに含まれることになる。ドーピングおよびドーピング的振舞いの予防という分野で、この戦略が試されたことはまだない。

健康の代わりの教育?

以上に短くまとめた、ドーピング予防に用いられる戦略の一覧により浮かび上がるのは、振舞いや態度を変えさせることのできるような実践的な方法を見つけ出すことの困難さである。これはドーピングの分野に限られた話ではない。ところが多数の人々が生活習慣をあっという間に変えるような状況も存在するのである。たとえば一九九六年の、いわゆる「狂牛病」危機の只中で、この病気が人間にも伝染することを研究者たちが明らかにすると、多数の消費者たちが牛肉を拒絶し、市場は崩壊した。パニックではないにせよ、恐怖こそが、少なくとも部分的にはこうした変化の原因であった。

予防のための取組みとその効果（の不在）との間の緊張関係を説明する仮説が、いくつか提起されている。取組みの目標の不明瞭さ、ドーピングに対する取組みと他の予防の取組みとの間の一貫性のなさ、関係の薄い人々までが対象とされていたこと、等々。それに不適切な標語（「危険」「禁止」）と不十分なツール（たとえば情報のみ）。健康や振舞いに対する「ネガティヴ」なアプローチである点も指摘されている。つまり「それはよくない」や「それをしてはならない」というようなものである。最後に一部の取組みはドーピングや栄養のような一定のテーマに限られていたので、それの反復が人々に倦怠感を抱かせるようになったとも言われている。予防の取組みの「衛生的」アプローチ、すなわち健康のための教育というアプローチが、徐々に「教育的」アプローチに取って代わられているのはこのためである。

教育

教育の目的とは、各人に自らの潜在力、人格、特定の能力を成長させる可能性を付与することである。子供も青少年も大人も、誰もが自らの根本的な教育要求に応える教育を受けることができなければならないのであり、そこで問題となるのは以下のことである[30]。

●知ることを学ぶ――問題を解決する、決断する、結果を推し量る……。
●することを学ぶ――料理をする、体を洗う、書く、読む……。
●共に生きることを学ぶ――コミュニケーションする、自分に自信を持つ、交渉する、話を聞く……。
●存在することを学ぶ――自意識を確立する、ストレスとの折合いを付ける……。

日々の生活で必要とされるこれらの能力には、実践的な能力（読み書き、料理）と内在的な能力（選択をする、自分に自信を持つ）が含まれる。ソーシャルスキルを構成するのは後者である。

基本的なソーシャルスキル

世界保健機関（ＷＨＯ）は、ユニセフとの協力のもとに、基本的かつ普遍的な一〇のソーシャルスキルを定めている[31]。それによればあらゆる人間は、出身国や出身文化にかかわらず、次の恩恵に与っていなければならない。

問題を解決できる――決断できる
――創造的思考ができる――批判的思考ができる

――効果的にコミュニケーションできる――人間関係をうまく作れる
――自意識を持つ――他者への共感を持つ
――ストレスとの折合いを付ける――感情との折合いを付ける。

ＷＨＯによれば、「ソーシャルスキルとは、日常生活の要求や試練に対して効果的に応えることのできる、個人の能力である」。ＷＨＯからすると、健康を害する振舞いが、ストレスや人生のさまざまなプレッシャーにうまく応える能力の欠如に関係しているのなら、ソーシャルスキルの発達は、健康の促進にとっての重要な要素となりうるのである。

ソーシャルスキルと予防

ソーシャルスキルは予防の基礎石となりうるものである。その発達は諸々の取組みに共通の土台であり、年齢や対象者、健康テーマごとに、状況に合わせた情報が付け加えられるのである（タバコ、ドーピング的振舞い、性関係など）。しかも自己の確立や批判的思考のような能力を強化することは、明白にポジティヴなアプローチである。そしてこれらの能力の発展の取組みは、若者における暴力的または犯罪的な非行を減少させ[32]、感情のトラブルを抑え[33]、怒りのコントロールを上達させ[34]、リスクのある性行動を減少させ（妊娠、エイズ）[35][36]、さらにはタバコ、アルコールその他の物質の最初の摂取年齢を遅らせるのに効果的であることが示されている[37][38][39]。近年では若手スポーツ選手のドーピング的振舞いの予防にも効果を発揮している[40]。

ドーピング的振舞いの予防が提起する問題はさまざまであり、そのうちのいくつかはすでに喚起しておいた。たとえば薬物を摂取することで失敗忌避の行動をとる人々に対して、それをやめさせようと介入することは正当なのだろうか。ここでは二つの補足的な問題設定を提起しておく。

ここ一〇年から二〇年で、予防の取組み、より一般的には健康についての教育と推進の取組みには、「知識」と「ノウハウ」が必要であることが、推進者たちにも現場の当事者たちにも理解されるようになっている。すなわち健康についてや回避すべき問題についての知識、行動の説明モデルの使いこなし、プログラムの組立て、ツールの使い方などである。こうした「知識」は徐々に高度なものになっている。

対象になるのは男性や女性、それに彼ら／彼女らの行動であるので、こうした取組みには専門的な「ノウハウ」も必要になる。人道主義や共感などである。だがこうしたノウハウを獲得し維持するのは、理論的・技術的な知識よりもはるかに困難である。効率の名のもとにパフォーマンスの追求に走り[41]、専門性や技術は高いが魂を欠いた当事者の推進するロボット的な予防の誘惑に屈するというリスクを冒してはいないだろうか。ソーシャルスキルの発達に関しては、すでに挙げたような数々の出版物がその利点を強調する一方で、その有効性に疑念を呈するものもある[42]。この概念が健康推進以外の目的に横取りされ、たとえば若者に喫煙を促すことに用いられる可能性を示唆する者もいる[43]。

健康推進のツールとしてのソーシャルスキルの発達の意味や意義という問題は、このように非常に重要なものである。古典的社会学を参照しながら、この発達が統合メカニズムに対応するような行動論理に属していると仮定することもできるだろう。このメカニズムは社会全体に見出されるが（WHOの基本的な一〇のスキルの「普遍的」かつ文化超越的な性質）、かといって社会全体で同じように見出されるわけではないようだ。したがって、フランソワ・デュベが提案するように、当事者のアイデンティティはシステムへの統合の一側面になる。[44] つまりアイデンティティとは人が諸々の役割を通して制度的な諸価値を内面化するやり方なのである。言い換えれば、それぞれの当事者は、諸々の共通価値を要石とする建造物として、社会を思い描いている。諸々の価値こそが基盤をなすスポーツ界にあって、こうした態度は重要である。[45] このような論理にあっては、教育——健康教育も含む——は諸価値の内面化のシステムとなり、それがアイデンティティはもちろんのこと、秩序も保証するのである。つまり人間関係が不得手な当事者、あるいは創造的もしくは批判的精神を欠いた当事者、もしくはストレスと折合いを付けられない（いずれもソーシャルスキルである）当事者は、秩序の撹乱要因ともなりうるのである。なぜなら、このような当事者は社会的にふさわしくない振舞いをする可能性が高いからだ。たとえばドーピングである。この意味で教育や衛生の領域でのソーシャルスキルの発達は、社会秩序および当事者たちのアイデンティティの維持に関係しているはずなのだ。これでもまだ予防の目的は健康であると言い続けることができるだろうか。

Ⅷ章　医学的パフォーマンス、あるいはドーピングする医師

ジャン＝ポール・トマ

要旨

医学教育において要請される集中的なトレーニングは、医者が登場する小説において、しばしばスポーツのトレーニングに喩えられる。ハーヴァードの若い医学生たちを主人公にした小説『ドクターズ』において、エリック・シーガルは、一九六〇年代の彼らが試験期間を乗り切れたのは向精神薬の摂取のおかげであることを描き出した。こうした摂取は、これらの薬物とその影響についての科学的な研究からはまったく切り離されたものだが、それでもイニシエーション的経験として、彼らの教育において役割を果たしていた。ドーピング薬物で学生時代を乗り切った医師たちは、スポーツ選手に対する自分たちの役割が、健康を見守るよりも、実力以上の力を発揮させてやることだと考えてしまうのではないだろうか。提起するに値する疑問である。

スポーツ的実践としての医学

医学、とりわけ未来の医者たちの教育が、スポーツの実践と関係しているというのは、一般的な考え方である。フランク・G・スローターの数々の小説——もっとも有名なものは『誰も死なないために』[1]——は、医学的な隠喩の上に築き上げられている。スローターの小説——それが「医学小説」であるのは、他にも同様の小説が多数存在するなかで、まだ確立していない医学小説というジャンルを、たった一作で代表しているからである——はハードルを乗り越えるレースのイメージで展開する。選手はしばしば外科医である。次々に現われるハードルは、デリケートな外科手術や、腹黒い同僚が仕組んだ罠である。第三ハードルからは、恋する美人ナースのサポートを受けた選手＝外科医が、偉大なるアメリカ合衆国の栄光のために、すべての試練に勝利を遂げる。

ハードルレースの間に差し挟まれるもう一つのスポーツの隠喩が、ボクシングや拳闘などの格闘技であり、それが外科手術を取り仕切っている。外科手術のエピソードは、小説に強い活力を与えている。手術ほど、小説の一章に濃密なドラマ性を与えてくれるものはない。町医者が気管支炎患者に八日間の抗生物質治療を指示する様を描いても、小説家は医学の偉大さを讃えることはできない。マルタン・ヴァンクレーのような、医師の日常業務の単調さと凡庸さを強調しようとする作家たちが、外科医を作品に登場させることはない。外科医の介入は常に冒険であり、そのエピソードによって描き出されるのは、一人の男が隣人を救う英雄的行為である。医師たちが携わるのはもっとも高貴な職業であり、スローターが断言するように、外科医とは「医学の聖人」である。『誰も死なないために』

の最後のページで、主人公のランは、白衣をまとい、マスクをして、「手袋をした手の中では救済の鋼がキラリと光り」、「外科の奇跡」を成し遂げようとしている。(2) このように作品のそこかしこに散りばめられた奇跡の描写は見事である。手術とは多様な展開を見せる格闘技であり、勝負の行方は最後までわからない。数々の予期せぬ困難は、外科医の集中力、鋼の神経、決断力、技量を高める機会である。手術には医学の徳を定期的に思い出させてくれるという利点があるのだ。

医学は格闘技である。拳闘的な隠喩には多様な含意がある。それが説明しているのは、ひょっとすると最終ラウンドでいつも勝つライバルとの戦いなのかもしれないが、何よりもまずそれはある立場の獲得、ステータスの獲得のための戦いである。それは医師が医師になるための戦いであり、医師とはつまり病気と戦うに値する者のことであるから、それにふさわしい報酬を得る資格がある。外科インターンのランは、衣食住付きで月に一〇ドルを受け取っていた。研修医になると、給料は月二五ドルに上がった。ファーミントン市立病院外来部門の無料診療所長を任じられた新婚のランは、月二〇〇ドルを稼ぐだろう。スローターは数字を出している。それが重要なのである。お金が重要なのだ。稼ぐためには戦わなければならない。ランはこの戦いに身を投じる準備ができている。患者を増やすための戦いである。労働がお金を神聖なものにする。道を切り開くために働く必要のない者は、持てる者であり、さしたる価値のない者である。平凡な男や、子供を甘やかしているだけの女だ。称賛に値するこの長い戦いにおいて、ランを支える妻は、家計を見事にやりくりし、生まれてくる子供のために毎月の積立をする貯金口座を開いている。

医学というキャリアは最初の数段が長く、また険しい。初めは貧困、やがて裕福というのが掟である。医師見習いは低賃金で重労働を行ない、自分の診療所を開いて設備を整えるために借金をしなければならない。徐々に患者がつき、名士となり、地元のカントリークラブに入会し、病院の取締役となり、家を買う……。あちこちに罠の仕掛けられた、リスクのある道のりである。感染が脅威となる。たとえば壊疽《えそ》した手足を手術するとき、メスを持つ手を少しでも滑らせれば、病原菌が自分の体内に入り、待ったなしに死の危険にさらされる。その後も自分の評判を守りつづけ、新しい技術を取り入れた新規参入者にお株を奪われて、自分の不可避的な凋落がブリッジクラブの話題になるのを耐える、などということがないようにしなければならない。リスクはいつもそこにあるのである。

これほどの苦労に値することなのだろうか。ランには「健全で普通の成功願望がある」(3)。健全な願望とは何だろうか。ランの――そしてスローターの――答えは明白である。ランにとってお金は目的ではない。彼の無欲が口先だけのものでないことは、失業者の手術費用を気前よく出してやっていることからも証明される。外科医としての自らの職務を果たし、高価な器具を用いるために、彼は給与の額について交渉することもなく、給与所得者として働いている。理想に見合う形で人々の治療をしながら生きていけさえすれば十分なのだ。厚生長官である上院議員マクドナルド氏の片腕となり、テネシー川流域の自らの真新しい診療所の主となって、ランは成功したが、成功の象徴であるお金は、これまでになかった、より正しくより人間的な医療機関の普及のための、欠かせない支えでしかない。

医師になるために必要な道のり、すなわち相対的な貧困から将来の裕福さという過程が、教訓的に描かれ、模範という価値を持つ。直近の不快を受け入れることが将来の快楽につながることは予期されているが、そうした計算ずくの行動を導いているのは、利益の追求ではない。ランのキャリアを取り仕切るのは、利益ではなく理想である。お金は決して求めていないのに、向こうからやってきて欠かせない役割を果たす。これこそが健全な願望である。このように描き出された高貴なる職業が、アメリカ人にとってのお金との関係のモデルであることは明白であり、スローターはその部品を組み立ててみせたのだ。仕事とリスク、利益と理想とが、巧みに組合わされている。

競合する同業者たち

アラン・エレンベルグが著書『パフォーマンス崇拝』で明らかにしたように[4]、スポーツの競争とはそれ自体が経済的な競争の隠喩である。医学とスポーツは、民主主義社会のただ中にあって、平等という前提で追求される不平等の正当化という点で共鳴しあう。勇気や努力に応じて、そして公平な競争にしたがって、誰にでもチャンスがある。実際に医学もまた競争の問題なのである。ルイ・アラゴンは『お屋敷町』で忘れがたい一例を描き出しており[5]、時代遅れなのは設定だけで、原理はそうではない。

二人の医師――『ボヴァリー夫人』でのように医師と薬剤師ではない――が、バス＝ザルプ地方南部の虚構の小郡の役所所在地であるセリアンヌ＝ル＝ヴィユーの患者たちを分けあっている。若い方がジャック・ランベルデスクである。彼は三十歳で、兵役を終えてセリアンヌにやってきて、ブリウド医師の後継者になったのである。彼はボルドーの商店主の息子で、父親は「一人息子を高校へ、ついで医学の勉強のためにパリへ送り込む[6]」ことに腐心していた。両親の死によって仕送りが途絶え、首都でのキャリアをあきらめてセリアンヌに、すなわち田舎に居を定めたのである。客層は華々しくはなかった。彼が後を継いだブリウド医師は保守的な医者だった。右派の彼は老人たちを患者にしていた。「花かご」〔売春宿〕の娘たちへの健診を行なっていた。エミール・バレルのチョコレート工場の労働者たちの面倒も見ており、工場長は人民のためには宗教が必要だと考える男で、信心深い医師が悪魔の企みから工員たちを守るべきだと信じていた。ランベルデスクが信心深いかどうかを尋ねる者は誰もいなかった。実際のところ彼は聖十字架も処女マリアもどうでもよいと思っていたが、ブリウド医師の患者を引き継いだので、日曜には教会に顔を出していた。大金持ちというわけではなかったが、一九一〇年！に「ちょっとした小型のプジョーを一台」買うだけの稼ぎはあった(7)。

もう一人の医師のバルバンタン氏は、自由思想の持ち主だった。「事件」のときの彼はドレフュス派だった。急進社会党員で市長だった。公務員と商人を一手に引き受けていた。無神論者だったが、妻は信仰心の塊だったので、信者層の大半がリウマチや尿道狭窄の治療を彼に任せていた。チョコレート工場の経営者エミール・バレルも彼が診ていた。蝶ネクタイの直し方もわきまえた彼は、野望も抱いていた。ブルボン宮の代議士を目指していたのだ。息子のエドモンがパリでのインターンを終えるのを待って、彼に患者を譲り渡すつもりでいた。ランベルデスク医師よりも年長のバルバンタン医師は、市立病院で診療もする確かな医師だった。彼の妻は、コルシカからセリアンヌ＝ル＝ヴィユーに移り住んだ名家のリナルディ家出身であり、地域のあちこちに地所とぶどう畑を所有していた。

同業者は競争相手である。患者と名誉を分け合うことが、彼らにとっての休戦の価値を持つ。ヒエラルキーが定まれば、真っ向勝負は禁じられる。バルバンタンが望みどおりにより高い地位に任命されれば、再び火蓋が切られないとも限らない。父から子への医師権力の移譲は自動的ではない。さまざまな例外があるのだ。バルバンタンは時期が来れば、パリで医学を学ぶ長男のエドモンがセリアンヌに戻る手はずを整えるつもりである。若いランベルデスクは明らかに野心家であり、いつまでも脇役に甘んじてはいるまい。パリで医者になった者とその他の者との競争、インターンと一般医との競争――バルバンタンの息子はパリでインターンをしていることになっている――、より金になる専門の追求、等々。近年における学生評価の形式の多様化、大学病院の威光により命じられる地位の再配分、五〇年前の中等教育資格保持者たちのように格下げされた一般医たちのいらだち、訴訟に巻き込まれやすい専門の忌避、これらがこうした競争の近年の形を定めている。このような競争とパフォーマンスという文脈のなかにこそ、医師たちと向精神薬との関係は位置づけられるべきである。先ごろ亡くなったアメリカの小説家エリック・シーガル――『ラブ・ストーリィ』で知られるが、大作『ドクターズ』の著者でもある[8]――は、この問題に新たな光を投げかけている。

ドーピングする医師

フランク・G・スローターに遅れることおよそ三十年、一九三七年にブルックリンで生まれたエリック・シーガルは、『誰も死なないために』が刊行された一九四二年には五歳だった。よくできる子供だったスローターは、若くして医学を修め、一九三〇年に医師になった。彼の医学と外科医の主たる経験は、第二次大戦と抗生物質の使用よりも前のものである。彼の小説の大多数は冷戦期と同時代である。シーガルが一九七七年に最初の小説『ラブ・ストーリィ』を発表したとき、冷戦が平和的共存に移り変わって十五年近くが過ぎていた。フルシチョフはケネディの最後通牒に譲歩して、キューバからミサイルを撤去し、一九六三年にアメリカと核実験停止についてのモスクワ条約を結んだ。一九八八年の『ドクターズ』刊行――ベルリンの壁崩壊の一年前――に際しては、ゴルバチョフが政権を握ってから三年が経過しており、ワシントンで中距離核戦力全廃条約に調印したばかりだった。スローターとシーガルを隔てるのは、三〇年間という一つの大きな時代である。この二人のアメリカ市民が知るのは、同じアメリカでも、同じ世界でも、同じ医学でもない。彼らの作品を、一方は直接的、他方は間接的に育んだ二つの医学のうち、スローターの初期作品におけるそれは、二十世紀後半の生物医学革命よりも前の医学であり、シーガルのそれは、同時代の生物学の進歩が治療にもたらす余波によって特徴づけられる医学である。シーガルの作品の主人公であるバーニーとローラは、進化と快挙の目覚ましい一九六〇年代の医学を学んでいる。エリック・シーガルが描き出す若者たちは、第二次大戦前に生まれ、医学の修行時代は一九五〇年代末に始まっている。彼らは二十世紀後半の医学へと直に参入するのだ。作品の調子は明らかに現代的であり、スローターが他の作家たちと同様に『誰も死なないために』の冒頭ですでに描き出している、医学生同士の酒盛りや悪ふざけといったような紋切り型に、シーガルの読者が出くわすことはない。しかしながらシーガルの物語の独創性は、直ちには読み取り難い。死体解剖を描いた一節は古典的なものにとどまっている。ルーバー教授が短いお説教を始める。遺体を科学のために寄贈した人々の寛容さを讃え、学生たちに敬意を促す。次いで解剖学者は、黒ずんだ上半身と腹部をさらけ出した男性遺体の胸骨の頂に切込みを入れ、よく研がれた刃付きナイフを開口部に差し込む。胸郭が乾いた音とともに口を開くと、学生たちは近づいて覗きこむ。そのうちの一人のモーリー・イーストマンが床に崩れ落ちる。死体よりも真っ青になって、地面に寝そべっている。ルーバー教授は冗談を口にする。「心配には及ばない、毎年のことだから。まだ息をしているのなら、連れ出して外気にあててやりなさい。そうでなかったら台の上に載せなさい、解剖するから[9]」。遺体は病人ではない、そして学生たちは、筋肉や靭帯や骨の位置と役割を覚えなければならないことに不平を漏らす。「こうした用語を全部覚えれば良い医者になれるのか？ どんな馬鹿でもこんなくだらないことを覚えるくらいはできるだろうに[10]」。バーニーはこう反発する。生化学の試験を迎え撃つのも同様の批判である。フェイラー教授は、グリコーゲンの生成に必要なアデノシンとリン酸塩の量を自分の試験問題にしたことに満足している。多くの者を狼狽させる難問だ。犠牲者たちは記憶の霧の中を手探りでさまよい、答案を提出し、うなだれて退出する。午後には幾人かの勇者たちが解剖学の講義に出席して居眠りし、大半はよろよろと自室に戻る。患者との接触のない、最初の数年間の学業の、あまり理論的ではない性質や、学生たちに必要とされる猛勉強が、予定調和を外れることはない。小説であれ何であれ、医学の習得の描写すべてのライトモチーフはこれなのだ。

あたかも筆を滑らせたかのように、エリック・シーガルは、こうした過程のもう一つの側面を、ひそかに書き留めている。特殊な薬剤の使用である。試験の準備を万全にするために、そして眠気に陥らないように、ハーヴァードの学生たちは最新の薬学的な発見を活用しようとする。「自分より学年が上の学生や、できればインターンと知合いになる機会があれば、新しい「精神緊張亢進剤」を入手できるかもしれない[11]」。たとえばベンゼドリンのような硫酸アンフェタミンであり、神経系を刺激して睡魔に「打ち勝つ」のだ。人間は寝ないで済ませることはできないのだから、これは単なる一時的な勝利である。しかし生理学的なリズムが失調すれば、立て直すのは難しく、勉強の鬼たちは眠れなくなり、精神安定剤に頼らなければならなくなる。

バーニーとローラは向精神薬の発展の特権的な証人である。天然もしくは合成のこれらの薬剤は、神経機能や行動を変化させて、注意力に影響を与えたり、記憶力を助けたりすることができる。一九五二年から一九六二年の間の数年のうちに、神経弛緩剤、抗うつ剤、精神安定剤などの主要な向精神薬が、薬棚を賑わせた。気分安定薬や精神刺激薬――中毒者を生み出すとされたアンフェタミンに置き換わることになる――が後に続いた。向精神薬への依存の拡大は、数多くの問いを提起することになった。麻薬と薬の区別をつけることはできるのだろうか。向精神薬はあらゆる社会的な反抗を骨抜きにするのではないか。正常と病理との間の境界は時として極めて薄くはないだろうか。エリック・シーガルは小説というアプローチで、医者の卵たちがこれらの未知の薬品にどう適応していくかを描き出している。それは極めて独特なものである。

バーニーとローラのカリキュラムには薬理学の授業も含まれている。学生たちは医薬品の成分や効能、適応症や禁忌などを学ぶ。彼らは処方箋の書き方も学ぶ。それは患者たちを勇気づける有益な術策たる治療法の一覧である。シーガルの小説のなかで向精神薬が問題になるのは、薬理学の授業について書かれた一節においてではない。これらの薬物が知られることになるのは授業や個人的な経験を通してではない。彼らはしばしば集団で、それらを手に入れ、服用し、効果を体験するのである。処方してくれる精神科医から入手できた際に、彼がありがたがられるのは待望の薬物の供給者としてである。心情を吐露したり、バーニーを例外とすれば、精神分析を受けたりするなどもっての外である。医者の卵たちは自分のことを病気だと思ってはいないし、服用する錠剤は、彼らにとっては薬ではない。それらの立ち位置が曖昧であることは彼らにもわかっている、なぜなら同じ薬剤が、重篤な精神病を患う人には、治療薬の役割を果たすこともあるからだ。しかし彼らは病気でもないのに、別の目的にそれを用いる。これらの薬剤に彼らが期待するのは、自分がかかってもいない病気の治癒ではなく、勉強の重圧に立ち向かうための手助け、さらにはいつもよりも力を発揮するための手段、あるいは同級生たちに勝利する手段なのだ。彼らは思い違いをしているのではないか、彼らは病人であるとみなすべきなのではないか。シーガルは言葉を濁しているが、同窓生の多くが自殺していることは読者に示唆されている。彼らの大半が健康そのものの若者たちであり、なおかつ薬品に頼らなければ立ち向かえない状況に置かれていることも確かである。つまり学業が彼らを文字通り病気にするのだ。彼らは自らの労働条件と直結する職業病を患っているのであり、その症状は幸いにしてまだ可逆的である。医者をあきらめれば健康を取り戻せることは誰もが知っている。しかしこの選択は論外である。苦しい選択になるだろうし、臆病者とレッテルを貼られるだろう。ドーピングしながら頑張ることが真の勇気なのだろうか。彼らは意識していないにせよ、その行動からはそう考えざるをえない。つまり医師の卵たちが向精神薬に期待するのは、つらい状況を「耐えぬく」手段であり、そのためなら睡眠障害のような最初の向精神薬の副作用を、別の薬品によって中和して阻止せざるをえなくなってもかまわない。向こう見ずさと否認の上に習慣が生み出されるのだ。シーガルにとっては、そうした習慣はプロの医者教育の一部である。それらの習慣により医者たちは些細なことで精神的な苦悩を抱くようになるが、その苦悩の社会的な原因に目が向けられることはなく、その個人的な意味も分析されないままである。心の問題は化学にすり替えられるのだ。こうして心的障害の器質病論的な発想と、誰よりも模範的な勇気があることを証明してみせたという自信に養われた主意主義の残滓が、共存することになるのだ。自分が向精神薬に頼ったことに口をつぐむことで成り立つ主意主義である以上、こけおどしの主意主義だが、熱望される社会的地位がもたらしてくれるであろう恩恵を正当化してくれるほど根付いてもいるのである。

供給者の形成

このような向精神薬の摂取には三つの特徴がある。第一に、それはエリート中のエリートに加わるというプロジェクトと結びついている。自らの能力以上のものを発揮し、容赦なき競争で他人を追い落とさねばならないプロジェクトである。例は無数に挙げることができるが、一つで十分だろう。エリック・シーガルの書物のなかには、アリソン・レドモントという、成績優秀な女子学生が登場する。彼女は自分のメスで静脈を正確に切り分けて死んでいるところを発見される。この自殺の後で見つかったノートの最後の一〇ページには、同じ語が何行も繰り返し書かれていた。「追いつかれる。追いつかれる。追いつかれる……」。誰もこの競争を回避しようとは思わない。この競争が依拠するのは、疑う余地もなく明白な第一原理である。すなわちハーヴァードに入るという幸運を得たなら、そこを辞めるなどというのは問題外なのだ。

向精神薬の摂取の第二の特徴は、その効果に応じて薬物や摂取量を自己処方で変える結果、必然的に中毒性になるということである。向精神薬の副作用に打ち勝つために向精神薬を控えるというのは論外で、最初のものの副作用を中和する別の薬物に頼るということが繰り返されるのだ。断崖絶壁に囲まれた狭い道でバランスを崩すのは覚悟の上で、頂上までの道を切り開くことが望ましいのであり、登山をやめて涼しい小川のほとりでのんびりするわけにはいかないのだ。

このような実践は純粋に経験的なもので、医師の卵たちの化学的、薬学的、医学的な知識の獲得とは切り離されているというのが、最後の特徴である。それでもなおこの実践は彼らの医師としての職業教育の一部をなしている。この点は留意に値する。実際のところこれは決定的な点なのである。医学部の学生たちが職業教育の過程で、病院での授業や研修とは別に、個人的な努力という横道から向精神薬を発見するということには、いくつかの根本的な特徴があるのだ。

それが明るみに出しているのは、科学的であることを、この語のほとんど〔クロード・〕ベルナール的な意味で望んでいる医学――つまり病の原因についての知識という病因論を介して治癒を獲得しようという意志に衝き動かされた医学――の只中にあって、性質がきちんと解明されておらず、作用も不明のままの薬剤が望ましい効果をもたらすという事実のみに基づいた、経験的な医学が健在であるということである。それが「効く」らしいということが伝聞により学ばれ、薬剤が摂取されて、効果が確かめられ、副作用に応じて摂取量が調整される。神経系の働きについての科学的な知識と、これらの薬剤の摂取との間に結びつきはない。省略されていた生理学的・神経学的・化学的などの科学的な知識が、事後において介入してきて、最初の経験を解明するということはあり得るが、それは義務づけられているわけではないし、最初の経験が独特のものであることに変わりはない。ハーヴァードの学生たちはここで自分自身の経験に基づいて、自らを治療、あるいはむしろ自らを刺激しているのだ。何が効いて何が効かないかを発見する彼らは、偽りの科学に身を委ねることなく、自分で自分の症状を読み解き、解釈して、自分で自分の医者になろうとしたモンテーニュのようだ。モンテーニュにとっての偽りの科学とはすなわち、まだ自らの約束を実現させる前〔近代以前〕の医学である。

他方でこうした向精神薬の発見とは、知的生活に対するそれらの効果を発見することである。仕事に対する熱意、集中力、平静さ、要するに個人の意識的な生活の全体が関係しているのだ。これらの薬物の効果を推し量ることは、内臓や系の働きについての客観的なデータを収集することではない。ここでの成功の基準は、個人がどう感じるかなのである。患者のコレステロールが多い場合、治療の効果が表われたことを示す基準は、治療後のコレステロール値である。科学的医学においては、症状は技術的な手段により得られる指標に対して二次的な役割に甘んじることになる。向精神薬を頼りにする場合はそうではない。心理的な刺激の成功の基準は、遅くまで勉強し、試験の合格に有益な知識を記憶することができるかどうかである。意識的な生活の期待通りの変化が、薬物の効能を裏づけるのである。

さらにこのような経験は、エリートすなわち医師の卵たちだけに限られた経験だと見なされている。これは二重の他者性の感覚の上に立つ経験である。つまり一般人あるいは医者以外の者たちの他者性と、病人たちの他者性である。医師たちはどこにでもいる人間とは違うし、病人は病人である。医学生たちは医者以外の者たちとはまったく異なる、なぜなら医者以外の者たちは医者であることも、医者になることもないから。そして医学生たちは病人とはまったく異なる、なぜなら彼らは病気ではないからだ。このような他者性により、自分自身の病気と戦うための治療薬として向精神薬を服用しているのではないかという疑問は決して生まれることがなく、このような服用を必要とする活動や生き方の意味について個人的に問いただすような余地が生まれることも決してないのだ。

これら三つの分かちがたく結びついた特徴により、この経験には通過儀礼のような重みが与えられ、勝手口からであるとはいえ、医師たちの教育に組み込まれる。医者がしばしば自分がインターンだった病院の専門医に強く影響されるように――この点については、マルタン・デュ・ガール『チボー家の人々』[12]の、アントワーヌ・チボーと彼の元上司であるフィリップ医師との関係が、多くを語っている――、向精神薬を日常的に当てにすることは、消すことのできない痕跡を残し、これにより生み出された体と意識に対する関係により、一連のものの見方が自然であると感じられるようになる。ではそのものの見方を説明してみることにしよう。

このような教育の最初の影響は、精神的な病についての持続的な問いかけが、丸ごと遠ざけられてしまうということである。シーガルの描き出す医学生たちの言い分は次のようなものだろう。私は病気ではないから、どうして私が病んでいるのかを問う必要はないし、とりわけ――病原菌の問題ではなさそうだから――病因となりうるような生き方について問いをめぐらす必要はない。こうした態度の帰結として、心を病んだ病人の治療をしなければならなくなった場合、彼らが生きてきた経験のなかにひょっとしたら病気の原因があるのではないかなどと考えたりはしないのだ。病人の他者性が、精神的な苦悩の原因の探求を締め出す。逆説的なことに、彼らが他者だからこそ、未来の医者たちは、かつて自らを刺激したように、彼らの治療をするのであり、その際には「事を荒立てる」ことはしない。つまりストレスや不安が、ストレスフルで不安の原因となるような状況と関係しているのではないかと考えようとはしないのだ。逆に自らが病人であり、だからこそ向精神薬を服用しているのだということを認められれば、精神的な苦悩とその原因に対して別の眼差しを向けるための余地が生まれることだろう。医学生が自分の能力を超える状況に向き合うために向精神薬を服用するのだとすれば、なぜ患者はそうではないのだろうか。精神病に関して問題になるのが現実への不適応と病的な罪悪感なのだとすれば、医学生が学業に向き合うことができず、試験に合格することができないときに恥辱感に締めつけられるというのは、まさにその問題なのではないだろうか。このような疑問を医学生が持ちさえすれば、医者と非医者、病人と健常者との間の根源的な他者性は、彼の目の前で溶けてなくなるだろう。しかしすでに見たように、この経験の意味はそこにあるのではなく、むしろ彼らが医者になってから取るであろう、ありがちな態度に先鞭をつけているのである。この態度は二通りの表われ方をする。まず一つは薬の供給者としての一般医のそれであり、製薬会社が受け持つ生涯教育が頼みの綱である。危険な副作用がなく、禁止の薬物も含まれていないなら、「一か八かやってみましょう、二週間後にまた来てください！」このように精神的な苦しみは、薬効の論理により経験的に取り扱われ、苦しみの原因の探求や、精神構造の分析、直面している出来事や試練の分析などはなされないままである。多少の打ち明け話を背負い込み、良識から発される当り障りのない話を味付けにした、このような薬効的な取扱いは、多くの一般医にとって、ほとんど避けがたい生活の糧なのである。苦しみの意味を理解することの拒絶の二つ目の表われ方は、神経精神科医に関係している。目録化された薬品の効能について科学的に通暁した彼らは、一九七〇年代に確立した病気の分類を念頭に置きながら活動し、病気の原因については深入りしようとしない。長らく、極端な器質病論者から精神分析医にいたるまで、精神科医たちは、患者が直面している葛藤を理解しなければ精神病の治療は不可能であるという感覚だけは、少なくとも共有していた。一九五七年からの抗うつ剤の発明とその利用の一般化が、問題の陣容を直ちに変えたわけではない。当初は抗うつ剤は、患者たちが必要な平静さをもって精神的な葛藤に立ち向かう準備のために用いられていた。しかし根本的な転換は一九七〇年代にアメリカの精神科医たちが、一連の症状の下に潜む病気の性質を特定する努力を、実りがないものとして放棄したところから始まった。解読不能な患者の葛藤について御託を並べる必要のない、純粋に薬物学的な治療法がこの頃から出現したのである。医学生たちによる向精神薬の利用は、このような変化を準備するものだったのであろう。

向精神薬を用いるための/用いることによっての教育がもたらす影響で、懸念されるものがもう一つある。それは医学理念の二大倒錯の一つに関わっている。医学とは害を与えないための技術、苦痛を和らげるための技術、病気を治すための技術である。ところが向精神薬を服用しながら教育される医者の卵は、絶えず自らを乗り越えるための医学という、別の顔をした医学を見出すのであり、そのような自己超越こそが、価値があるので支払いを惜しむべきではないとされているのである。医学という営みの意味は二重に倒錯する。一つ目はここでは問題にしないが、それは死の医学化と関係している。二つ目がここで問題となるものである。またもや秘技伝授的な経験と医学の実践との間の連続性という雰囲気のなかで、医学とは自らの限界を乗り越えることだということになる。医学的パフォーマンスが自らのドーピングを要求しているからには、スポーツ選手たちをドーピングするようなスポーツのパフォーマンスの容認が医学の実践になるのは、論理的な必然ではあるまいか。粗雑な非難では、ドーピング検査に関わっている人々をはじめとする大半の実務家たちの憤りを招くことにしかならないのは言うまでもない。しかしながら、スポーツ選手たちに対する医師の役割とは、過度のトレーニングが健康に与える影響をコントロールすることよりは、パフォーマンスをいっそう向上させるトレーニングのために医学の力を駆使することになっているのは、認めざるをえない。医学とは一つの競技スポーツなのであり、普通の人間の限界を突破する技術としてのスポーツ医学が培われるのはこのためである。もちろんこのように不気味に倒錯した規範性のもとでは、適応性に関する大きな欠陥という代償は避けられない。つまり偉大なスポーツ選手が健康であるのは、一年のうちの数日の、決められた試合のための、決められた数時間だけなのだ。医学的な監視はアスリートたちの健康を見守っているのではなく、「作戦決行日」に限界を突破する技術を注視しているのだ。インターン試験であれオリンピックであれ、同じ論理が幅を利かせているのである。

エリック・シーガルは、小説という形式を利用して、優れた問題提起を行ない、いくつかの道標を立ててくれたのかもしれない。この道標は、裏づけの必要性を否定するようなおこがましさを見せることなしに、「現象についての先見的かつ説得的な説明」という、仮説の教科書的定義のお手本を、見事に示してくれているのである。

Ⅸ章　スポーツ選手の身体の「自然」と「超自然」

イザベル・クヴァル

要旨

本稿が立ち返るのは、ハイレベルのスポーツのみならず、今日の社会においても顕在化している、無限の改良可能性の土壌と化した身体の歴史である。身体の改良が種の改良や国民的身体の生産という幻想と結びついた近代という時代に、この歴史がいかに根付いていたのかを示した後、現状のいくつかの側面に焦点を合わせることにする。とりわけスポーツにおいても社会においても、身体とは製品であると同時に、各人がそれに基づいて自らのプロジェクトに打ち込むことのできる――そして打ち込まなければならない――資本であることが自明になっている点に着目する。しかし同時に注目するのは、パフォーマンスと偉業がそれ自体で価値を持つハイレベルのスポーツと、健康を目標とするバランスある身体の改良が価値を持つ健康スポーツという考え方の間にある、明白な緊張である。最後に強調するのは、今日において、とりわけ身体の鍛練とテクニックがすべてであるようなハイレベルのスポーツのような領域では、自然の身体と人工の身体とを区別することが極めて難しいということである。

「身体＝作品」の到来

数十年前から続いてきた革命が、二十一世紀に確実なものとなっている。「人間の改良」を企てた十八世紀の主導理念たる身体の改良可能性が、これまでになかった医学的・技術的な手段の利用により、具体化したのである。先進国で伸びているのは、そしてこのような進化の先端にあるのは、単に平均余命ばかりではなく、持続的に——長く、さらに長く——快適で苦しみや不自由の少ない身体で生きる能力でもある。こうして人類の歴史において初めて、身体は単なるプラトンの「墓」すなわち衰弱と死の場所としてのみならず、個人の運命がその上に書き込まれ、その上で実現されるような、改良可能性と自己同一性の土壌とみなされるようになったのだ。二十世紀の後半に、宗教的あるいは政治的に超越するものが消滅し、「他所」や「彼方」への希望に陰りが生じたことが、このような自己への投資を助長したのである。希望は身体から到来するのだ。

身体的な経験とりわけ健康を、量的かつ質的に改良するというこのダイナミズムとペアを組んでいるのが、身体製造の可能性への信仰——意志、幻想?——である。出生プログラミングを含めた出生の医学化、公衆衛生予防（アルコール、タバコ、肥満など）と関係するさまざまなキャンペーン、薬理学・美容学・外科学の進化、移植や補綴の増加、「自己のメンテナンス」をテーマにした諸々の身体的慣行の「スポーツ化」をめぐって、集合的・個人的な期待が絡まり合っている。規律の支配する世界が姿を現わす一方で、身体的命運の合理化が、非合理あるいは優生学（「完璧な」身体や子供を手に入れる）さらには中毒（身体トレーニングの、美容整形の、薬の）との境界にまで達しており、規制に関する倫理的な問いが持ち上がるに至っている。健康や老いのエコノミー、バイオメトリクス、食事の摂取やドーピング行動の「トレーサビリティ」（追跡可能性）は、後者の領域（倫理的な問い）に属している。

スポーツ、なかでも人間のパフォーマンスの実験室としてのハイレベルのスポーツは、このダイナミズムを丸ごと体現している。パフォーマンスの技術的・心理的なパラメーターが、絶えず新たに最適化されるのは、啓蒙の世紀の遺産の特徴であり、近代スポーツを生み出した世紀である十九世紀は、人間の力と動きを測定できるようにすることで、この遺産を確かなものにしたのだ。一言でいえば、それは進化崇拝である。エリートスポーツはその本質――パフォーマンスの向上――からして、図式的な進化論――適応、淘汰、発展――そのものであり、ドーピングは、仮にそれが道徳的もしくは医学的に不当であるとしても、エリートスポーツの論理的な構成要素なのである。自己のスポーツ的な構築が身体の道具的なエコノミーを前提にするのと同じように、チャンピオンのトレーニングは、身体や習慣の「スポーツ化」と共鳴するのであり、このような「スポーツ化」は、運動をせよとの医学的な命令を超えて、無限に改良可能な「身体＝作品」への現代的崇拝を明るみに出しているのである。

1　改良可能性という不滅の神話――現代の遺産

ハイレベルのスポーツの特殊性

「スポーツ」を研究するには、まず区別をしなければならない。スポーツを衛生のために用いようとする処方や、ドーピングや暴力などの諸々の「逸脱」の告発によって浮かび上がるのは、「スポーツ」には複数あるという現実である。つまり「ハイレベルのスポーツ」は、「大衆スポーツ」でも、「余暇スポーツ」でも「健康スポーツ」でも、旧来の「体操」の後継者である「体育」ですらないのである。共通する点はいくつかある。身体運動であること、競技であること、あるいは自己を超えようとするものであること。しかし以下の点では分け隔てられ、それぞれが弁証法的に結びつけられている。節度と過度、均衡と過剰、アマチュアとプロなどがそうだが、カテゴリーはここに援用したもののだけで尽きるわけではない。さらに付け加わるのは、制度的な枠組みや実施される条件、さまざまな目的などであり、これらによって区別はいっそう多様になる。こうして一九五〇年以降に登場した「ハイレベルのスポーツ」は、徐々に自律した領域として発達し、固有の機能と規則とエコノミーを備えるようになった。その社会的・メディア的成功たるや、「スポーツ」という呼称あるいはラベルは、意味論の領野を浸食し、今日では私たちは「すべてがスポーツ」（自動車、姿勢、セクシュアリティ）、あるいはあらゆる形態の身体運動がスポーツであると信じるまでに至っている。その代わりにスポーツに向けられた批判はしばしばこの区別を忘れ、「ハイレベルのスポーツ」のみの特性であることの多くが、「スポーツ」に当てはめられてしまっている。
なぜなら「ハイレベルのスポーツ」は過剰の場だからであり、それゆえに考えるべきものがあるからである。より正確には、見させ、そして考えさせるのである。スペクタクル化、集中的トレーニング、技術革新、過剰な医学化、経済的利害、人間プロトタイプの陳列（チャンピオンたち）。つまるところスポーツが狙いを定める賭金のすべては、技術と完全な健康というユートピアとに取り憑かれた社会でしか意味をなさない。これには矛盾がないわけではない。他の社会領域では労働時間の制限や、是が非でもの発展の悪影響について反省がなされつつあるのに、エリートスポーツにおいてはまったくそうではない。パフォーマンスの向上とあらゆる記録の体系的な伸びという自らの主軸に頼りきったエリートスポーツは、超人的スポーツ選手の理想に汚点を残すような、怪我や慢性疾患あるいは不本意な転身とも向き合わねばならないのだ。

統計と計測機器が豊作だった十九世紀という坩堝から生まれたスポーツは、数字の帝国である。パフォーマンスと自己の超越が、絶え間ない比較と綿密なアーカイヴ化によって算定されるのだ。数字よりも競争を、記録よりも勝利を重視した古代ギリシアの競技会《アゴン》に着想を得た別の潮流が主流となることもあり得たかもしれない。それにオリンピックのような大会では、時として表彰台に登るだけで十分に偉業と感じられることもある。しかし現実には、パフォーマンスの計測、スポーツの科学化、スポーツ論が、同じ目標に照準を合わせている。すなわち速度と時間、勝利数の絶えざる計算と、入賞者リストを賑わせ、順位表を活気づける競争の演出である。スポーツのスペクタクルは、可算的な想像力という無尽蔵の源泉から養分を得ているようであり、それがおよそ一五〇〇年にわたって描いてきたのは、原型となるほどまでに確実な人間改良の、ほとんど直線的な軌跡である。進化が停滞していることを根拠に、少なくとも主として「生理学的」と言われる五つの競技において、[1] 二〇二七年には「記録がストップ」するとした、近年のスポーツ生医学・疫学研究所の予測も、[2] 技術の独創性と自己の超越はスポーツにおいては人間存在の生物学的な限界を凌駕しつつあるという確認に、水を差すことはほとんどなかった。

十九世紀におけるスポーツの「誕生」と数値による計測の理想

近代スポーツは十九世紀の半ばに生まれた。起源物語の神話化が引合いに出すのは、イギリスの中等学校と、ラグビー校でのトーマス・アーノルドによる教育改革である。産業的な英国、より一般的にはブルジョワ的ヨーロッパを貫いていた十八世紀の主要理念とは、身体を改良可能性の土壌と見なす理念である。フランスにおいて「体育」(éducation physique) という表現はバレクセール医師の書物に一七六二年に初めて登場し、[3] オルレアン公の養育掛でありルソーの薫陶を受けたジャンリス夫人の周辺には、医師や教育者、哲学者や政治家、百科全書家たちからなる思索グループが形成された。[4] 生まれたばかりの民主主義の道具として教育を用いることが目指されたのである。教育を受けた身体が、精神同様に可能とするのは、諸々の社会的な決定論や、由々しき小児死亡率に立ち向かい、知的な教育を補うことである。ルソーによれば、知的な教育には、成熟した身体という土台が必要なのである。

このような進歩主義的な理想は、退化に対する恐れを裏面とする、人類の改善という意志と結びついていた[5]。続いて十九世紀には、人間科学の出現とともに、人間に応用された計測と統計（社会測定、計測経済学、人体計測）が活況を見せ、人間の力を計量化するためのさまざまな記録機器が発明された。その目的は正常あるいはアドルフ・ケトレの言う平均的人間存在を定義し[6]、異常や特異性の範囲を特定することである。「奇才」に対する関心もこれと関連している。「怪力男、走者、跳躍選手、水泳選手、飛込み選手、曲芸師、体操選手、軽業師、奇術師、等々。いずれも人間は身体的に改良可能で、猛特訓により特異な偉業を達成できると確信している[7]」。他方で一部の人類学に見られるような、差別的な逸脱も知られている。人種のヒエラルキーを科学的に根拠づけようとした者もいたこの時代は、「人間動物園」の時代でもあった。パリではエティエンヌ＝ジュール・マレーが、次いでジョルジュ・ドゥメニーが所長を務めたパルク・デ・プランスの生理学研究所で、映画の原型であるクロノフォトグラフィが用いられ、これに先立ちフォン・ヘルムホルツが、血圧、呼吸さらには筋運動を計測する「キモグラフ」あるいは「ミオグラフ」を発明した。人間工学的な関心事が優先されるようになるのだ。人間の力の計測が多様化し、工場での動作と同様に体育館での動作にも注意が向けられた。

このような科学的な熱狂という文脈において、スポーツは、まずは教育的なプロジェクトとして出現したのである。最初のスポーツは、スウェーデンやドイツ、フランス式の体操に対立するものだった。これらの体操は、禁欲的・静的で、軍事的・衛生学的な目的に沿うものだった。スポーツはゲームや育成として、個人の道徳的・市民的さらには愛国的発展を促す教育として登場する。競技は社会的な競争を契約に還元してくれる。そこでは個人的なイニシアティヴが価値を持つのだ。同様に当初の貴族的な文脈は、やがて資本主義的なブルジョワジーの強力な価値の数々のなかに紛れてしまう。

つまり平等主義かつ能力主義、有益な努力の崇拝、資本化した諸々のエネルギーの自由化である。個人的もしくは集合的な自己超越のなかにこそ、近代スポーツが確立したのだ。力と自己の活用の行きつく先がパフォーマンスとなり、それは努力という美徳、あるいは徳ある努力という社会的理想に結びつけられる。「スポーツ的教育[8]」や、若者を「焼き直す[9]」ことを推奨したピエール・ド・クーベルタンは、この点において間違っていなかったのである。

パフォーマンスの節度と過度――進歩のフロンティアに位置するドーピング問題

技術的、技能的そして今日ではテクノロジー的な活動としてのエリートスポーツは、諸々の革新の、時として常軌を逸するほどの独創性によって特徴づけられる。研究所では機材や素材の開発が、たとえば自動車や航空機といった産業の研究と同じくらいの緻密さで、時にはそうした研究と交流しながら行なわれている。パフォーマンスに対する執着が、経済的さらには地政学的な賭金をつり上げている。絶えず進化する機材に加わるのが、完璧主義と努力の精密化の象徴としての「トレーニング科学」である。こうした観点からすれば、ハイレベルのスポーツと大衆スポーツとは、量的にも質的にも何ら共通点を持たない。一日に数時間――競技によっては六時間や八時間――が、規律的なトレーニングと身体的な準備に費やされる。日々評価される世界的な競争の束縛に身体を従わせ、こうした道具化を支えるケアやマッサージに身を委ねながら、ハイレベルのアスリートは自己の超越を、極限や極端に至るまで実験しているのである。

身体がレーシングカーやプロトタイプになり、開発される。機械から動作までの人間工学、体重から体毛までのコントロール、高地トレーニングや高圧酸素カプセルから点滴による回復まで、サプリメントから認可された薬物まで、心理学との境界に至るまで、各細部が最適化される。「最先端である」ことはしばしば、自己や人類の「限界を超え」、未知のテリトリー、すなわち苦痛やパフォーマンスやリスクのテリトリーを探索することを意味し、ドーピングの場合には規則違反を意味する。ドーピングが日常的な誘惑としてあることは言うまでもない。ところがドーピング薬物から治療使用特例（TUE）〔禁止薬物などを治療目的で用いるために競技連盟などに提出する手続き〕までの、生物学的製剤からホルモンバランス回復までの、ビタミンから薬物までの、薬物から麻薬までの境界は、分かりやすいものではない。「自然」と「人工」を分ける境界も同様であるのに、この「人工」が、いかさまとそうでないものとを区別するための公文書で引合いに出されるのである[10]。とはいえ境界は存在するのである。移動や修正が可能なので、契約的で慣習的な境界であり、目下のところは健康および規則の諸価値に根ざしている。だが「地獄のトレーニング」が慢性的な怪我や疾患を引き起こすこともあるハイレベルのスポーツは、健康を代表しているのだろうか。それに規則とは、何処においても、文脈や時代、科学の進展やスポーツの進化に応じた偏りを見せながら、変化するのではないだろうか。

さらには医学の遍在は、健康や最適化といった概念に関して両義性を生み出してはいないだろうか。身体は自らに固有の規範性の要求や強要に従うことを強いられるあまり、「回復」という概念自体が、介入主義やテクニックを必要としているほどなのだ。同時に見過ごしてはならないのは、「ドーピング的振舞い」の社会的な拡散である。つまりバイアグラやDHEA〔男性ホルモン作用のあるステロイドのひとつ」、リタリンやプロザックなどの、本来の目的から離れて用いられるようになった薬品の使用が日常的になったのと同じように、最適化のための薬品の服用に依存するのが「ドーピング的振舞い」である。「よい薬品」――「充足」や「回復」をもたらしてくれる薬品――の服用がますます盛況を見せているとすれば、スポーツ選手たちの経口物への依存は、一特殊例を代表しているにすぎない。つまり食品やエナジードリンク、サプリメントやパフォーマンスのための錠剤を、絶えず「飲み」「食べる」のである。化学的・薬理学的以外のドーピングについてはどう考えればよいのか。ドーピングが死に至るものであることが喫緊かつ日常的な現実であることは、ドーピング撲滅運動に正当性を与えるものであるし、「ハイレベルのスポーツ選手」がまだ子供の場合もあることを考えればなおさらである。ところがこのような撲滅運動の方法やその前提、実施方法や、常に進化するドーピング技術自体が、ドーピングという哲学的な対象を捉えそこねているのである。実際のところドーピングは、人間の改良について、スポーツの領域を超えて考察することを要請しているのだ。

2 身体的卓越性の哲学

自然の合目的性と自然の超越――ある両義性の歴史

自己の超越という理想は、パフォーマンス崇拝を主軸に据えた私たちの社会において見慣れたものになっているとしても、その価値が近代的なものであることは認めなければならない。たとえば古代世界は、そうした理想を発展させることができなかった。自然の合目的性という理念と、閉じた有限の世界という表象は、中世末まで大きな影響力を保ったアリストテレス自然学において優位を占め、限界、完全、完成を重視していた。天文学、物理学、医学、体操の歴史や「スポーツの」英雄崇拝において、自然は秩序と規範の源と見なされ、このために乗り越え不能であり、無限の進化という概念は人間には禁じられていた。なぜならこの概念は限界からの離脱を前提としている、つまり人間が自然への準拠を外れて、さらには自然に逆らって思考することを可能にするからだ。古代オリンピックの闘技者やマラソンの走者の偉業は、ある種のヒュブリス（過度）あるいは殊勲を通じた聖なるものの追求を物語るものであるにしても、人間は自然を超えて進化することはないという、中心概念と矛盾するものではない。

これに対し、十六世紀から十七世紀の科学の混乱により、無限の概念が受け入れられ、ルネ・デカルトにより主体が発明されると、改良可能性という近代的な野望が勝利を遂げる。それ以後、人間の思考は絶え間ない発展を軸とするようになり、人間は科学と技術に開かれた存在となった。「私たちを自然の主人にして所有者たらしめる」というデカルトの企図は、啓蒙に先駆けるものだった。ビュフォンやジャン＝ジャック・ルソー、イマヌエル・カントにおいて、自然に対する人間の自由が確立する。人間の改良可能性と世界の技術化に対する信頼は、パフォーマンスについての近代的な欲望を正当化する。計測と統計が発達して基準は数値化され、十九世紀には工場や競技場あるいは体育館が身体の卓越性の実験室となった。最後に医学がこの最適化プロジェクトに参画し、もっとも未来主義的な夢にまで協力を申し出た。体育そしてスポーツの歴史が証言しているのは、身体——つまり自己のなかの自然——が改良可能であるということである。

二十世紀の初頭に、それまで種の改良の夢を担ってきた体育は、自らの合目的性について再考を迫られる。スポーツの成功が体育を脅かし、イデオロギー論争が勃発したのである。ジョルジュ・エベールの著作『スポーツ対体育』がその好例である。[11] スポーツによってパフォーマンスの追求と、身振りの極端な専門化が進んだ。体育は包括的な教育プロジェクトに、すなわち市民的・道徳的な育成と、身体の調和ある成長のプロジェクトになった。体育は生来の能力にとらわれているが、スポーツは人体の潜在能力を、怪我や破裂に至るほどまで、最大限に活用する。体育はバランスを育むが、スポーツは超越を、クーベルタンの言う「過剰な自由」[12] を欲する。フランスでは学校の教科であるEPS[13]〔スポーツ体育〕が、二十世紀初頭には早くも、このイデオロギー的・構造的な二項対立を引き継ぐことになった。自己の超越のための実験場としてのハイレベルのスポーツは、「健康」と「パフォーマンス」の分離という、歴史とも常識とも矛盾する事態について考察することを要請しているのである。

努力——充足と自己超越の間で

実際のところこのような分離はあらゆる身体的実践にとっての課題なのである。それが指し示しているのは、道徳的・教育的な価値としての卓越性、とりわけ身体的卓越性を、絶え間なく構造的に貫いてきた両義性である。古代においてすでに、「偉大さ」「戦闘力」「道徳」の同義語だったホメロスの「アレテー」は、戦争や試合での偉業の形容であり、「適度」や「中間」を意味するアリストテレスのそれとは異なる。[14] 一方にあるのは言ってみればパフォーマンス、すなわち一つの極端な形であるが、それが自然の限界を超えるのは象徴的あるいは宗教的次元に限ってのことである。他方にあるのは精緻なバランス、すなわち節度ある努力と激しさ、賢明さとのバランスであり、これはヒポクラテス医学とも関係している。このようなバランスと過剰の、限界と無限の、節度とパフォーマンスの両義性は、近代的な体育とスポーツの歴史のなかにも、すなわちこれらの領域に受け継がれることになった錯綜的な意味のなかにも、場を変えて宿っているのである。

身体的努力を含めた努力という概念にも、このような両義性が伴っている。「卓越」しているとはどういうことだろうか。「善」を目指すことだろうか、「最善」を目指すことだろうか。身体運動で求められているのは何だろうか。「充足」「回復」「パフォーマンス」「偉業」？ エリートスポーツ選手の実践の本質そのものであると認められている自己超越の鏡像として存在するのが、アマチュアスポーツ選手の、自分自身との比較における自己超越である。マラソンを完走する、「アドベンチャー・レース」に参加する、事務の計測器で努力を評価する、などが該当する。努力と不可分なものとしての身体運動の習得は、しばしば自己超越を当然の帰結としており、「余暇」としてスポーツを実践する者においてすら、このような自己超越が要求されることもあれば、否定されることもある。努力は努力の超越を招く。加えて「極限《エクストリーム》」の次元がさまざまな意味や実践へと枝分かれしており、ハイレベルのスポーツはもちろんのこと、ポール・ヨネが「大衆型エクストリーム」[15]と呼ぶものや、「リスキー」なスポーツあるいは自分の限界をひたすら越えようという個人的な意志に加えて、中毒的な実践も忘れるわけにはいかない。たとえば一部の「アマチュア」自転車愛好家やジョガー、あるいはトライアスロン選手たちは、自分の仕事の傍らで、時には週に二〇時間以上のトレーニングを積んでいるのである。

スポーツと健康を等価視することへの疑問はここから生まれているのであり、目下のところ支配的な新衛生主義が、スポーツを規律的な世界に加え入れようとしているのだ。スポーツは健康に良いのだろうか？　実際のところスポーツと健康は両義的な関係を結んでいるのである。なぜなら節度ある運動は一部の病気を予防する効果があるにしても、適切な管理および質と量の調整がなければ、人によってはそれまでに見られなかった失調を発現させることにもなるからだ。激しいトレーニングや頻繁な競技会がアスリートの健康に与える影響は、今日では憂慮すべきものになっている。超医学化するエリートスポーツが、「適度」な健康という――ここでは時代遅れに見える――定義からどれほど遠ざかっているのかは明らかである。関係する内外の諸機関が身体運動を推奨しているからといって[16]、競技スポーツの進化が悩ましいものであることに変わりはない。つまりチャンピオンは絶えず「超自然化」しているのである。

スポーツと健康――ドーピングの「規範」と社会的ステータスについての諸問題

いずれにせよ、ヒポクラテスやガレノスのような古代の健康の定義は、自らの基準を自然に合わせるという適応力あるいは規範性としての健康という、カンギレムの定義とは異なるものである。そしてカンギレムが「病理的状態は正常な状態の量的な変化にすぎない」のだろうか、という問いを提起するとき[17]、行間からにじみ出ているのは、ハイレベルのスポーツの提起する問題そのものであるかのようだ。チャンピオンの例がカンギレムによって多用されるのは、ある意味で規範を創造できる、あるいは少なくとも「柔軟な」考え方に開かれている、健康の「規格外」の側面を例示するためでもあった。つまりそれは生き、進化し、適応するものである。チャンピオンとは可能な、もしくは未来の人間あるいは健康の特徴がわかるプロトタイプなのであろう。「人間の機能的自由を拡大する能力」として理解するなら、健康とは、まさに健康を損なう恐れのある状況において、試練や苦痛、危険を乗り越える、人間に固有の能力のことだろう。多くのハイレベルのアスリートが、トップレベルにあるにもかかわらず、「良い健康」を維持している理由がこれで理解できるはずだ。とはいえ、このような考え方によって表明されている楽観的な進化論のなかには、二つの主要な問いが潜んでいる。一つは、あらゆる極限的な実践が、いわば自然に「習得される」内在的な「規範性」に属するとすれば、「適度」と「過多」の間の境界という問題は解決されずに残る。仮にあらゆる実践が、それに耐え抜くことができたという事実によってお墨付きを得られるのだとすれば、そして仮にスポーツ選手が、過度に集中的な活動でも「好調」を維持し、一時的な恩恵をそこから引き出すとすれば、それがすなわち健康の定義となるべきなのだろうか、あるいは少なくともスポーツと健康を同一視することが正当化されるのであろうか。もう一つは、ある日ドーピングがもはや——もしくはそれほど——健康を害さないということが明らかになったとしたら、どのような理由でそれを禁じるというのだろうか。どのような論拠で若者たちの行き過ぎを防ぐのだろうか。このようなあまり楽観的ではない観点からすれば、超医学化や超技術化を、スポーツの操作因子として考慮に入れる必要が出てくる。そこではスポーツ選手は実験台であり、研究室のモルモットである。近年の諸々のドーピング「事件」や、アスリートの寿命にまつわるリスクは、こうしたアプローチに現実味を与えている。

ドーピング事件のメディアによる扱いには首を傾げざるを得ない。ドーピング薬物の摂取に関しては、スポーツ界と、芸術や軍隊や政治などの他の領域との間を分け隔てる区別が、浮き彫りになっているのだ。スポーツの果たしている社会的役割が標的にされている。ドラッグや薬物を摂取したからといって、歌手や作家の活動を失格処分にすることなど考えられるであろうか。もちろん否である。ひょっとするとスポーツはまだ民主主義の理想を体現しているのかもしれない――機会の平等、社会的上昇、ルールの透明性、法治国家、純粋さと健康の神話が、ドーピングによって裏切られるのだ。パフォーマンスの「トレーサビリティ」はスポーツのライトモチーフであり、その信憑性の裏づけである。透明性、トレーサビリティ、純粋さという、社会の新たな情熱に呼応しながら、時として例えば経年的な検査における、ドーピング撲滅運動による「人権」の尊重に対する問題提起やある種の行き過ぎを伴いつつ、いかさまが許容しがたいものとして出現する。スポーツの能力主義という砦が、徳高き対抗社会という神話を守っている。しかしながらスポーツにおけるドーピングは、「ドーピング的振舞い」が一般化する社会の氷山の一角でしかない。「……成分強化」食品、健康食品、栄養サプリメント、社会的に逸脱した薬物の利用法。日常的なパフォーマンスがこれらの服用に依存しているという考え方への心理的な依存は、以下のような問いを提起せずにはおかない。医療化した社会における依存症の増加について。「社会的に統合された」一存在の全体が、例えば抗うつ剤のような薬品を頼りにしている場合の、「正常と病理」の間の不確かな境界について。パフォーマンスを向上させてくれそうな諸々の化学的・テクノロジー的な新技法に対する、人体の透過性について。充足からパフォーマンスまで、自己メンテナンスから老いの拒絶まで、身体の彫塑から限界実験まで、スポーツにおける向上というテーマが、どれほど社会的なテーマを先導するものであるのかが分かるだろう。

3　身体の合理的な製造。二十世紀の革命——スポーツにおける受肉

製造された身体

二十世紀末から、医学の進歩は「身体の製造」という考え方を育んできた。打ち勝つべき病気を持ち、治療され、修繕されるだけの身体ではなく、衛生学的・美学的な面では個人的なプロジェクトとして、規律的・規範的・生命倫理的な面では集団的なプロジェクトとして理解される身体である。自然と偶然は後退する。かつての身体とは身元写真のようなものであり、美容的なケアによってもほとんど改良はできなかったが、いまやゲノムは解読され、そのメカニズムは改変できるようになった。誕生から老いまでの人生の諸段階の医学化や、自己メンテナンスという主題は、自己の彫塑ではないにしても、「合理的」身体への意志と幻想の刷込みがますます強まっていることを物語っている。移植や補綴術、装置と主体の絶え間なきハイブリッド化——薬理学、人工装具、電気機器による身体の「増進」——は、技術を統御したいという配慮に適っているのである。

身体は物質化・モノ化するにつれて「テクノロジー化」する。かつて西洋社会を一つにまとめていた諸々の超越性（とりわけ宗教的・政治的な）が遠ざかり、「他所」や「彼方」の不安により現在への、「今、ここ」への投資が促される一方で、この現在は身体を介して未来へと投企されてもいるの

である。決して老いることなく、病気にならずに美しくなる。超越性の衰退が現代の唯物論と個人主義を飛躍させたのだとすれば、このような唯物論と個人主義のおかげで現代のアイデンティティは自己のもとへと集中しており、こうしたアイデンティティにとって善き人生とは長き人生のことになっている。こうした自己への配慮が、到達可能性や「成功」の指標とするのは身体である。ここには逆説がある。身体を通して運命を信じ、人生の統御、主体の永続性、自己の実現というプロジェクトのために、この可塑的な物質に投資するのだ。この意味で「諸々の習慣のスポーツ化」は、善き人生の旗振り役としての身体の崇拝と呼応しあっているのである。

　社会的・職業的に認められるための諸基準は、身体の技術者という明白な権力者たちによって力を与えられている。その基準とはつまり、健康、美、永遠の若さ、「コンディション」である。国立健康予防教育研究所（ＩＮＰＥＳ）は「健康とは体を動かすこと」であると奨励しており、フランス国内の食料品の広告に「食べて動く」というキャンペーンのサイトアドレス（mangerbouger.fr）を掲載している。食べ物や美容的なケアと同じように、スポーツによって、お望みの身体を自ら作り上げるのである。自分の健康や見た目に対する責任、規律の尊重から導き出される新たな罪責感の輪郭がここから浮かび上がる。私たちの社会の見せかけの快楽主義は、見た目よりも深刻な快／不快の関係をめぐるテーマ群と、無規範《アノミー》的と呼ばれる時代に根強く残る規範とに貫かれている。こうして露骨な唯物論は、現在の身体の彼方を志向——なぜならそれは絶えず改良可能だから——することで、おそらく超越性、すなわち自己や現時点の彼方の探求を回帰させようとしているのだろう。

身体＝資本

『プロテスタンティズムの倫理と資本主義の精神』のなかで、マックス・ウェーバーが明らかにしたのは、理念型として定義される資本主義の精神と、プロテスタンティズムの倫理との間の構造的な相同性である。このような構造的な相同性は、とりわけプロテスタンティズムにおける身体の位置に関してはいくらか留保が必要だとはいえ、スポーツ的な進歩主義の諸特徴のなかにも見出せるものである。チャンピオンは、スポーツ的身体の日常的な構築に努める他の多くの者たちと同様に、食餌療法や美容術、身体トレーニングなどを取り混ぜながら、禁欲者の仲間入りをするのである。行動することへの執着（「ドゥー・イット」）、仕事の価値づけ（「天職としての職業」）、合理性、自己コントロール、指標となる倫理、個人主義、功利主義、方法論的かつ勤勉な精神、システマティックな精神、ライフスタイルとしての禁欲、さらには資本の構築と維持。こうしたことが自己に対する資本化と、そのためのさまざまな方法を象徴しているのであり、それらの方法の一つに、苦痛と時間に対する特異な関係がある。

　複数の時間性が浮き彫りになっている。よりよき未来のために求められる投資を、「今、ここ」という要請に結びつける時間性。これにより身体およびパフォーマンスの改良可能性には利益が期待されることになり、資本を構成することが求められる。つまりできるだけ若くいること、あるいは良き老いを迎えることなどである。もう一つの時間性は、身体が多層なテキストをなしているということに価値を置く時間性であり、この時間性によれば、身体とはある土地から別の土地へと移る途上の未完成品である。いずれの場合にも、道徳化した新たな衛生学が、「身体はすべてを覚えている」という最後の審判を下すことだろう。

自然を超えた身体

身体の製造の前提は、素材・資材としての可塑的身体である。この製造はテクノロジーの革新と結びついて、自然と文化、自然と装置との関係についての問いを提起する。ドーピングはこの問いの中心にある。なぜならパフォーマンスの人工的な向上は、ドーピングの定義かつ制裁の口実であるからだが、これには矛盾がないわけではない。スポーツにおいてはすべてが「人工」あるいは少なくとも「文化」であることを思い起こそう。競技場、体育館、プール、靴、自転車のサドル、ラケット、さらには改良可能性へと行き着く知や実践の総体。いわゆる「自然の〔生まれながらの〕身体」や、自然と見なされるパフォーマンスに依拠するドーピングの意味や地位とは、いったい何なのだろうか。

ドーピング薬物や化学物質の摂取は、スポーツ用品の等価物では必ずしもない――その意図はともかく――ということなのかもしれない。ドーピング薬物はスポーツ選手の健康を損なうのに対し、技術革新は努力の前提条件を改良する。しかもドーピング薬物は内在的身体に対する内的な可塑性[18]、いわゆる「生まれながらの」身体に影響を与えるのであり、それはウェアや用具とは異なる。とはいえ今日のドーピングのような、確実に有害で比較的露見しやすい化学的・薬理学的ドーピングだけではなく、場合によっては害が少なく、露見しにくいかもしれない未来のドーピング問題についても問う必要がある。遺伝子ドーピングや、特定の機能や器官を操作するためのナノテクノロジーの移植、さらにはハイレベルのスポーツにおける補綴や強化スーツの利用を、どう考えればよいのだろうか。

「テクノロジー・ドーピング」の問題が持ち上がっている。たとえば流体力学の活用により浮力を増した競泳水着をめぐる法的なドタバタ劇は、身体の装置化の問題が、ルールの価値をめぐる問題でもあることの証左である。ルールとはスポーツにおける中心をなす本質的な価値であり、ここではそれは平等の概念のなかに宿っている。

近年のドーピングが最初に提起したのは次の二つの問題だった。ドーピングは人類の進化の歴史に書き加えられるべきものなのだろうか？　ハイレベルのスポーツ選手たちは、とりわけ子供のスポーツ選手たちに対する教育的・医学的な配慮をものともせずに、リスクを熟知するプロたちなのだから、ドーピングを合法化すべきなのだろうか？　今日では生まれながらの身体、増強した身体、ハイブリッドな身体とは何なのかという方向に考察は進んでいる。つまりそれは人間のアイデンティティをめぐる考察である。人体の「自然性」だけを取り出すことは、文化的であり技術的でもある「人類」そのものを覆い隠すことになりはしないだろうか？　あらゆる改良や進歩はその本質からして、そしてとりわけスポーツにおいて、人工的なものなのではないだろうか？　義足をつけて健常者の競技会に参加したオスカー・ピストリウスのケースは多くを語っている、なぜならこの参加は義足がアドヴァンテージになるという理由で議論を醸し出したからだ。しかしスポーツの進歩とはすべてがアドヴァンテージの探求ではないのだろうか？　だとすれば技術的装置には強化スーツも含まれるのであろうか？

世界選手権八〇〇メートルの若き勝者である南アフリカのキャスター・セメンヤのケースは、同様の問題であると考えることができる。彼女は解説者やライバルたちによって「本当の女性」ではないと疑われたのであるが、スポーツの領域に収まりきらないこのケースは、一方でこの領域に模範的な反響をもたらしたのである。スポーツのルールは、技術的な進歩やジェンダー問題に貫かれた人間のアイデンティティをめぐる諸問題を、どのように扱うことができるのだろうか。スポーツの平等をめぐる伝統的な、言うなれば保守的な考え方は、競技会が明るみに出す、遺伝的不平等をはじめとする無数の不平等の原因に向き合うことができるのだろうか。短距離走者ウサイン・ボルトの遺伝的なアドヴァンテージは、両性具有だとされるキャスター・セメンヤよりも「自然」なのだろうか？　もちろん否である、自然が「生物学的」を意味するのなら。どのような範疇に従って、義足や競泳水着などの強化スーツと、アスリートの体型や生理を改変する強力なドーピングを比較すればよいのか？　さらには、身体や「メンタル」を最適化するための手法が急増するなかで、障害者／健常者あるいは男／女という差別的な認知を維持し続けるというのは、逆説的なことではないだろうか。

結論

ドーピング、ハンディキャップ、トレーサビリティ

身体が財に、しかも消費財になるという考え方は[19]、自分の身体との機能的な関係を個人に強いるが、こうした関係はデカルト的な「思惟する実体」（*res cogitans*）と「延長をもつ実体」（*res extensa*）との区別を思い起こさせずにはおかない。実際には、心理主義化の進む身体――「センセーション」への固執――と精神の物質主義化――「脳」の科学的な優勢――とを結びつけているのは、もっと複雑

な組合わせである。この組合わせにより明らかになるのは、身体崇拝が、常に現在の彼方を志向――常に改良可能な身体――しているからには、未来を向いて新たな超越性を探し、アイデンティティのための投資に糸目をつけない、偽りの唯物論なのではないかということである。今日の主体は自らのアイデンティティ、時間性、実存的次元を、身体という中心から出発して再構成するのであり、運命と化したこの身体を、主体は製造することができるのだ。

人間のパフォーマンス向上を目指す意志としてのドーピングが提起する諸問題や、これらの問題のテクノロジー版であるピストリウスや競泳水着のケース――ある種の強化スーツ――は、ハンディキャップに対する新たな眼差しと関係している。身体と技術とのハイブリッド化は、古くからの一般的な工程で[20]、補綴具はそれを最適化した未来志向のヴァージョンであると理解するべきなのだろうか。将来のハンディキャップ的身体は「自然の身体」となり、限定的なものになった「自然の身体」は、ＮＢＩＣ[21]を活用して人間の能力を数十倍に高めようと目論む人間改造論者たちの野望に応えるようになるのだと考えるべきなのだろうか。だとすれば私たちが直面することになるのは、下等人と超人とがヒエラルキーと差別によって分けられた世界という、すでに数多く描き出されているＳＦのシナリオであり、そこでは「生まれながら」とはもっとも低い完成度のことである。このような見通しとは別に思い起こしておきたいのは、大半の障害者たちは真に障害となる側面があるからこそ装置を必要としているのだということ、そして出生前診断と同様にこの領域においても、科学的な改良は時として、運命に思われるものよりも、避けることができると想定されるものに対して不寛容になるという、倒錯的な効果をもたらすということである。この意味で完璧な身体あるいは完璧な子供を目指す社会は、そのプロメテウス的な夢の中で、健康と病気、正常とマイノリティを区別する諸々の規範の改変を育んでおり、人間存在の「質のコントロール」という強迫観念に取り憑かれて、結果として欠陥やハンディキャップに対する新たな不寛容を生み出すことになるのだ。

身体についての新たな技術や知識は、トレーサビリティという幻想を育んでもいる。医学的な観点からの解明や管理の進んだ身体は、その透明性の観点からも管理が進むことになる。将来の病気を予見する新世代のスキャナー、あるいはさまざまな機能の管理や刺激を司り、個人情報――たとえば銀行情報――やドーピング撲滅運動のためのスポーツ選手の長期的モニタリングをアーカイヴする埋込み型ナノテクノロジーは、銀行や保険会社が求める生活様式についての伝統的なアンケートを補完する。医学によって精査される身体は、生体認証技術によって補足され、管理の審級によって囲い込まれる身体でもある。ミシェル・フーコーが用いたベンサムのパノプティコンの例は、新たな形態をとりつつある。つまり情報化とデータ照合である。こうして生=権力は新たな道具を手にし、主体の自由は新たな挑戦を受けているのだ。

最後に言っておきたいのは、人体はテセウスの船〔部品をすべて取り換えた船は同一の船であるのかという、同一性についての古代以来の思考実験〕のように、生物学的なアポトーシスすなわち秋の落葉のような、細胞のプログラムした交代あるいは自殺によって、自らのリニューアルと永続的なアイデンティティの問題に、内在的に直面しているということである。私が五年もしくは三〇年前と同じであることを、何が私に保証してくれるのだろうか。二〇〇年前から近代医学によって蓋を開けられた身体と、今日の臓器移植は、この問題をますます深刻なものにしている。学術的な探求によって唯物論は強化され、身体のモノ化と技術化には認可が与えられる。自己超越や人間の改良という問題は、ある種の技術的なアポトーシス、すなわち装置や電子チップ、強化スーツのリニューアルや、プログラムされたそれらのアップデートを、先取りしているのだと考えることができる。自然／文化関係の未来版がこうして書かれていくことになるだろう。

X章　ハイレベルのスポーツ選手の活動の理解における「司令」と「自律」
——ドーピング倫理にとって必要な知とは？

ドゥニ・アウ

要旨

本稿は人文・社会科学におけるドーピングについての学術研究を、二つの知識モデル、すなわち司令《コマンド》モデルと自律《オートノミー》モデルの二つに分けて分析するものである[1]。この区別に従えば、ある現象は、プログラムの役割を果たす一つないし複数の要素に影響されているとみなされる（司令《コマンド》モデル）か、自己組織される複雑な全体性を形成する特定の文脈に由来するとみなされる（自律モデル）。司令《コマンド》モデルに連なるドーピング研究が説明するのは、ドーピングに介在する心理社会的なメカニズムの多様性である。競技に関する包括的な道徳原則に基づくスポーツ倫理の定義が、この研究により補強される。自律モデルに連なる研究の提案は、スポーツ選手がドーピングへと至る過程に関しての代替的な観点に基づいている。「ハイレベルのスポーツ選手であること」の経験についての詳細な分析に基づいて、実際的なスポーツ倫理を構築することが、この種の研究の目指すところである。

はじめに

スポーツにおけるドーピングおよびパフォーマンスの向上について考察を進めるのは常に困難が伴う。そうした考察が依拠する、ハイレベルのスポーツに関連する諸現象についての知見は、常に不完全であるからだ。たとえば「薬物」なしで到達できるスポーツ・パフォーマンスのレベルはどれくらいなのか、洗練され革新的でありながら認可もされているトレーニング法によって到達できるレベルはどれくらいなのか、厳密にはわからないのである。あるスポーツ選手が記録を破れば、禁止された方法の使用がすぐに疑われることになるのはこのためだ。ドーピングの広がりについても問題は同様である。どれくらいのスポーツ選手がそれに身を委ねているのか、正確なところは不明なのだ。スポーツ選手の数の多さに比べれば、検査はまだまだ限定的である。種目や国によって監視のされ方は異なる。世界反ドーピング機関（ＷＡＤＡ）が進める現実的な監視政策にもかかわらず、検査されることなしにドーピングできる可能性は大きい。フランスの無料ダイヤル「ドーピングＳＯＳ」に電話をかける人の数は、この現象の真の重要性を裏づけているように思われる。とはいえ、このような服用状況をあらゆるスポーツ愛好家にまで一般化するのは軽率である。このような文脈にあって、ドーピングおよびパフォーマンスの向上に関する知の発展は問題含みである。研究者にとっては、この現象にまつわるデータの収集が困難であることが、乗り越えがたい障害となっている。たとえばハイレベルのスポーツ界では、沈黙の掟が強く支配している。服用者たちにとって、たとえ匿名でもこうした実践を告白することが困難なのは、彼らが感じる罪悪感のためでもある。おおよそのところ、この現象について私たちが持ち合わせている知見は、大半がいくつかの典型的なケース（フェスティナ事件、バルコ事件、短距離走者のケンテリスとタヌー〔いずれもギリシャの陸上競技選手〕、ボディビルダー……）を拠り所としている。(2) こうしたケースが足がかりとなり、やがてさまざまな表象のなかに一般化した。だが私たちの知見が正確さを欠いていることを思うと、こうした一般化のプロセスはリスクを孕んでいる。たとえば自転車競技における諸々の事件を見ると、ドーピングなくしてツール・ド・フランスのような大会を行なうことは不可能だと考えてしまいがちだが、これは多くのプロ自転車選手が否定している。では誰を信じればよいのか。楽天的ではないが、かといってハイレベルのスポーツを破壊するわけでもない見解はどうすれば形成できるだろうか。ドーピングの検知・抑止・予防のための倫理を、知識が不完全で穴だらけのまま構築することはできるのだろうか。

人文・社会科学系の研究が正当性を獲得するのは、このような文脈においてである。(3) こうした研究が目指すのは、ハイレベルのスポーツにおけるドーピングについての、人間的・文化的・社会的な原因論の発展である。こうした知の発展こそが、ハイレベルのスポーツに応用できる倫理、パフォーマンスの到達・向上・維持についての倫理の基礎づけを可能にするだろう。本稿は、〔フランシスコ・〕ヴァレラの認識論的・歴史的著作（一九八九年）(4) によって定義された二つの知識モデルという観点を引き継ぎながら、この領域において私たちが所持している知の現状確認をすることが目的である。すなわち、ある現象は自らに要請あるいは義務として作用する別の現象に依存していると見なすのが、「司令モデル《コマンド》」である。このモデルにより導かれる説明の大半は、直接的もしくは連鎖的な因果関係を用いている。それに対し、ある現象は自足的な特性を持った固有の文脈から浮上する、自己組織的なものであると見なすのが、「自律モデル」である。このモデルに連なるのは、円環的な因果性を持つ複雑系についての認識論である。人文・社会科学におけるこれらの知の現状確認は、ハイレベルのスポーツ界におけるスポーツ倫理の問題の検討にも役立つことだろう。

「司令《コマンド》モデル」とドーピングについての知見

スポーツ選手たちによって用いることのできる薬物がパフォーマンスに与える影響についての知見の進化は、スポーツにおける薬物の摂取がパフォーマンスの向上を目指すものであるという通俗的な考え方を構築・補強することになった。たとえばエリスロポエチンがなぜ、どれくらい、またどの程度の服用で、有酸素運動に分類されるスポーツのパフォーマンスを向上させるのかが判明すると同時に、この種のスポーツでの薬剤の服用がそうした効果を求めてのものであるという仮説が、認識のなかに形成されることになった。言い換えれば、薬剤の生物学的な効果に焦点が合わされることで、「ドーピングの人体への効果」と「ドーピング時の主体の意図」とを結びつける認識が出来上がったのである。この段階になると、人体と主体は一心同体となり、目指される効果と意図とが混同される。ここから引き出されるのは、主体をドーピングに駆り立てる原因とは要するに薬剤が人体に及ぼす効果の探求であるという推論である。つまり服薬は人体への効果に依存するものとして想定され、これがスポーツ選手に対して要請として作用するのである（つまり「司令《コマンド》モデル」）。

このような「目指される効果」と「意図」との一体的な関係は、人文科学全般、とりわけスポーツ心理学にしっかりと引き継がれた。アスリートを薬剤の摂取に駆り立てるものは何か。何が彼をいかさまへと向かわせるのか。自転車選手タイラー・ハミルトンに関して語られた逸話が、こうした推論の好例である。この選手は数多くのレースに勝利し、名高いタイトルを獲得してきた。アテネ・オリンピック（二〇〇四年）のメダリストであり、ツール・ド・フランスでは何度もマイヨ・ジョーヌに袖を通した……。だがこの選手はそのキャリアを通じて、さまざまな薬物に何度も陽性反応を出してもいる。出場停止の処分を何度も受け、二〇〇九年二月には競技から永久追放されることになった。こうした薬剤を摂取しなければあれほどのパフォーマンスを達成できなかったと告白して、彼はプロ自転車競技に常につきまとう疑惑を認めた。薬剤の摂取と、常に高いレベルのパフォーマンスの探求、そして金銭的な利益のさらなる獲得の意志とが結び付けられて、こうしたタイプの推論における主たる理由として持ち出されるようになるのである[5]。

この「目的＝方法」関係を問うたのは心理学であり、それはいくつかの理論モデルを介して展開された。たとえば「スポーツにおける薬物コンプライアンス――概念的枠組み[6]」と題されたモデルが提起され、スポーツ選手たちがどのようにして自分のパフォーマンス向上のために非合法の薬品使用を受け入れるのかの理解が目指された。このモデルにおいては、「目的＝方法」関係は、スポーツ選手たちの自由裁量について考察するための下敷きにされている。こうしてこのモデルが挙げるのは、非合法薬品を使用するという決定に影響を与えうる六つの要素である。（一）脅威がどれくらいであるかの評価、（二）利益の評価、（三）人としての道徳性、（四）合法性、（五）自尊心／人格、（六）準拠となるグループの意見。薬剤の手に入りやすさと、そうした薬剤が持つ魅力とが、これらの心理的要素に付け加わる。こうした要素の組合わせにより、スポーツ選手が薬剤を服用することのリスクの大きさを割り出すことができるだろう。これと同じ流れで、「スポーツ選手における薬物の抑止モデル」(DSDM：Drug in Sport Deterrence Model)[7] というモデルは、スポーツにおける薬物使用を防止する諸要因に焦点を合わせる。力点が置かれるのは、「目的＝方法」関係の別の側面、つまりドーピング薬物の使用を決断するまでに必要な、時間や反省や計画の関係である。このモデルが提示するのは以下の三つの主要素である。(一) 薬物摂取の決断に関係するコスト、(二) 使用によってもたらされる利益、(三) 上記の二つに影響を与えうる特定の状況的要素。ここでもまた、「目的＝方法」関係はありのままの姿で考慮されているのではなく、リスクや利点の評価という認識活動によって釣合わされている。最後に挙げることができるのは、「パフォーマンス・エンハンスメントのライフサイクル・モデル」[8] であり、このモデルは禁止薬物の使用を、スポーツ選手の側からの熟考・計画・参加を必要とする諸段階の継起のなかで捉えようとする。つまりスポーツ選手たちは、そのキャリアを通じてさまざまな目標を定め、その目標への進み具合に応じて諸々の選択をするのだと想定されている。統御についてのサイバネティクス的なアプローチ[9] に着想を得ているこれらのモデルは、定められた目標との関係を以下の四つに応じて組織するのが、主体の活動であると考えている。(一) この目標への参画、(二) この目標に到達するための手段の行使、(三) この目標に対する進捗状況を伝えるフィードバックの利用、(四) 目標到達のための再調整プロセスの実行。各スポーツ選手を調整の主体とみなし、自らの行動に責任のある、理性的で思慮深く、聡明で明晰な存在と考えるこれらのモデルにおいては、意思決定の合理性こそが何よりも優先される。

別の心理学的モデルで扱われる「目的＝方法」関係では、この認識的な合理性が反転している。中毒研究から持ち込まれたこれらのモデルは、ストレスや不安、失感情症《アレキシサイミア》やセンセーションの追求といった、個人の傷つきやすさの諸要因に焦点を合わせる。先に挙げた自転車選手タイラー・ハミルトンの例は、これらのアプローチによってもたらされる省察にとっての好例でもある。タイラー・ハミルトンは二〇〇三年以来、私生活やスポーツ選手としての生活において彼をひどく傷つけた一連の出来事のために、うつ状態に陥っていた――母のガンの発覚、妻との別れ、そしてもちろんスポーツ選手としてのキャリアも、不安定な成績とともに陰りを見せ始めていた。彼は抗うつ剤による治療を受けていたが、度重なる問題に直面して服用量を徐々に自分で増やしてしまった。このようなうつ病の試練について彼は次のように語っている。「私は世界のトップの一人でなければならなかったし、はたから見れば十分にそう見えていた」。だが「私は毎朝私ではない誰かになるために衣装に袖を通しているような気がしていた、ハリボテだったのだ……。世界の屋根の上に立っていなければならなかったのに、誰よりも気が滅入っていた」[10]。これらのモデルにとって、選手をドーピングへと追い込む精神的な様態は、傷つきやすさという個人的な要因の次元に位置している。この観点からすれば、このような個人的な要因こそが、傷つきやすさを特徴づける「司令《コマンド》」の心理的変数によって、「目的＝方法」関係の釣合いを保っているのである。たとえばこのようなステータスに位置づけられるのは自己愛的な動機（自尊心、他者による承認、例外的なセンセーションの探求など）であり、それが個人を規範の侵犯へと向かわせうる原因とみなされる[11]。こうした傷つきやすさに特徴的な別の精神的傾向を指摘した著者もいる[12]。たとえば美的な理想化による「自分探し」的ドーピングがそれである。これは見た目の人類学と身体イメージの理想化の範疇だ。純粋なパフォーマンス向上の探求が、美容的ドーピングにより、可塑的な見た目の探求へとずらされる。自己愛による強さの追求は、傷つきやすさの要因であり、あらゆる美的理想への接近が自信の獲得になるほどにまで、「司令《コマンド》」としての役割を果たしている。別の例として挙げられるのは、自己実験としてのドーピングである。通常の自己体験を超越・離脱し、凡庸な現実を日常的な偉業に変え、全能感の酩酊を味わうという欲求として表われるのがそれだ。この種のドーピングは麻薬中毒の分野で持ち上がる問題と酷似しており、ハイレベルのスポーツ選手においても同様の問題に出くわすことがあるのである[13]。理想の再編を迫られ、卓越していることの責務や、パフォーマンス崇拝、失敗に対する慰めの不在に若者たちが直面した際にも、この種のドーピングがとりわけ顔を覗かせる。傷つきやすさはここでは自分探しの危機と結びついており、この危機が、「目的＝方法」関係に意味を与えることで、健全とも言えるやり方でこの種のドーピングに頼ることを「命じる」のである。この他にも支配によるドーピングという例があり、これは第三者の影響による心理的な掌握という傷つきやすさに関係する。この傷つきやすさは洗脳の可能性とも関係がある。たとえばコーチのような第三者にアスリートを従わせる支配関係は[14]、「目的＝方法」関係に手を付けることなく、「司令《コマンド》」を外在化させる。つまり個人の傷つきやすさに依拠したこれらの第二の研究グループもまた、「司令《コマンド》モデル」の枠組みで解釈することができるのである。主体は内なる力によって動かされているので、それはパーソナリティもしくはパーソナリティ因子に対するアプローチを要請する。

最後に挙げられるのは、職業的アイデンティティに関する規範や信念に重きを置くモデルである。これらのモデルの仮定によれば、ドーピングとはスポーツの実践の現実に直面するにつれてハイレベルのスポーツ選手の前に立ちはだかるようになる緩やかなプロセスである（たとえば勝つために必要な週一五時間から二〇時間の強いエネルギー刺激）[15]。プロ自転車選手たちのライフストーリーについての研究を通して著者たちが見出すのは、薬物摂取に至る四つの段階である。（一）違法薬物の発見、（二）プロの薬物一覧表、（三）勝つための薬剤、（四）忘れるための薬剤。こうした研究のためには、ドーピングの分析は、社会的・歴史的・経済的な布置のなかで発達してきた文化的な実践として、これらの行動を理解しながら実施する必要がある。これらの研究は萌芽的な観点を垣間見せるものでありながら、「司令モデル《コマンド》」の一員でもあり続けている。プロとしてのアイデンティティが、指示を外在化し、選手に受け入れやすい世界観に基づいた非合法の薬剤摂取にまで至らしめる、行動の流れを構築するのである。

このように、人文・社会科学において今日展開されているモデルを要約するとすれば、主として見出されるのは「司令モデル《コマンド》」に基づいた諸研究であり、このモデルが組織する直線的因果関係を備えた合理性は、時として複数の要因からの司令を受けているが、あらかじめ定められた特定の目標に向かって、常に組織されているのだ。こうしたアプローチから見たドーピングとは、何らかの規定因子（たとえば職業、目的、心理的な傾向）からの影響により、パフォーマンスを向上させるために用いられる手段のことであり、そうした因子は、ある典型的な状況のもとで、やはり典型的な行動様式を作動させるのである（たとえばストレス、決心、青年期、自転車競技）。

「自律《オートノミー》モデル」とスポーツにおける薬剤服用の知識

ヴァレラが「司令《コマンド》モデル」に対して向けた批判がそうであるように、「自律モデル」によって切り開かれる視座は、ドーピングについての私たちの知識を発展させてくれる魅惑的なものに思われる。[16] 出発点となる確認は明解だ。このような「目的＝方法」関係が自明の関係に見える一方で、非合法薬物の使用の分析は複雑なままであり、時として見た目よりも不明瞭である。たとえば無料ダイヤル「ドーピングSOS」に電話をかける人が挙げる服用の動機の分析から明らかになるのは、直感的ではない動機の諸構造であり、そこではたしかに「目的＝方法」関係が念頭に置かれているものの、自律という仮説に基づく視座を切り開くことも可能に思われるのだ。[17] たとえばボディビルダーのなかには、理想のイメージの追求だけでなく、一部のボディビルディング競技でのパフォーマンスの獲得や、同じジムの他のメンバーたちとの「競争」で高スコアを叩き出すためという動機を口にする者もいる。こうした行動の成り立ちを理解するための切り口として、最終目標というのは本当に最適なのだろうか。アスリートを取り巻く状況のなかで自動生成される、文脈に依存した活動の成り立ちを考えることはできないのだろうか。そのために必要なのは、人間活動の生態学的、状況的、動態的な分析を提案する、認知科学の諸研究のパラダイムに仲間入りをすることである。[18] こうした研究のパラダイムは、人間活動の成り立ちを分析するための、以下のようないくつかの作業仮説を主張している。（一）ある状況において利用可能な要素全体の間の相互作用から創発する分析であること、（二）自伝的経験

——蓄積されたものが今ここで再活性化するような経験——に基づいて構築される動態的な分析であること、(三) 配分的と言われることも多い集合的な分析であり、そこにおいて個々の発展可能性を伸ばすのは環境であること、(四) 血の通った分析であること、(五) 個人のアイデンティティを構築し、自分自身の世界を主体に理解させる物語叙述という形で組み立てられる、生きた分析であること。[19]このような種類のアプローチが目論んでいるのは、たとえば「すべてのスポーツ選手はドーピングをしている」というような短絡的な因果関係に基づく分析を乗り越えることである。創発性や、行動と状況との関係、スタート時の条件からの変化のダイナミズム、あるいは誘引者の存在などに基づいた、別の形の理解可能性の探求が目指されているのである。

このような文脈において、「エプシロン」研究所のドーピング研究グループによって、「行為の流れ[20]」という理論的・方法論的な枠組みが用いられたのは、非合法薬物の服用を、アスリートの活動全体と、その時系列的な変化に関連させて検討するためである。この理論によれば人間の活動とは、主体と自身の世界(たとえば環世界あるいは意味の世界)とのカップリングの結果であり、それは反省以前的な認識のレベルにおいて考察が可能である。[21]薬物の服用が「自律」モデルに従って展開するような状況と行動についての論理を主張し、再構築するために、以下の点に注意が向けられた。

——外部の視点(パフォーマンスの追求、金銭的利益)と内部の視点(スポーツ選手たちの特別な世界、彼ら特有の世界、彼らの文化と、彼らが置かれている独特な状況)の関係。

——スポーツ選手たちの生活をとりまくコンテクスト、彼らのキャリアを通じてのその変遷、彼らにとって特別な状況における変化。
——服用の種類や形式の変化。スポーツ選手としての人生を歩むなかで服用行動を身につけることと、それがどのように関係しているか。

研究実施要項[22]が作られ、ドーピングへの依存を、ハイレベルのスポーツ選手の活動を特徴づける巨視的な変数の総体のなかに組み込むことで、その分析やモデル化が目指された。この研究はまた、どのようなスポーツ選手の人生の軌跡が、ドーピングへとつながる／つながらないのかを特定することも望んでいた。二年間のプログラムとして、異なる競技（陸上、自転車、水泳、テニス、トライアスロン……）の引退した選手や現役の選手、陽性反応を出したことのある選手やそうではない選手、違法薬物を摂取したことのある選手や違法な摂取はしていない選手たちからなる、およそ六〇人の「エリート」レベルのスポーツ選手のサンプルが検討された。この調査プログラムの特徴的な点の一つは、ドーピングの分析という問題に答えるための方法論的特性が、「自律モデル」に従って構築されているという点である。記録資料に基づいたアスリートのキャリアについての調査の後で、二時間のインタビューが各参加者と二回ずつ行なわれる。一度目は「人生の歩みの足跡の再構成」、二度目は「これらの足跡に自分で向き合うこと」。こうした反復的な手法には以下のような利点がある。（一）スポーツ選手たちの主張を別のデータと突き合わせることで、単に彼らの「発言」で満足してしまうことを防ぐことができる。（二）多様な記述子（パフォーマンス、トレーニング、服用、成績）を考慮に入れながら、スポーツ選手の活動を構築する「論理」を再構成する可能性が示されることで、これ

表1　ドーピング歴のあるアスリートの選手生活19年間にわたるデータベースの例

年		1	2	3	4	5	6	7	8	9	10	11	12	13	14	15	16	17	18	19
取組み方		I	I	I	O	O	O	O	FO	FO	FF	FF	FF	FA	FA	FA	FA	FA	FA	FA
活動	ビタミン				O	O	O	O	O	O	O	O	O	Cu	Cu	Cu	Cu	Cu	Cu	Cu
	鉄／マグネシウム													Cu	Cu	Cu	Cu	Cu	Cu	Cu
	クレアチン															Cu	Cu	Cu	Cu	Cu
	他のサプリメント													Cu	Cu	Cu	Cu	Cu	Cu	Cu
	アナボリックステロイド																	Cu		
	ペプチドホルモン																		Cu	Cu*
	パフォーマンス	C	C	C	C	C	C	C	C	C	C	C	I	C	C	C	I	R	I	R
	トレーニング	S	S	S	S	S	S	C	C	C	C	S	S	C	S	C	S	C	C	C
解釈傾向		D	D	D	R	R	R	R	R	R	R	R	I	D	R	I	I	I	I	I

取組み方：I＝不定、O＝確定、FO＝開放的集中、FF＝閉鎖的集中、FA＝中毒的集中　〔注(23)を参照〕
活動——薬剤の利用：O＝ときどき、Cu＝治療、＊＝摂取量の増加
——パフォーマンスの進化：C＝上達、I＝不安定、R＝後退
——トレーニングにおける変化の特徴：C＝上達もしくは構造の変化、S＝安定、R＝質の低下
解釈傾向：D＝知識の発見、R＝知識の補強、I＝無理解・迷い・試行錯誤

らの要素の全体を理解する可能性が検証できるようになる。（三）多くの場合は共有されない個人的な知のままにとどまる「独自の世界」を、スポーツ選手たちが自分で説明できるようになるためのプロセスを促進する。

こうしたデータは直ちにコード化され、実施要項の全体像を把握し、比較をしやすくするためのデータベースが、各アスリートについて作成される。表1に示すのがその例である。

これらのデータの比較によって、ドーピングとパフォーマンス向上との関係を分析するための新しい手がかりを与えてくれるような結果が得られる。たとえばドーピング期間中のアスリートの活動の

表2　禁止薬物服用期のスポーツ選手の活動の特徴

パターン				ドーピング期間中に占める%	χ^2	P
取組み方	パフォーマンスの変化	トレーニングの進化	解釈傾向			
中毒的集中	後退	変化	混乱	100.00		
	不安定			100.00		
	安定			100.00		
		安定		100.00		
閉鎖的集中	不安定	変化	混乱	50.00	56.01	＜.001
	上達	安定		40.00	50.03	＜.001
	安定			33.33	40.31	＜.001
	後退	変化		20.00	22.27	＜.001

ダイナミズムは、表2のように表わされる。

ここからわかるのは、ドーピング活動が出現するのは、主にアスリートの取組み方がスポーツの実践に過剰に集中しているときであるということである（たとえば中毒的集中もしくは閉鎖的集中）。非合法薬物の摂取期間中はすべてのアスリートが混乱しているということも確認できる。さらにわかるのは、さまざまなタイプのパフォーマンスの変化（たとえば上達、後退、安定）がこの期間と結びついているが、トレーニングの状況はどちらかといえば変化しているということである（たとえばコーチの交代、方法の変化……）。これらの結果により示されるのは、ドーピングとはより包括的な活動期間のなかに組み込まれているということであり、その期間のアスリートたちは苦しみ、悲嘆に暮れ、あるいは迷っているのである。このような悲嘆と結びついているのは、外部との接触の可能性をすべて排除するような取組み方である。パフォーマンスの準備の手順の不安定さともそれは関係している。これらの結果の全体から浮かび上がるドーピングとは、自らに固有の特性を備えた、創発的で自律的な活動のことであり、それはドーピング不在の活動とは一線を画するが、短絡的な因果関係によって決定されるものでもない。こうしてドーピングは、アスリートがそのキャリアの一期間において構築する世界のなかで行なわれる諸々の活動の、独特にして特徴的な組織のされ方に組み込まれたものとして理解されることになる。このような組織のされ方は、ハイレベルのスポーツのキャリアに邁進する選手が向かってしまいかねない状態であると特徴づけることができるだろう。

このような状態へと至る軌跡の分析によって、こうした組織のされ方に陥ることに共通するいくつかの特徴が特定できる。このような活動パターンが出現するのはスポーツのキャリアの一七年目以降であることが、まず確認できる。ビタミンやエナジードリンク、栄養サプリメントなどの合法的製品の服用の急増に引き続いて生じるのがこのようなパターンであり、それは禁止薬物の摂取に先立つ二年間にわたって続くのだ。間歇的な服用から継続的な服用への転換も見出すことができる。服用の種類の増大が薬物乱用につながることも確認されている。最後に表3に示すのは、ドーピングしているアスリートの選手生命を通しての活動の組織のされ方の変化を、ドーピングしていないアスリートのそれと比べた場合の、いくつかの指標である。

こうした結果により明らかになるのは、ドーピングしたアスリートと、していないアスリートの活動の変化は、非常に似通っているということである。誰もが混乱期や、パフォーマンスの安定期、あるいはトレーニングの変化の時期に直面するのだ。「司令《コマンド》モデル」に基づく研究が袋小路に行き当たるのはなぜなのかが、これで理解できる。ところがこれらの結果をより詳細に検討してみれば、ドーピングしたアスリートたちは、「開放的集中」という取組み方がキャリア中に占める期間が、他のアスリートたちより短いこともわかる。[23] つまりドーピングにつながる軌跡を特徴づけるような、独特の転換の形が存在するのである。

最後の三つの知見（すなわち閉鎖的集中への迅速なシフト、薬物乱用、混乱）に立ち戻れば、遠位の初期条件（すなわち早すぎる過度な専門化）と近位の初期条件（すなわち薬物乱用、混乱）を手がかりとすることによって、ドーピングするアスリートの選手生活（すなわちドーピングを含む活動に結びつくダイナミズム）を特徴づけることができる。ヴァラチャーとノヴァクの業績に示唆を受けたこの観点により、[24] ドーピングが自律的活動に組み込まれたものであるとの認識が可能になる。この自

表3　アスリートのキャリアを通じての、異なる活動要素の時間的配分の比較

活動要素		キャリアのなかでの平均年数		標準偏差		t
		ドーピング	非ドーピング	ドーピング	非ドーピング	
取組み方	不定	3.8	2	1.30	2.12	1.44
	確定	3.4	3.75	1.34	2.27	.26
	開放的集中	3	6.5	1.87	1.5	2.91**
	閉鎖的集中	6	4.75	3.24	1.47	.7
	中毒的集中	1.4		2.19		1.27
活動	パフォーマンスの進化					
	上達	11.6	13.75	2.88	2.27	1.17
	後退	1.6	.75	.89	.95	1.29
	不安定	1.4		1.94		1.43
	安定	3.6	2.5	3.78	1.5	.54
	トレーニングの仕方					
	変化	7.2	9.72	1.78	1.47	2.19
	後退	1.5		.7		1.34
	安定	9	7.25	2.82	1.47	1.19
解釈傾向	発見	3.6	5.25	.54	1.92	.65
	増強	9.2	8.4	.44	2.06	.66
	混乱	4.8	3.5	.44	1.5	1.66

律的活動を創発する複数の要素の結合は、スポーツ選手たちの活動の詳細な分析を考慮に入れることによって、理解の可能性を示すことができる。

倫理的な視座

スポーツのパフォーマンス向上という領域に対して投げかけられる、倫理に関係する数多くの問いは、ハイレベルのパフォーマンスの世界で用いられている薬剤や方法についての、私たちの理解に基づいてなされている。エルゴジェニックな補助の使用が許容できる限度についてや、一部の薬剤の使用の是非についてや、いかさまをしようとする者を管理・監視する必要についての考察は、大半が「司令《コマンド》モデル」に依拠している。この業界にいる人間は誰でも、その活動がパフォーマンス向上へと方向づけられているために、ドーピングの実践に手を出すように仕向けられているのだという、一般的な見方が形作られるようになるのはこのためである。こうした見方にはもちろん根拠がないわけではなく、検査によって選手のドーピングがあぶり出されることにより、このような推論の利点が示されている。ここから導かれるのは、主にいかさまの発見と、法に基づいたスポーツ倫理の表明を土台とした倫理であり、一般的な原則によっていかさま選手の検出と制裁の実施がなされるのだ。

とはいえこうした倫理姿勢には不満が残る。たとえばこの姿勢では推定無罪が疑問に付され、スポーツ界に絶えず疑いの暗雲を漂わせることになる。[25] ドーピング倫理の医学的な基盤は、ドーピング倫理のスポーツ的基盤の発展によって補われる必要があるだろう。後者のほうは機会の平等の尊重や

「フェアプレー」のような一般法則に依拠するものでしかない。スポーツ倫理の観点からすると、「司令モデル《コマンド》」に基づいた人文・社会科学の科学的知見は、上記のような一般法則の表明を超えるものではない。これに対し「自律モデル」に拠って立つ知見は、新たな可能性をもたらしてくれる。たとえばドーピングにつながるようなハイレベルのスポーツ選手の軌跡が、特定しうるものであることが示されるのだ。だとすれば、この軌跡がまだ方向を変えられる余地のあるうちに、こうした転換にさらされている人々への真の介入戦略を構築すべきではないだろうか。ハイレベルのスポーツ選手の活動の見守りを検討すべきではないだろうか。つまり生体パスポートに倣って、パフォーマンスの来歴を事後に辿り直すことのできる「スポーツ・パスポート」を発達させるのである。ここでのスポーツの諸機構は、ドーピング撲滅運動に特化した機構（世界反ドーピング機関や各国の反ドーピング機関）と強い連携を持つことが可能だろう。手始めに次の三つの軸を発展させることを提案したい。（一）ハイレベルのスポーツ選手にはどのようにしてなるのか、（二）ハイレベルのスポーツ選手はどのような存在なのか、（三）どのようにしてハイレベルのスポーツ選手であり続けるのか。一つ目の軸によって、アスリートが高いパフォーマンスの世界へと徐々に参入する様式が跡づけられるだろう。こちらには最年少のカテゴリー以来ずっとチャンピオンで、常にフェアプレーを続けてきたテニス選手。あちらにはトレーニングの負荷を変えることなく一年以内に二〇キロも体重を増やしたラグビー選手……。二つ目は、予想外で、その後更新のされていないパフォーマンスを説明してくれるだろう。スポーツ選手の長続きしないキャリアは、それがいかさまの発露でないかどうかを確かめるために、常に注視しておく必要がある。古典的な監視手順との連携がここでは必須である。三つ目は、最高位にまで到達したスポーツ選手が、どのように逆境に立ち向かうのかを検証させてくれる。何ごとにも屈しない屈強さがなければステータスを維持できない絶えざる激戦こそが、高いパフォーマンスの世界の特徴であるので、それだけに誘惑も大きいのである。

これらの軸の一つ一つが、ドーピングに関する真に実践的なスポーツ倫理を基礎づけるための作業の足がかりを与えてくれる。この倫理は、スポーツ選手の活動のなかにドーピングの創発条件を確定する実践的知の周囲に組み立てられる。この倫理はまた、アスリート向けの教育政策と、スポーツの責任者たちのための研修を構築するための論法も準備してくれる。

結論

「司令《コマンド》モデル」に基づいた人文・社会科学での研究が、すべてのスポーツ選手はいかさまの予備軍で、エリートのパフォーマンスはしばしば疑わしいというような、高いパフォーマンスについての悲観的な見方に行き着くことは認めざるをえない。こうした研究が支持するスポーツ倫理は、諸々の道徳原理に基づいており、(26)パフォーマンスという最終目的に到達するために正しいものは何なのかが、それらの原理により基礎づけられる。このようなスポーツ倫理はスポーツにおける対戦のルール（たとえば競技におけるフェアプレー）を主軸としており、他のスポーツ・パフォーマンスの構成要素が真に考慮に入れられているとは言いがたい。スポーツ倫理のためにパフォーマンスにかかわる他の構成要素を考慮に入れ、行為の創発条件（トレーニング、スポーツのキャリア、パフォーマンスの維持……）の分析に力を入れることで、このような見方の乗り越えを図ることができる。ある意味で、それは進化するスポーツ倫理であり、実践的な理性を主軸として、ハイレベルのスポーツ選手であることの経験を考慮に入れた倫理である。

註

序章

（1）エウフェミアノ・フエンテス医師はこう証言し、異なるメディアによってすぐに伝えられた。国際自転車競技連合によれば、「ドーピング事件の大半はスペイン由来である」。曖昧な疑念や短絡的な結論に基づいて、スペインのスポーツ界がドーピング撲滅運動における最大の戦犯であるとほのめかすような、告発や分析は枚挙にいとまがない。つまり今日では、個別の選手一人ひとりの追放という過程に、国全体に対する容疑が加えられているのである。

（2）本書収録のⅦ章、パトリック・ロール「ドーピングおよび諸々のドーピング的振舞いの防止」を参照。

（3）本書収録のⅡ章、ジャン＝ノエル・ミサ「ドーピング、向上医療、スポーツの未来」、およびⅨ章、イザベル・クヴァル「スポーツ選手の身体の「自然」と「超自然」」を参照。

（4）これはフランスのデカルト主義とイギリスのベーコン主義の両方の特徴を持つプロジェクトだ。政治経済的な観点からすれば、これは重商主義者、重農主義者、自由主義者のいずれにも共通するプロジェクトであり、政治的な観点からすれば、これは言うまでもなく革命の根本をなすプロジェクトである。

（5）Michel Senellart, "Un auteur face à son livre : pourquoi faire l'histoire des modes de gouvernement," *Il pensiero politico*, XXIX, 3, 1996, p. 474.

（6）この概念はとりわけコンドルセやビュフォンに適用されてきた。たとえばシャルル・クテルは、コンドルセにおける人類の改善という問題に関して以下ように記している。「改善説は、適切に推論され導かれた人間たちの主導性と努力により、世界はより良くすることができると考えるような政治的立場である。改善説によれば、悲観主義と楽観主義のどちらかを選ぶ必要がなくなる」。Charles Coutel, "De Thomas More à Condorcet : une relève du discours utopique ?," *Philosophiques*, vol. XXIV, n° 2, Fall. 1997, p. 280.

（7） A. Le Camus, *Médecine de l'esprit*, Paris : Ganeau, 1753, t. I et II.

（8） Ch.-A. Vandermonde, *Essai sur la manière de perfectionner l'espèce humaine*, t. I et II, Paris : Vincent, 1756.

（9） F. Lanthenas, *L'éducation, cause éloignée et souvent même cause prochaine de toutes les maladies* (1784), Paris : Imprimerie Nationale, 1793.

（10） この点についてはとりわけ以下を参照。Georges Vigarello, *Le corps redressé*, Paris : Armand Colin, 2004, et Jacques Ulmann, *De la gymnastique aux sports modernes* (1965), rééd., Paris : Vrin, 1997.

（11） ただしジャン＝ノエル・ミサが本書収録の論文で言及しているトランスヒューマン的動きはおそらく別である。

（12） とりわけ以下を参照。Ellen Meiksins Wood, *L'origine du capitalisme. Une étude approfondie*, Lux, 2009, p. 168 *et sq*〔エレン・メイクシンス・ウッド『資本主義の起源』平子友長・中村好孝訳、こぶし書房、二〇〇一年〕. Neal Wood, *John Locke and Agrarian Capitalism*, Berlkeley, Univ. of California Press, 1984. 両著者は、マルクス主義のある種の伝統を引き継ぎつつ、資本主義の起源が、都市の商業界ではなく、生産関係の変化、とりわけ十六世紀から十七世紀にかけてのイギリスでの、土地利用の市場原理への従属に伴う、農業界の所有構造の変化（囲い込み）にあるとみなしている。彼らによれば、このような生産関係の変化によって、収穫高の向上こそが、根本的な問題とみなされるようになったのだ。彼らは同時期の向上をめぐる言説の氾濫（反論の余地はほとんどない）もこの文脈に位置づけている。実のところ事情はもう少し複雑である。たとえばフランスは、当時この生産関係の変化をほぼ免れていたが、コルベール的な重商主義との関係で、向上の諸実践に比しうる氾濫と無縁ではなかった。

(13) ジャン＝ノエル・ミサ、前掲論文、およびジェラール・ディヌ「明日のチャンピオン」（Ⅲ章）を参照。

(14) この点についてはジャン＝ノエル・ミサが本書収録の論文（Ⅱ章）で空想したフィクションを参照のこと。そこでは遺伝子組換え選手が、バイオテクノロジー企業のために戦っている。

(15) 以下を参照。Ellen Meiksin Wood, *op. cit*〔エレン・メイクシンス・ウッド、前掲書〕; Neal Wood, *op. cit.* 十七世紀から十八世紀にかけての農学的な向上技術のより詳細な分析にかんしては、以下も参照。André J. Bourde, *Agronomie et agronomes en France au XVIIIe siècle*, t. I, II et III, Paris : SEVPEN, 1967 ; Nicolas Russell, *Like engendr'ing like, Heredity and animal breeding in early modern England* (1986), Cambridge : Cambridge Univ. Press, 2006.

(16) Vandermonde, *op. cit.*, p. 95 *et sq.*

(17) ベークウェルと彼の畜産学の原理については以下を参照。Russell, *op. cit.*, p. 196 *et sq.*

(18) （人間の）スポーツ医学と動物のスポーツの獣医学との関係については、本書のジェラール・ディヌの論文（Ⅲ章）を参照。

(19) 詳細は本書収録のパスカル・ヌーヴェル、ジェラール・ディヌ、ジャン＝ノエル・ミサの各論文（Ⅰ・Ⅲ・Ⅱ章）を参照。

(20) 本書収録の以下を参照。アレクサンドル・モロン「ドーピングと（は）スポーツ精神（である？）」（Ⅴ章）。クリストフ・ブリソノー「医療倫理とスポーツ的規範の押し付け（一九八五―二〇〇九）」（Ⅵ章）。

(21) A. Ehrenberg, *La culte de la performance* (1991), rééd. Paris : Pluriel, 1995.

(22) 本書収録の以下を参照。ジャン＝ポール・トマ「医学的パフォーマンス、あるいはドーピングする医師」（Ⅷ章）。

(23) 本書収録の以下を参照。アレクサンドル・モロン、同上。ベンクト・カイザー「反ドーピング政策、倫理的ジレンマ」（Ⅳ章）。

(24) 本書収録のクリストフ・ブリソノーの分析(Ⅵ章)を参照。

Ⅰ章

(1) P. Carnot, C. Deflandre, "Sur l'activité hémopoïétique du sérum au cours de la régénération du sang," *C. R. Acad. Sci.*, 143, Paris, 1906, pp. 384-386.

(2) L. O. Jacobson, E. Goldwasser, W. Fried, L. Plzak, "Role of the kidney in erythropoiesis," *Nature*, 179 (4560), 1957, pp. 633-634.

(3) J. W. Admson, J.W. Eschbach, C. A. Finch, "The kidney and erythropoiesis," *Am. J. Med.*, 44, 1968, pp. 725-733.

(4) T. Miyake, C.K. Kung, E. Goldwasser, "Purification of human erythropoietin," *Journal of Biological Chemistry*, August 1977, vol. 252, n° 15, pp. 5558-5564.

(5) 遺伝子の塩基配列は、タンパク質のアミノ酸配列の解読から推測することでしか解読できない。実際には同じアミノ酸が異なる三つの核酸のグループによりコードされていることもある。一つのタンパク質のアミノ酸配列から推測された塩基配列が分解していても、コードされたタンパク質に対応する遺伝子を特定することはできる。

(6) F. K. Lin, S. Suggs, C. H. Lin, J. K. Browne, R. Smalling, J. C. Egrie, K. K. Chen, G. M. Fox, F. Martin, Z. Stabinsky, *et. al.*, "Cloning and expression of the human erythropoietin gene," *Proc. Nat. Acad. Sci. USA*, 1985, 82(22), pp. 7580-7584.

(7) J. W. Eschbach, J. C. Egrie, M. R. Downing, J. K. Browne, J. W. Adamson, "Correction of the anemia of end-stage renal disease with recombinant human erythropoietin," *N. Engl. J. Med.*, 1987, 316, pp. 73-78.

(8) T. Ng, G. Marx, T. Littlewood, I. Macdougall, "Recombinant erythropoietin in clinical practice," *Post-*

grad. Med. J., 2003, 79, pp. 367-376.

（9） J. Scott, G. C. Phillips, "Erythropoietin in sports : a new look at an old problem," *Curr. Sports Med. Rep.*, August 2005, 4(4), pp. 224-226.

（10） Y. Zhu, A. D. D'Andrea, "The molecular physiology of erythropoietin and the erythropoietin receptor," *Curr. Opin. Hematol.*, 1(2), 1999, pp. 113-118.

（11） A. de la Chapelle, A. L. Träskelin, E. Juvonen, "Truncated erythropoietin receptor causes dominantly inherited benign human erythrocytosis," *Proc. Natl. Acad. Sci. USA*, May 1993, 15, 90(10), pp. 4495-4499.

（12） A. de la Chapelle, P. Sistonen, H. Lehväslaiho, E. Ikkala, E. Juvonen, "Familial erythrocytosis genetically linked to erythropoietin receptor gene," *Lancet*, 1993, 9; 341(8837), pp. 82-84.

（13） *WADA's List of Prohibited Substances and Methods.*

（14） モントリオールに本部を置くＷＡＤＡには、「遺伝子ドーピング専門家部会」が設置されている。現在のところこの部会を率いているのは、遺伝子治療の専門家セオドア・フリードマンである。

（15） J. M. Brohm, *Le tyrannie sportive. Théorie critique d'un opium du peuple*, Paris : Beauchesne, 2006.

（16） P. Sloterdijk, *Colère et temps, essai de psychopolitique*, Paris : Libella Maren Sell, 2007.

Ⅱ章

（1） B. Maher, "Poll results : look who's doping," *Nature*, vol. 452, 2008, pp. 674-675.

（2） C. Elliot, *Better Than Well : American Medicine Meets the American Dream*, New York : W. W. Norton, 2003.

（3） 向上テクノロジーをめぐる歴史的・哲学的・倫理的なアプローチについては、以下の著作を参照することができる。J.-N. Missa, L. Perbal, "*Enhancement*," *Ethique et philosophie de la médecine d'amélioration*,

Paris : Vrin, 2009 ; Julian Savulescu, Nick Bostrom (ed.), *Human Enhancement*, Oxford Univ. Press, 2009 ; J. Harris, *Enhancing Evolution. The Ethical Case for Making People Better*, Princeton Univ. Press, 2007 ; J. Goffette, *Naissance de l'anthropotechnie. De la médecine au modelage de l'humain*, Paris : Vrin, 2006 ; J. Hughes, *Citizen Cyborg : Why Democratic Societies Must Respond to The Redesigned Human of the Future*, Cambridge (MA), Westview Press, 2004 ; D. Lecourt, *Humain, posthumain*, Paris: PUF, 2003 ; S. Rothman, D. Rothman *The Pursuit of Perfection : The Promise and Perils of Medical Enhancement*, New York: Pantheon Books, 2003; J. Habermas, *The Future of Human Nature*, Cambridge : Polity Press, 2003; The President's Council on Bioethics, *Beyond Therapy: Biotechnology and the Pursuit of Happiness*, New York : Dana Press, 2003〔レオン・R・カス編著、大統領生命倫理評議会報告書『治療を超えて――バイオテクノロジーと幸福の追求』倉持武監訳、青木書店、二〇〇五年〕; F. Fukuyama, *Our Posthuman Future: Consequences of the Biotechnology Revolution*, Farrar, Strauss & Giroux, 2002〔フランシス・フクヤマ『人間の終わり――バイオテクノロジーはなぜ危険か』鈴木淑美訳、ダイヤモンド社、二〇〇二年〕; J. Glover, *What Sort of People Should There Be?*, London : Pelican, 1984〔ジョナサン・グラバー『未来世界の倫理――遺伝子工学とブレイン・コントロール』加藤尚武・飯田隆監訳、産業図書、一九九六年〕.

（4） この点については以下の著作を参照。Isabelle Queval, *S'accomplir ou se dépasser. Essai sur le sport contemporain*, Paris : Gallimard, 2004.

（5） 大統領生命倫理評議会報告書『治療を超えて』の第三章「優れたパフォーマンス」が、この問題を詳しく検討している。前掲の大統領生命倫理評議会報告書『治療を超えて――バイオテクノロジーと幸福の追求』を参照（www.bioethics.gov）。大統領生命倫理評議会によるH・リー・スウィーニーへの聴聞の書き起こしも参照のこと。Transcript, Session 7: Enhancement 5: H. Lee Sweeney, Genetic Enhancement of Muscle, Friday, September 13, 2002 (http://bioethics.georgetown.edu/pcbe/transcripts).

（6）この点については以下を参照。T. Friedmann, O. Rabin, M. S. Frankel, "Gene doping and sport," *Science*, 327, 2010, pp. 647-648; Robin McKie, "The drugs do work," *The Observer Sport Monthly*, 4, February 2007.

（7）Alexandra C. McPherron, Qnn M. Lawler, Se-Jin Lee, "Regulation of skeletal muscle mass in mice by a new TGF- superfamily member," *Nature*, 1997, 387, pp. 83-90.

（8）スポーツ選手からの懇願についてのリー・スウィーニーの証言を、ロビン・マッキーが報告している。最初にスウィーニーにコンタクトしてきた一人は、彼の研究でもっと成績を上げられるようになる可能性を尋ねてきたスプリンターだった。「そのスプリンターは、スウィーニーが同じことを自分にもできるかどうかを、単刀直入に知ろうとしてきた。スウィーニーの答えはノーだった。彼がシュワルツェネッガー・マウスを作るために用いた技術は、まだ人間に使えるものではなかった。われわれの複雑な免疫システムは、彼が遺伝子を操作したウィルスをブロックして、それらが積荷のＩＧＦ－１とともにわれわれの細胞に進入するのを防いでしまうだろう。だから山のような試行錯誤を続けなければなるまい。「私はそのことを非常に注意深く説明したつもりであり、この種の遺伝子治療を人間で実施するのがどれほど遠く先のことであるのかも強調した」。スウィーニーは私にこう語った。「だが男はなにも理解していなかった。私が説明し終わると、彼は分かったと言いながら、でもどうか自分を最初の人間モルモットにしてください、そして実験をすぐにでも始めてください、と言ってきた」。そこに至ってスウィーニーは電話を切った。同じ日に別のアスリートからも似たような電話があり、翌日にはさらに数件。週の終わりまでには、数十件の電話を受けることになった。「私は質問攻めにあっていた」。こう彼は語る。コーチたちも電話をかけ始め、彼らが望んだことは、スウィーニーをさらに困惑させた。「大学アメフト・チームのコーチの一人から電話があって、自分のチームの選手全員にＩＧＦ－１遺伝子を注入させたいというのだった。公平を失することのないように言っておくが、この技術はまだ人間には試みられていないことを指摘すると、彼は確かに主張を撤回した。しかし、すべてのコーチがそんな理解力を持ち合わせていたわけではなかった。ライバルに差をつけたいという一縷の望みにすがって、自分の選手たちにテスト前の遺伝子エンハンスメントを喜んで受けさせようとするコーチもいることだろう」(Robin McKie, "The drugs do work," *The Observer Sport Monthly*, 4, February 2007)。

(9) M. Wenner, "How to be popular during the Olympics: Be H. Lee Sweeney, Gene doping expert," *Scientific American*, August 8, 2008 (www.scientificamerican.com).

(10) P. Benkimoun, "Une « super-souris » aux capacités décuplées," *Le Monde*, 4 November 2007.

(11) J-M. Badre, "Avec le Repoxygen, premier exemple de dopage génétique," *Le Figaro*, 25 August, 2009 ; S. Pincock, "Gene doping at Torino? Evidence from a trial in Germany raises fears that athletes are already misusing gene therapy," *The Scientist*, February 9, 2006 (http://www.the-scientist.com).

(12) *Ibid.*

(13) 本書に収録のベンクト・カイザー（VI章）とアレクサンドル・モロン（V章）の論文、および以下を参照。B. Kayser, A. Mauron, A. Miah, "Current anti-doping policy: a critical appraisal," *BMC Medical Ethics*, 2007, 8, 2 ; J. Savulescu, B. Foddy, "Ethics of performance enhancement in sport: Drugs and gene doping," *in* R. E. Aschcroft, A. Dawson, H. Draper & J.R. McMillan (ed.), *Principles of Health Care Ethics*, 2nd ed., London : John Wiley & Sons, 2007, pp. 511-520 ; J. Savulescu, B. Foddy, "Le Tour and failure of zero tolerance: Time to relax doping controls," in R. Ter Meulen, G. Kahane, J. Savulescu (ed.), *Enhancing Human Capacities*, Oxford : Wiley Backwell, 2009 ; Andy Miah, *Gene Doping: A Reality, but not a Threat*, 2 May 2005, www.andymiah.net.

(14) この点にかんしては以下を参照。Verner Moller, *The Ethics of Doping and Anti-Doping*, London : Routledge, 2010 ; Paul Dimeo, *A History of Drug Use in Sport (1876-1976)*, London : Routledge, 2007.

(15) 以下のように述べるカイザー、モロンおよびミアの観点に、私たちも同調する。「スポーツの倫理的な基盤とは公的な議論の問題でもあり、社会における他の倫理的な政策同様に、政策のアカウンタビリティを多くの人々に保証するメカニズムが存在するべきである」（“Current anti-doping policy: a critical appraisal,” *BMC Medical Ethics*, 2007, 8, 2）。

(16) 世界反ドーピング規程には以下のように記されている（p. 11）。「世界反ドーピング規程およびそれを支える反ドーピングプログラムの目的は、ドーピングのないスポーツ活動に参加するというスポーツ選手の基本的な権利を保護し、健康を推進し、全世界のスポーツ選手に、スポーツにおける公平と平等を保障することである」（世界反ドーピング規程　www. WADA-ama.org）。

(17) インディアナポリスでのソウル五輪選考会、一九八八年七月十六日。

(18) 「スポーツ精神」は、世界反ドーピング規程のなかで以下のように定義されている。「反ドーピング・プログラムの目標は、スポーツに内在的な価値を守ることである。この内在的な価値はしばしば「スポーツ精神」と呼ばれている。これはオリンピック精神の本質そのものである。フェアプレーを促すのがこの精神だ。スポーツ精神は、思想と身体、精神の価値を高めるものであり、以下の諸価値がこの精神を際立たせている。倫理・フェアプレー・誠意／健康／優れたパフォーマンス／成熟した人間性と教育／楽しみと喜び／チームワーク／ルールと法の順守／自分自身および他の競技者の尊重／勇気／グループの精神と団結だ。ドーピングはスポーツ精神の本質そのものに反するものである」（世界反ドーピング規程　www.wada-ama.org）。

(19) ドーピングの歴史についてはたとえば以下を参照。Paul Dimeo, *A History of Drug Use in Sport (1876-1976)*, London : Routledge, 2007.

(20) イタリア人自転車選手の隠語で「ボンバ」と呼ばれたアンフェタミンは、ステージの終盤でエネルギーを補強してくれるが、夜に眠れなくなり、回復が妨げられる。自転車競技の歴史に詳しいウィリアム・フォザリンガムの著書『堕天使ファウスト・コッピの情熱』によれば、ジロの山岳ステージの前に、コッピはアシスト役のチームメイト、エットーレ・ミラノに、自分の主たるライバルであるスイス人チャンピオン、ユーゴ・コブレの目の状態を確かめるように頼んだという。ミラノによれば、「非常に喜ばしいことに、コブレは恐ろしい目つきをしていた。すぐにファウストのところに行き、「見ろよ、コブレは〝飲んで〟るぞ、やつの目は後ろについている」と伝えた。するとファウストは「俺のもそうだ」と答えた」。この話に後押しされたコッピは、ステルヴィオ峠の山登りでライバルにアタックし、一九五三年のジロに勝利した（W. Fotheringham, *Fallen Angel. The Passion of Fausto Coppi*, London : Yellow Jersey Press, 2009 : R. Moore, "Stelvio," *Rouleur*, Issue Seven, 2007, p. 40）。

（21） Laurent Fignon, *Nous étions jeunes et insouciants*, Paris : Grasset, 2009, p. 89.

（22） 自転車選手や自転車競技の世界の関係者の伝記や証言を読めば、このことはすぐに理解できる。たとえば以下を参照。Erwann Menthéour, *Sécret défonce*, Paris : Jean-Claude Lattès, 1999 ; Roger Bastide, *Doping. Les surhommes du vélo*, Paris : Solar, 1970 ; Paul Kimmage, *Rough Ride*, London : Yellow Jersey Press, 2001 ; Philippe Gaumont, *Prisonnier du dopage*, Paris : Grasset, 2005.

（23） 自転車選手の手記に基づいた見事な社会学的調査において、クリストフ・ブリソノー、オリヴィエ・オベル、ファビアン・オールは、ドーピングが自転車界のプロフェッショナルな文化のなかに組み込まれていることを示した。多くの自転車選手は、ドーピングをインチキとは考えていない。ドーピングをすることは、お勤めを果たすことなのだ（*L'épreuve du dopage*, Paris : PUF, 2008）。本書に収録の以下も参照。Ⅵ章、クリストフ・ブリソノー「医療倫理とスポーツ的規範の押し付け」。

（24） カイザー、モロン、ミアもこの立場に賛同している。「エリート選手は科学的知識によっても形成されるのであり、これは現代スポーツが価値を置いている点である。したがって、ドーピングによるエンハンスメントを、アドヴァンテージの獲得——最良の科学者をチームに招くことによって——とみなしたほうが、すべてを偶然任せにして、非合法な行為や、反則を検出されないようにするずる賢さに、一部の人だけが到達できるままにしておくよりも、競技の理念に一致するのではないだろうか」（"Current anti-doping policy: a critical appraisal," *BMC Medical Ethics*, 2007, 8 : 2）。

(25) Ch. Brissonneau, O. Aubel, F. Ohl, *L'épreuve du dopage*, Paris : PUF, 2008, p. 219.
(26) O. Dazat, *L'honneur des champions*, Paris : Hoëbeke, 2000, pp. 6-8.
(27) ヘマトクリット値とは、全体の血液量に対する赤血球量の割合である。
(28) 本書収録のI章、パスカル・ヌーヴェルの論文を参照。
(29) 二〇〇八年七月、ビャルヌ・リースは主催者により、告白についての但し書きとともに、ツールの優勝者名簿に再掲された。二〇〇七年六月には、彼の名はツールの勝利者リストから外されていた。
(30) ツール・ド・フランスに対する最初のドーピング検査は一九六〇年代初頭に導入された。
(31) 反ドーピング政策の失敗については、たとえば以下を参照。J. Hoberman, "How drug testing fails: The politics of doping control," *in* W. Wilson, E. Derse, *Doping in Elite Sport*, Champaign (Il.) : Human Kinetics Publishers, 2001, pp. 241-274.
(32) 自転車競技でいえば、ランディス、リッコ、ヴィノクロフ、ラスムッセン、コンタドール、アームストロング事件……。
(33) *Report to the Commissioner of baseball of an independent investigation into the illegal use of steroids and other performance enhancing substances by players in major league baseball*, George J. Mitchell, DLA PIPER US LLP, 13, December 2007 (http://files.mlb.com/mitchrpt.pdf).
(34) スポーツ選手への栄養補助食品を専門としたバルコ社の代表ヴィクター・コンテは、さまざまなアメリカのアスリートのパフォーマンス向上のため、とりわけティム・モンゴメリが一〇〇メートルの世界記録を更新するためのプログラムを、内密に実施していた。この事件には野球選手も関わっていた。この問題については以下を参照。M. Fainaru-Wada & L. Williams, *Game of Shadows*, New York : Gotham Books, 2006.
(35) 世界反ドーピング規程(www.wada-ama.org)では、以下のように定められている。「検査の未実施または/および居場所の連絡義務の不履行が一八カ月の間に合わせて三回に達したことを、選手が帰属する反ドーピング機関が立証すれば、反ドーピング規則に違反したことになる」（世界反ドーピング規程 www.wada-ama.org）。

（36）「WADAの主張によれば、「ドーピング逃れをしている選手を見つけ出すための、より多彩で、照準を絞った、アグレッシヴなアプローチこそが、UCI〔国際自転車競技連合〕にとっての優先事項である。このためには反ドーピング検査の数を増やしたり、検出期間の短い薬品および／または方法がより検出しやすくなる、非常識な時間に検査を実施したりすることも必要である――ただしそれだけには限らないが」」（*Independent Observers Report on the Antidoping Testing Carried by the UCI at 2010 Tour de France*, quoted *in* S. F arrand, "Italian riders question need for night time anti-doping tests," 30, October 2010, cyclingnews.com）。

（37）パンターニについては以下の書物や資料を参照のこと。M. Rendell, *The Death of Marco Pantani*, London : Weidenfeld & Nicholson, 2006 ; P. Brunel, *Vie et mort de Marco Pantani*, Paris : Grasset, 2007 ; Cito, Cosimo, *Il fantasma del Galibier*, Limina : Arezzo, 2010. パンターニの生涯に捧げられたＤＶＤ七枚組のボックスは以下。P. Bergonzi, E. Vicennati, *Tutto Pantani. Una vita in salita*, La Gazzetta dello Sport & Rai Trade, 2008.

（38）パンターニの死の直後の『リベラシオン』紙の記事は、イタリア人チャンピオンのサポーターたちの憤慨をよく示している。「大きな青いヘルメットを頭にかぶり、黒いサイクリング・ショーツの上に蛍光イエローのジャージの裾を垂らした、八十歳代のダンテは、チェゼナーティコの聖使徒ヤコブ教会のなかを歩きまわっている。「奴らが死に追いやった」と、彼は憤る。呪詛。当初の哀しみ、茫然自失、瞑想に続いたのは、山登りの名手の崇拝者と同国人たちの投げかける呪詛である。自転車協会、メディア、そして海賊〔パンターニの愛称〕に対して複数のドーピング検査を行なった検察官たちが、まとめて呪われている。ダンテは体を震わせる。「彼は追い込まれていた。ドーピング？　みんなやっているじゃないか。選手たちを動かしているのはパンと水だけではない。マルコだけが代償を求められるなんて」」（E. Jozef, "Entre tristesse et colère, la ville de Cesenatico enterre aujourd'hui Marco Pantani," *Libération*, 18 February 2004）。

(39) 以下を参照。M. Fainaru-Wada, L. Williams, *Game of Shadows*, New York : Gotham Books, 2006, p. 191.

(40) L. Zinser, "Judge Sentences Jones to 6 Months in Prison," *New York Times*, 12 January 2008.

(41) "Inside Sport. The Marion Jones Story," BBC, 4 December 2010.

(42) これに納得するには、ウィキペディアでレース中に死亡した選手のリストを参照すれば十分である（*List of professional cyclists who died during a race*, http://en.wikipedia.org）。

(43) 二〇〇七年十月五日、マリオン・ジョーンズはシドニー・オリンピック前にドーピング薬物を摂取したことを認めた。十月九日、ジョーンズはメダルを全米オリンピック委員会に返却し、十二月十二日、国際オリンピック委員会（ＩＯＣ）は彼女のメダルを正式に剝奪した。しかしＩＯＣはこれらのメダルを授与しなおそうとはしなかった。バルコ・スキャンダルは他の選手も関係している可能性があるので、マリオン・ジョーンズの失格に起因する順位の更新は自動的ではないというのが、ＩＯＣの発表だった。ＩＯＣ会長のジャック・ロゲは、調査によって新たなケースが明るみに出ないことが確実になるまで、メダルの再授与はないと明言した。

(44) 二〇〇四年のアテネ・オリンピック女子一〇〇メートルの優勝候補の一人がエカテリーニ・タヌーだった。オリンピック前にタヌーと、同じくギリシアの短距離選手ケンテリスは、バイク事故にあったという理由で、抜打ちのドーピング検査を受けなかった。タヌーとケンテリスはオリンピックへの出場を取りやめた。二〇〇八年八月、オリンピック競技大会組織委員会は、「不謹慎な行動とオリンピック運動に与えた不利益のために」タヌーの北京オリンピックへの参加を禁止した。二〇一〇年五月、タヌーは競技からの引退を表明した。

(45) S. Roberts, D. Epstein, "The case against Lance Armstrong," *Sports Illustrated*, 24 January 2011, http://

sportsillustrated.cnn.com.

（46） トマス・マリーは次のように記している。「すべてを許容して競技場を薬物使用者のたまり場とし、薬物なしで戦いたいと願うアスリートたちを不利な試合に臨ませるのは、フェアではないのではないか」。以下を参照。T. H. Murray, *Sports Enhancement*, www.thehasting-scenter.org ; T. H Murray, K. J. Maschke, A. A. Wasunna, *Performance Enhancing Technologies in Sports*, The Johns Hopkins Univ. Press, 2009.

（47） T. Friedmann, "Potential for genetic enhancement in Sports (transcript)," 11 July 2002, *The President's Council on Bioethics*, www.bioethics.gov.

（48） 「しかしながら、スポーツの文脈は事態を複雑にするので、その文脈から離れてみるならば、これは予防的措置であると言えます。仮に安全性のレベルが、ゼロリスクであると完璧に証明できるほどであるなら、誰もが若いうちにこの方法での治療を受けたいと望むだろうと思います。年をとっても筋肉の機能が決して低下しないのですから。もちろん悪い面がないと仮定しての話です。

少なくとも私の限られた観点から、私はそのように考えており、これまでにもそう言ってきましたし、差し上げた一般紙の記事も実際にそう言っています。安全性の問題がまったくなく、生殖細胞系列への伝播《ジャームライン・トランスミッション》その他もないというところにまで行き着き、そこから得られるのがただ年老いても強いままでいることができ、動きまわって生活の質を改善できるということだけであるとすれば、そのことが受け入れられないなどということは私には想像しがたいです。

そしてこれが一般市民に受け入れられれば、スポーツの統治機関はただそれを処理するだけでよくなるでしょう。どんなエンハンスメントがアスリートにもたらされるにしても、人々は気にもとめなくなりますから」(H. Lee Sweeney, "Genetic Enhancement of Muscle," Friday, September 13, 2002, http://bioethics.georgetown.edu/pcbe/transcripts)。

（49） アトランタ・オリンピックとシドニー・オリンピックで金メダルを獲得した飛込み競技の選手である同

姓同名の熊倪と混同しないようにと、ＰＫＤは注意を呼びかけている。九十歳になった元飛び込み選手の熊倪もまた、上海オリンピックの開会式に出席していた。

Ⅲ章

（1） G. Dune, A. Garnier, P. Schamasch, J. M. Schemitick, J. C. Fournet, L. Duffournet, J. M. Burlet, J. G. Benzimra, G. Varlet, P. Sicalloc, J. Huchet, "Biologie et sport aux Jeux olympiques d'Albertville du 8 au 23 février 1992," *Rev. Fran. Lab.*, 233, 1992, pp. 25-27.

（2） G. Dine, P. Laure, *Exploration et suivi biologique du sportif*, Paris : Masson, 2001.

（3） H. E. Montgomery, R. Marshall, H. Hemingway, S. Myerson, P. Clarkson, C. Dollery, M. Hayward, D. E. Holliman, M. Jubb, M. World, E. L. Thomas, A. E. Brynes, N. Saeed, M. Barnard, J. D. Bell, K. Prasad, M. Rayson, P. J. Talmud, S. E. Humphries, "Human gene for physical performance," *Nature*, 393, 1988, p. 221.

（4） J. Savulescu, B. Foddy, "Comment: genetic test available for sport performance," *Br. J. Sports Med.*, 39, 2005, p. 472.

（5） Georges Gayagay, Bing Yu, Breu Hambly, Tanya Boston, Alan Hahn, David S. Celermajer, Ronald J. Trent, "Elite endurance athletes and the ACE I allele — the role of genes in athletic performance," *Hum. Genet.*, 103, 1998, pp. 48-50 ; P. M. Clarkson, J. M. Devaney, H. Gordish-Dressman, P. D. Thompson, M. J. Hubal, M. Urso, T. B. Price, T. J. Angelopoulos, P. M. Gordon, N. M. Moyana, L. S. Pescatello, P. S. Visich, R. F. Zoeller, R. L. Seip, E. P. Hoffman, "ACTN3 Genotype is associated with increases in muscle strength in response to resistance training in women," *J. Appl. Physiol.*, 99, 2005, pp. 154-163.

（6） G. Dine, "Arsenal dopant : présentation actualisée non exhaustive," *Pathologies du Rugbyman*, 2004, pp. 409-421.

(7) H.L. Sweeney, "Gene Doping," *Scientific American,* 2004, 25, pp. 33-39.

(8) G. Lippi, "Genomics and sports: Building a bridge towards a rational and personalized training framework," *Int. Sports Med.,* 29, 2008, pp. 264-265.

(9) G. Dine, "Suivi biologique ? une révolution dans le suivi des sportifs de haut niveau ?," *Méd. du Sport,* 3, 1999, pp. 7-11.

(10) G. Dine, G. Fumagalli, F. Van Lierde, V. Genty, "Erythropoïèse et métabolisme du fer : interactions et applications biomédicales," *Biotribune Magazine,* 34, 2010, pp. 42-52.

(11) J. L. Chicharro, J. Hoyos, F. Gomez-Gallego, *et al.,* "Mutations in the hereditary haemochromatosis gene HFE in professional endurance athletes," *Br. J. Sports Med.,* 38, 2004, pp. 418-421 ; G. Dine, O. Hermine, S. Excolano *et al.,* "Hereditary haemochromatosis gene HFE and sport: What relations?," in press, 2011.

(12) M. Schuelke, K. R. Wagner, L. E. Stolz, C. Hübner, T. Riebel, W. Kömen, T. Braun, J. T. Tobin, S.-L. Lee, "Myostatin mutation associated with gross muscle hypertrophy in a child," *NEJ Med.,* 350, 2004, pp. 2682-2688.

(13) H. J. Haisma, O. de Hon, "Gene Doping," *Int. J. Sports Med.,* 27, 2009, pp. 257-266.

(14) J. Huard, G. Ascadi, A. Jani, B. Massie, G. Karpati, "Gene transfer into skeletal muscles by isogenic myoblasts," *Hum. Gene Ther.,* 5, 1994, pp. 949-958.

(15) A. F. Steinert, G. D. Palmer, C. A. Evans, "Gene therapy in the musculoskeletal system," *Current Opinion in Orthopaedics,* 15, 2004, pp. 318-324.

(16) W. L. Fodor, "Tissue engineering and cell based therapies, from the bench to the clinic: The potential to replace, repair and regenerate," *Reproductive Biology and Endocrinology,* 1, 2003, pp. 102-119.

(17) K. Takahashi, S. Yamanaka, "Induction of pluripotent stem cells from mouse embryonic and adult fibro-

blast cultures by defined factors," *Cell,* 126, 2006, pp. 663-676.

(18) A. Urbach, "The potential of human embryonic stem cells," *Bio. Tech. International,* 6, 2004, pp. 8-11.

(19) K. Takahashi, K. Tanabe, M Ohnuki *et al.,* "Induction of pluripotent stem cells from adult human fibroblasts by defined factors," *Cell,* 131, 2007, pp. 861-872.

(20) R. K. W. Smith, P. M. Webbon, "Harnessing the stem cells for the treatment of tendon injuries: heralding a new dawn?," *Br. J. Sports Med.,* 39, 2005, pp. 582-584.

(21) M. Gonzalez-Freire, C. Santiago, Z. Verde, J. I. Lao, J. Olivan, F. Gomez-Gallego, A. Lucia, "Unique among unique. Is it genetically determined?," *Br. J. Sports Med.,* 43, 2009, pp. 307-309.

(22) G. Lippi, Gp. Solero, G. Guidi, "Athletes genotyping: ethical and legal issues," *Int. J. Sports Med.,* 25, 2004, p. 159.

Ⅳ章

(1) この論稿は英語で書かれた以下の１章の仏訳である。Bengt Kayser, "On the presumption of guilt without proof of intentionality and other consequences of current anti-doping policy," M. McNamee, V. Møller (ed.), *Doping and Anti-Doping Policy in Sport,* London : Routledge, 2011.

(2) A. Amos, *Anti-Doping Policy: Rationale or Rationalization?,* PhD, Univ. of Sydney, 2009, p. 5.

(3) *Ibid.*

(4) Unesco, International Convention against Doping in Sport, http://unesdoc.unesco.org/images/0014/001425/142594m.pdf（二〇一〇年七月十六日最終アクセス）.

(5) A. Amos, *op. cit.,* p. 316.

(6) *Ibid.*

（7）*Ibid.*

（8）B. Kayser, "Current anti-doping policy: Harm reduction or harm induction?," V. Moller, M. McNamee, P. Dimeo (ed.), *Elite Sport, Doping and Public Health*, Odense : Univ. Press of Southern Denmark, 2009; B. Kayser, A. Mauron, A. Miah, "Current anti-doping policy: A critical appraisal," *BMC Med. Ethics*, 8, 2007; "Viewpoint: Legalization of performance-enhancing drugs," *Lancet*, 366, S21, 2005 ; B. Kayser, A. C. Smith, "Globalization of anti-doping: The reverse side of the medal," *BMJ*, 337, 2008.

（9）V. Møller, *The Ethic of Doping and Anti Doping*, London : Routledge, 2009, p. 4.

（10）M. Thevis *et al.*, "Doping-control analysis of the 5alpha-Reductase Inhabitor Finasteride: Determination of its influence on urinary steroid profiles and detection of its major urinary metabolite," *The Drug Monit.*, 29, n° 2, 2007.

（11）スポーツ仲裁裁判所（ＣＡＳ）、ＷＡＤＡ対全米反ドーピング機関（ＵＳＡＤＡ）、全米ボブスレー・スケルトン連盟（ＵＳＢＳＦ）、ザック・ランド。http://jurisprudence.tas-cas.org/Shared%20Documents/OG%2006-001.pdf（二〇一〇年七月十六日閲覧）

（12）WADA, Q&A: Status of Finasteride, http://www.wada-ama.org/rtecontent/document/QA_Finasteride.pdf（二〇一〇年七月十六日閲覧）.

（13）B. Pluim, "A doping sinner is not always a cheat," *Br. J. Sports Med.*, 42, n° 7, 2008.

（14）*Ibid.*

（15）BBC, Belgian Court Clears Yanina Wickmayer & Xavier Malisse, http://news.bbc.co.uk/sport2/hi/tennis/8412855.stm（二〇一〇年七月十六日閲覧）.

（16）NRC, Knsb Schorst Jeugdige Schaatster, http://vorige.nrc.nl//sport/article2414248.ece/KNSB_schorst_13-jarige_schaatsster（二〇一〇年七月十六日閲覧）.

(17) D. V. Hanstad & Loland, "Elite athletes' duty to provide information on their whereabouts: Justifiable anti-doping work or an indefensible surveillance regime?," *European Journal of Sport Science,* 9, n° 1, 2001.

(18) W. Pitsch, "The 'science of doping' revisited: Fallacies of the current anti-doping regime," *European Journal of Sport Science,* 9, n° 2, 2009.

(19) D. A. Berry, "The science of doping," *Nature,* 454, n° 7205, 2008; M. Beullens, J. R. Delanghe, M. Bollen, "False-positive detection of recombinant human erythropoietin in urine following strenuous physical exercise," *Blood,* 107, n° 12 (2006) ; C. Lundby *et al.,* "Testing for recombinant human erythropoietin in urine: Problems associated with current anti-doping testing," *J. Appl. Physiol.,* 105, n° 2, 2008.

(20) P. E. Sottas, N. Robinson, M. Saugy, "The athlete's biological passport and indirect markers of blood doping," *Handb. Exp. Pharmacol.,* n° 195, 2010.

(21) ペヒシュタイン対国際スケート連盟およびドイツ・スピードスケート連盟対国際スケート連盟。

(22) C. Lundby, P. Robach, "Assessment of total haemoglobin mass: Can it detect erythropoietin-induced blood manipulations?," *Eur. J. Appl. Physiol.,* 2009.

(23) H. Striegel, R. Ulrich, P. Simon, "Randomized response estimates for doping and illicit drug use in elite athletes," *Drug Alcohol Depend.,* 106, 2010, pp. 230-232.

(24) WADA, Education & Awareness, http://www.wada-ama.org/en/Education-Awareness/

(25) B. Maher, "Poll Results: Look Who's Doping," *Nature,* 452, n° 7188, 2008.

(26) V. Cakic, "Smart drugs for cognitive enhancement: Ethical and pragmatic considerations in the era of cosmetic neurology," *J. Med. Ethics,* 35, n° 10, 2009.

(27) B. Kayser, "Current anti-doping policy: Harm reduction or harm induction?," *art. cit.*

(28) Amos, *Anti-Doping Policy: Rationale or Rationalization?, op. cit.*

(29) E. Wood *et al.*, “The war on drugs: A devastating public-policy disaster,” *Lancet*, 373, n° 9668, 2009, pp. 989-990.

Ⅴ章

(1) たとえば以下を参照。Paul Yonnet, *Une main en trop. Mesures et démesures : un état du football*, Paris : de Fallois, 2010 ; Jean-Marie Brohm, Marc Perelman, *Le football, une peste émotionnelle : la barbarie des stades*, Paris : Gallimard « Folio Actuel », 2006.

(2) Bengt Kayser, Alex Mauron, Andy Miah, “Legalisation of performance-enhancing drugs,” *Lancet*, 366, 2005, p. 521.

(3) Julian Savulescu, B. Foddy, M. Clayton, “Why we should allow performance enhancing drugs in sport,” *Br. J. Sport Med.*, 38, 2004, pp. 666-670.

(4) B. Kayser, A. Mauron, A. Miah, “Cuurent anti-doping policy: a critical appraisal,” *BMC Medial Ethics*, 2007, 8, p. 2.

(5) とりわけ以下を参照。Ruwen Ogien, *L’Ethique aujourd’hui : Maximalistes et minimalistes*, Paris : Gallimard « Folio Essais », 2007.

(6) 同様の微細な本質主義が、麻薬撲滅運動の肥大化政策を支えていることにも注意しておきたい。

(7) Agence mondiale antidopage, “Liste des interdictions 2010. Standard international,” p. 6. http://www.wada-ama.org/fr/Programme-mondial-antidopage/Sport-et-Organisations-antidopage/Standards-internationaux/Liste-des-interdictions/〔日本語訳：http://list.wada-ama.org/jp/list/m1-enhancement-of-oxygen-transfer/ 二〇一六年八月六日閲覧〕.

(8) 強調は引用者による。

（9） AMA, Code mondial anti-dopage 2009, p. 14. http://www.wada-ama.org/fr/Programme-mondial-anti-dopage/Sport-et-Organisations-antidopage/Le-Code/

（10） World Anti-doping Agency (2006)：http://www.gbshaun.com/altitudeforall/wada_statement.html（二〇一〇年四月四日閲覧）。この文書は非現実的であるとして強く批判され、ＷＡＤＡのホームページからは削除された。しかしながら批判はとりわけ低酸素法の告発に対して向けられていた。スポーツ精神の一般的定義は問題にされずに、実際の応用の困難が批判されたのである。

（11） そのうちのいくつかは、既に言及したカイザーらの諸論文（Kayser, *et al.*）で扱われている。

（12） Swiss Olympic, *Cool & Clean... for the Spirit of Sport.* http://www.coolandclean.ch/fr/Desktop-default.aspx/tabid-2310.

（13） Ivan Ergic, "Football, machos et dépression," *L'Hebdo (Lausanne)*, 7 January 2010.

（14） Ergic, *ibid.*

（15） Gunter Gebauer, "Fussball, Theater der Grausamkeit," *Der Spiegel*, 31.12.2009, http://www.spiegel.de/sport/fussball/0,1518,667285,00.html.

（16） Robert H. Frank, Philip J. Cook, *The Winner-Take-All Society: Why the Few at the Top Get So Much More Than the Rest of Us*, Penguin Books, 1995〔ロバート・Ｈ・フランク、フィリップ・Ｊ・クック『ウィナー・テイク・オール——「ひとり勝ち」社会の到来』香西泰監訳、日本経済新聞社、一九九八年〕.

（17） Frank and Cook, *ibid.*, chapter 7〔フランク、クック、同上書、第七章〕.

（18） Michael Marmot, Richard G. Wilkinson, *Social Determinations of Health*, 2nd ed., Oxford：Oxford University Press, 2005〔マイケル・マーモット、リチャード・Ｇ・ウィルキンソン編『21世紀の健康づくり10の提言——社会環境と健康問題』西三郎ほか監修、日本医療企画、二〇一〇年〕.

（19） 加えてこのような不平等の影響は、喫煙などの健康に悪い振舞いの社会的階層化とは独立しており、かつ累加的である。

（20） イヴァン・エルギッチのインタビュー。"Fussball lebt von Illusionen," *Jungle World: Die linke Wochenzeitung,* 36, 2009. http://jungle-world.com/artikel/2009/36/38823.html.

Ⅵ章

（1） ハワード・ベッカーが『アウトサイダーズ』で述べたような意味、すなわち自分の価値を押し付けることができ、そこに到達するためにさまざまなアクションを仕掛けることのできるグループという意味においてである。Howard Becker, *Outsiders,* Paris : Métailié, 1985〔ハワード・S・ベッカー『完訳アウトサイダーズ——ラベリング理論再考』村上直之訳、現代人文社、二〇一一年〕.

（2） J. Hoberman, *Mortal Engines: The Science of Performance and the Dehumanization of Sport,* New York : The Free Press, 1992.

（3） Ch. Brissonneau, O. Aubel, F. Ohl, *L'épreuve du dopage. Sociologie du cyclisme professionnel,* Paris : PUF, 2008.

（4） I. Waddington, *Sport, Health and Drugs: A Critical Sociological Perspective,* London : Spon Press, 2000.

（5） I. Waddington, "Le dopage sportif : la responsabilité des praticiens médicaux," *STAPS,* 70(4), 2005.

（6） P. Dimeo, *A History of Drug Use in Sport 1876-1976. Beyond Good and Evil,* London : Routledge, 2007.

（7） Anselm Strauss, *La trame de la négociation : sociologie qualitative et interactionnisme,* Paris : L'Harmattan, 1992. ストロースは同じ一つの職業のなかにある複数の「セグメント」を区別し、それらの利害は多様なものとなりうるとしている。

（8） Christophe Brissonneau, *Entrepreneurs de morale et carrières de déviants dans le dopage sportif,* thèse STAPS ; Univ. Paris X-Nanterre, 2003.

（9） Jean-Christophe Lapouble, *Le régime juridique de la prévention et de la répression du dopage dans le sport : la loi n° 89-432 du 28 juin 1989*, thèse de droit, Tours, 1992.

（10） Delezenne, "Considérations actuelles sur le doping," *Médecine, éducation physique et sport*, (4), 1963, pp. 32-38.

（11） Olivier Le Noe, "Comment le dopage devint l'affaire des seuls sportifs," *in* F. Siri (dir.), *La fièvre du dopage*, Paris : Autrement, 2000.

（12） Cyril Petibois, *Des responsables du sport face au dopage*, Paris : L'Harmattan, 1998.

（13） Ivan Waddington, *Sports, Health and Drugs: A Critical Sociological Perspective*, London : Spon Press, 2000.

（14） Loïc Salle, Ludovic Lestrelin, Jean-Charles Basson, "Le tour de France 1998 et la régulation du dopage sportif : reconfiguration des rapports de force," *STAPS*, (3), 73, 2006.

（15） Ch. Brissonneau, O. Aubel, F. Ohl, *L'épreuve du dopage. Sociologie du cyclisme professionnel*, *op. cit.*

（16） *Ibid.*

（17） *Ibid.*.

Ⅶ章

（1） H. Heitan, "Doping im Sport," *Die Medizinische Welt*, 5, 1931, pp. 7-8.

（2） *Bulletin Officiel du CIO*, 35, 1937, pp. 7-14.

（3） O. Boje, "Le doping. Etude sur les moyens utilisés pour accroître le rendement physique en matière de sport," *Bulletin de l'Organisation d'Hygiène*, SDN, 8, 1939, pp. 472-505.

（4） *Vivre*, 5, 1960, pp. 10-14.

（5）以下の引用より。R. Bastide, *Doping. Les surhommes du vélo*, Paris : Solar, 1970, p. 128.

（6）G. Le Moan, "Le dopage des intellectuelles et des sportifs," *Produits et Problèmes pharmaceutiques*, 22, 1967, pp. 5-15. 一九五〇年代の学生たちは、勉強時間を増やして疲労に打ち勝つためにアンフェタミンを服用していた。当時の厚生省によると、アンフェタミンの売上げは試験期間中に急増していたという！

（7）K. Biener, "Interventionsstudie zur Beeinflussbarkeit Jugendlicher im Genussmittel- und Drogenkonsum unter besonderer Berücksichtigung der präventiven Sportmedizin," *Schweizerische Medizinische Wochenschrift*, 104, 1974, pp. 700-704.

（8）スポーツで禁じられたホルモン物質であり、テストステロンから派生し、筋肉量や力などを増やすために服用される。

（9）L. Goldberg, E. E. Bosworth, R. T. Bents, L. Trevisan, "Effect of an anabolic steroid education program on knowledge and attitudes of high school football players," *Journal of Adolescent Health Care*, 3, 1990, pp. 210-214.

（10）R. Whitehead, S. Chillag, D. Elliott, "Anabolic steroid use among adolescents in a rural state," *The Journal of Family Practice*, 35, 1992, pp. 401-405.

（11）D. Le Breton, *Passions du risque*, Paris : Métaillé, 1991.

（12）J.-F. Brun, "Dopage et pensée magique," *Homéopathie Européenne*, 4, 1994, pp. 24-31.

（13）一九六五年、ベルギーとフランスは、反ドーピング法を持つ世界初の国になった。両国は長らく唯一の国々だった（ベルギーは、スポーツ大会時のドーピングの実践を禁じた一九六五年四月二日法。フランスは、スポーツ大会時の刺激物の禁止を目指した一九六五年六月一日第六五－四一二法）。

（14）P. Graillot, "L'Ethique du sport," *Après-Demain*, 343-344, 1992, pp. 8-10.

（15）C. Vaille, "Poisons d'actualité," *Presse Médicale*, 74, 1966, pp. 2117-2119.

（16）*L'Equipe*, 20-21 November 1993.

（17）H・ディーゲル（H. Digel）によるドーピングの社会学会議での発表。ハイデルベルク、一九九三年六月二十五、二十六日。

（18）A. Fohr, "Gruge, le système G," *Le Nouvel Observateur*, 1491, 1993, pp. 94-98.

（19）N. Fost, "Banning drugs in sports: a skeptical view," *Hastings Center Report*, 16, 1986, pp. 5-10.

（20）R. Bourdon, "Ethique et exploration analytique de l'Homme et des Mammifères supérieurs," *Annales Pharmaceutiques Françaises*, 49, 1991, pp. 67-75.

（21）フランスにおいては、スポーツ選手の健康推進とドーピング撲滅運動にかんする一九九九年三月二十三日法を待たなければならない。この法は、各県にドーピング撲滅診療所を設置することでスポーツ選手の健康に目を配ることを定めている。

（22）A. Schneider, R. Butcher, V. Lachance, "Les tests antidopage, la santé et le droit à l'intimité pour les athlètes," *in* P. Brisson (dir.), *L'usage des drogues et la toxicomanie*, Boucherville : Gaëtan Morin, 1994.

（23）アメリカン・カレッジ・オブ・スポーツ・メディシンによるアナボリックステロイドについての以下の公式見解からの引用。*Medicine and Science in Sports*, 9, 1977, pp. 11-13.

（24）フランスでは、国家倫理諮問委員会がこうした実践に対して否定的な見解を出している（Éthique et sport : compensation de deficits hormonaux chez les sportifs de haut niveau. Avis n° 35. Lettre CCNE 1993; 29: 2-4）。

（25）この協定にはとりわけ欧州評議会の参加国が集まっている。この協定が最終的に目指すのは、スポーツからのドーピングの追放である。たとえば、ドーピング薬物および手法の入手可能性や利用を制限するために取られるべき方策が明示されている。

（26）国際基準とは、禁止リスト、検査、解析ラボ、治療使用特例（TUE）、個人情報保護についての典拠である。規程に署名した国には適用が義務づけられている。

(27) I・クヴァル「スポーツ選手の身体の「自然」と「超自然」」（Ⅸ章）。

(28) C. Perry, "Blood doping and athletic competition," *International Journal of Applied Philosophy*, 2, 1983, pp. 39-45.

(29) T. Black, A. Pape, "The ban on drugs in sport. The solution or the problem?," *Journal of Sport and Social Issues*, 1, 1997, pp. 83-92.

(30) 万人のための教育世界宣言（ジョムティエン、一九九〇年）――世界人権宣言（パリ、一九四八年）――子供の権利条約（国連、一九八九年）。

(31) World Health Organization. Life Skills education in schools. 1997, WHO/MNH/PSF/93.7A.Rev.2. Geneva: WHO.

(32) P. Englander-Goldern, J. Jackson, K. Crane, A. Schwarzkopf, P. Lyle, "Communication skills and self-esteem in prevention of destructive behaviours," *Adolescence*, 14, 1989, pp. 481-501.

(33) S. H. McConaughy, P. J. Kay, M. Fitzgerald, "Preventing SED through parent-teacher action research and social skills instruction: First-year outcomes," *Journal of Emotional Behavioural Disorders*, 6, 1988, pp. 81-93.

(34) J. Deffenbacher, E. Oetting, M. Huff, G. Thwaites, "Fifteen-month follow-up of social skills and cognitive-relaxation approaches to general anger reduction," *Journal of Counseling Psychology*, 42, 1996, pp. 400-405.

(35) D. Kirby, L. Short, J. Collins, D. Rugg, *et. al.*, "School based programs to reduce sexual risk behaviours: A review of effectiveness," *Public Health Reports*, 109, 1994, pp. 339-361.

(36) L. S. Zabin, M. B. Hirsh, E. A. Smith, R. Streett, J. B. Hardy, "Evaluation of a pregnancy prevention

program for urban teenagers," *Family Planning Perspectives*, 18, 1986, pp. 119-126.

(37) M. Caplan, R. Weissberg, J. Grober, P. Sivo, K. Grady, C. Jacoby, "Social competence promotion with Inner-city and suburban young adolescents: Effects on social adjustment and alcohol use," *Journal of Consulting Clinical Psychology*, 60, 1992, pp. 56-63.

(38) M. T. Errecart, H. J. Walberg, J. G. Ross, R. S. Gold, J. L. Fiedler, L. J. Kolbe, "Effectiveness of teenage health teaching modules," *Journal of School Health*, 61, 1991, pp. 26-30.

(39) W. Hansen, C. Johnson, B. Flay, J. Graham, J. Sobel, "Affective and social influence approaches to the prevention of multiple substance abuse among seventh grade students," *Preventive Medicine*, 17, 1988, pp. 135-188.

(40) P. Laure, A. Favre, C. Binsinger, G. Mangin, "Can self-assertion be targeted in doping prevention among adolescent athletes? A randomized controlled trial," *Serbian Journal of Sports Science*, 3, 2009, pp. 105-110.

(41) パフォーマンスとは、皮肉にもドーピング的振舞いの決定因子でもあることを思い起こしておこう。

(42) D. M. Gorman, "Does measurement dependence explain the effects of the Life Skills Training program on smoking outcomes?," *Preventive Medicine*, 40, 2005, pp. 479-487.

(43) L. L. Mandel, S. A. Bialous, S. A. Glantz, "Avoiding 'truth': tobacco industry promotion of life skill training," *Journal of Adolescence Health*, 39, 2006, pp. 868-879.

(44) F. Dubet, *Sociologie de l'expérience*, Paris : Seuil, 1994.

(45) P. Laure, "Valeurs et sport," *in* P. Arnaud, M. Attali, J. Saint-Martin (éd.), *Le sport en France : une approche politique, économique et sociale*, Paris : La Documentation française, 2008, pp. 191-199.

Ⅷ章

（1） Frank G. Slaughter, *That None Should Die* (1941), traduction de Doringe, *Afin que nul ne meure*, Paris : Presses de la Cité, 1950.

（2） F. G. Slaughter, *Afin que nul ne meure, op. cit.*, p. 432.

（3） *Ibid.*, p. 28

（4） A. Ehrenberg, *La Culte de la performance*, Paris : Calmann-Lévy, 1991.

（5） L. Aragon, *Les beaux quartiers*, Paris : Denoël, 1936 (rééd., Paris : Gallimard « Folio », 1972)〔ルイ・アラゴン『お屋敷町』橋本一明訳、集英社、一九六七年〕.

（6） L. Aragon, *Les beaux quartiers*, Paris : Denoël, 1936 (cité dans l'édition Gallimard « Folio », 2000, p. 87).

（7） *Ibid.*, p. 89.

（8） Erich Segal, Doctors, New York: Bantam Books, 1988 (traduit de l'américain par Marie-Cécile Fortier-Masek, *Docteurs*, Paris : Grasset & Fasquelle, 1989 ; cité dans l'édition France Loisirs (1990), publiée avec l'autorisation des Editions Grasset & Fasquelle)〔エリック・シーガル『ドクターズ』広瀬順弘訳、角川書店、一九九一年〕.

（9） Erich Segal, *Docteurs, op. cit.*, p. 118.

（10） *Ibid.*, p. 125.

（11） *Ibid.*, p. 177.

（12） Roger Martin du Gard, *Les Thibault*, Paris : Gallimard, 1922-1940 (nouvelle édition en 7 volumes, Gallimard, 1955)〔ロジェ・マルタン・デュ・ガール『チボー家の人々』山内義雄訳、白水社、一九八〇年〕.

Ⅸ章

（1）陸上、自転車、重量挙げ、水泳、スピードスケート。

（2）スポーツ生医学・疫学研究所（ＩＲＭＥＳ）、パリ、二〇〇八年七月。

（3）Jacques Ballexserd, *Dissertation sur l'éducation physique des enfants depuis leur naissance jusqu'à l'âge de la puberté*, Paris : Vallat-la-Chapelle, 1762.

（4）Jacques Defrance, *L'excellence corporelle, la formation des activités physiques et sportives modernes, 1770-1914*, Presses universitaires de Rennes, 1987.

（5）Marie Jean Antoine Nicolas de Caritat, marqui de Condorcet, *Esquisse d'un tableau historique des progrès de l'esprit humain* (1794), Paris : Flammarion, 1988〔コンドルセ『人間精神進歩史』渡辺誠訳、岩波文庫、一九五一年〕; Charles-Augustin Vandermonde, *Essai sur la manière de perfectionner l'espèce humaine*, Paris : Vincent, 1756.

（6）Adolphe Quételet, *Sur l'homme et le développement de ses facultés ou Essai de physique sociale*, Paris : Bachelier, 1835.

（7）Christian Pociello, *La science en mouvements, Etienne Marey-Georges Demenÿ (1870-1920)*, Paris : PUF, 1999, p. 51.

（8）Pierre de Coubertin, *Pédagogie sportive*, Paris : G. Crès et cie, 1922, Vrin, 1972.

（9）「スポーツによって、そのリスクと過剰によって、閉じこもりがちで無気力な若者に、その体と性格とに、再び火を通します」（ピエール・ド・クーベルタン）。P. de Coubertin, *Discours devant l'Association française pour l'avancement des sciences*, Paris, 26 January 1889.

（10）一九六五年六月一日法、一九八九年六月二十八日法、一九九九年三月二十三日法はいずれも、ドーピングがスポーツ選手の能力を人工的に変化させる薬品や方法の使用であると述べている。二〇〇六年四月五日法は動物へのドーピングについて、同じことを明記している。

（11） Georges Hébert, *Le sport contre l'éducation physique*, Paris : Vuibert, 1925 (rééd., *Revue « E.P.S. »*, 1993).

（12） P. de Coubertin, *Mémoires olympiques*, Lausanne, 1931 (rééd., Paris, *Revue « E.P.S. »*, 1996, p. 217).

（13） Éducation physique et sportive〔スポーツ体育〕.

（14） Aristote, *Éthique à Nicomaque*, II, 6, 1036 b 36〔アリストテレス『ニコマコス倫理学』上巻、高田三郎訳、岩波文庫、一九七一年〕.

（15） Paul Yonnet, *Système des sports*, Paris : Gallimard, 1998, chap. VI : "L'extrême," p. 221-246.

（16） フランスでは二〇〇七年以来、同じ一つの省が「健康」と「スポーツ」を管轄していることの象徴的価値と疑念について注意を向けておこう。これは一九三六年に人民戦線政府のもとで、最初のスポーツおよび余暇計画担当の政務次官職が、レオ・ラグランジュに任命されて以来、二度目のことであった。

（17） Georges Canguilhem, *Le normal et le pathologique*, Paris : PUF, 1966 (éd. 1999, p. 11 *et sq.*)〔ジョルジュ・カンギレム『正常と病理』滝沢武久訳、法政大学出版局、一九八七年、一三頁以下〕.

（18） 「外的可塑性」が、たとえば強化スーツのような「外側の」身体の改変可能性に関係するとすれば、「内的可塑性」は、たとえば化学薬品によって「内側から」それにアプローチする。いずれの場合にも身体の可塑性には制限がなく、相互作用が生まれることは言うまでもない。義足は姿勢だけでなく、歩行と関係する諸器官の働きにも影響する。エリスロポエチンの摂取は、代謝を変質させることで、たとえば筋肉の変形などの見た目の変化ももたらす。

（19） Jean Baudrillard, *La société de consommation*, Paris : Danoël, 1970, p. 199 *et sq.*〔ジャン・ボードリヤール『消費社会の神話と構造』今村仁司・塚原史訳、紀伊國屋書店、一九七九年〕.

（20） Bernard Andrieu, *Devenir hybrides*, Nancy : Presses universitaires de Nancy, 2008.

（21） ナノテクノロジー（Nanotechnology）、バイオテクノロジー（Biotechnology）、ＩＴ、認知科学（Cognitive Science）の頭文字。

X章

（1） Francisco Varela, *Autonomie et connaissance,* Paris : Seuil, 1989.

（2） Susan Backhouse, Jim McKenna, Simon Robinson, Andrew Atkin, *International Literature Review: Attitude, Behaviours, Knowledge and Education–Drugs in Sport : Past, Present and Future. Social Science Research Fund,* WADA, Carnegie Research Institute, Leeds Metropolitan University, 2006.

（3） 世界反ドーピング機関は何年も前からこの方面の研究プログラムを支援している。

（4） Francisco Varela, *Autonomie et connaissance,* Paris : Seuil, 1989.

（5） たとえば以下を参照。Isabelle Queval, “Axes de réflexion pour une lecture philosophique du dépassement de soi dans le sport de haut niveau,” *Sciences et Motricité,* 52, 2004, pp. 45-82 ; Isabelle Queval, *S’accomplir ou se dépasser. Essai sur le sport contemporain,* Paris : Gallimard, 2004 ; Claude Sobry, *Socioéconomie du sport. Structures sportives et libéralisme économique,* Paris : De Boeck, 2003.

（6） Robert Donovan, Garry Egger, Vicky Kapernick, John Mendoza, “A conceptual framework for achieving performance enhancing drug compliance in sport,” *Sports Medicine,* 32, 2002, pp. 269-284.

（7） Peter Strelan, Robert Boeckmann, “A new model for understanding performance-enhancing drug use by elite athletes,” *Journal of Applied Sports Psychology,* 15, 2003, pp. 176-183.

（8） Andrea Petróczi, Eugene Aidman, “Psychological drivers in doping : The life-cycle model of performance enhancement,” *Substance Abuse Treatment, Prevention, and Policy,* 3, 2008.

（9） Charles Carver, Mickaël Scheier, *On The Self-Regulation of Behavior,* New York : Cambridge University Press, 1998.

(10) "Tyler Hamilton encore positif," *L'Equipe,* May 16, 2009.
(11) Queval, *op. cit.*
(12) Stéphane Proya, *La face obscure de l'élitisme sportif,* Toulouse : PU Mirail, 2008.
(13) William Lowenstein, "Héroïnomanes de haut niveau," *Autrement, la fièvre du dopage,* 197, 2000, pp. 159-169.
(14) Roger Dorey, "La relation d'emprise," *Nouvelle revue de psychanalyse,* 24, 1981, pp. 117-139.
(15) Christophe Brissoneau, Olivier Aubel, Fabien Ohl, *L'épreuve du dopage : Sociologie du cyclisme professionnel,* Paris : PUF, 2008 ; Vanessa Lentillon-Kaestner, "Conduites dopantes chez les jeunes cyclistes du milieu amateur au milieu professionnel," *Psychotropes,* 1(14), 2008, pp. 41-57.
(16) Denis Hauw, "L'entrée « activité » pour l'analyse des techniques et des performances sportives des athlètes de haut niveau," *Bulletin de psychologie,* 2009, pp. 365-372.
(17) Jean Bilard, Gregory Ninot, Denis hauw, "Motives for illicit use of doping substances among athletes calling a national anti-doping phone-help service : An exploratory study," *Substance Use and Misuse,* 46, 2011, pp. 359-367.
(18) Philipp Robbins, Murat Aydede, *The Cambridge Handbook on Situated Cognition :* Cambridge : Cambridge University Press, 2009.
(19) Jerome Bruner, *Pourquoi nous racontons nous des histoires ? Le récit au fondement de la culture et de l'identité individuelle,* Paris : Retz, 2002〔J・ブルーナー『ストーリーの心理学――法・文学・生をむすぶ』岡本夏木・吉村啓子・添田久美子訳、ミネルヴァ書房、二〇〇七年〕.
(20) Jacques Theureau, *Le ours d'action : Méthode développée,* Toulouse : Octarés, 2006.
(21) Suzan Hurley, *Consciousness in Action,* Cambridge, MA : Harvard University Press, 1998 ; William

James, *The Principes of Psychology*, New York : Dover, 1890/1950 ; Maurice Merleau-Ponty, *Phénoménologie de la perception*, Paris : Gallimard, 1945〔モーリス・メルロー＝ポンティ『知覚の現象学』中島盛夫訳、法政大学出版局、一九八二年〕.

(22)「スポーツ選手の生活の流れとドーピングのダイナミズム」と題されたこの研究プログラムは、青年・スポーツ省の研究費を獲得した。

(23) スポーツ選手のキャリアにおいて古典的に見出すことができるのは、初めは一つないし複数の競技に取り組んでいた選手が、徐々に好みを明らかにしていくという、段階的な注力変化であり、注力が一つの競技に絞られるものの、まだ他の関心事にも時間が取れるような段階が、開放的集中である。キャリアが進むとそれが閉鎖的集中や中毒的集中に変わる。

(24) Robin Vallacher, Andrzej Nowak, *Dynamical Systems in Social Psychology*, San Diego : Academic Press, 1993.

(25) Denis Hauw, "Accorder une vraie place à l'éthique sportive dans la lutte contre le dopage," *Sciences et Motricité*, soumis〔投稿済〕.

(26) Francisco Varela, *Quel savoir pour l'éthique ? Action, sagesse et cognition*, Paris : La Découverte, 1996.

訳者解説

本書はJean-Noël Missa, Pascal Nouvel (coordonné par), *Philosophie du dopage*, Paris: PUF, 2011の全訳である。フランス語の原書は『ジョルジュ・カンギレム・センター・ノート』（*Les cahiers du Centre Georges Canguilhem*）の第五号として位置づけられている。冒頭で説明されているように、本書はカンギレム・センター主催で二〇一〇年五月にパリ第七大学で開かれたシンポジウムが原型となっている。カンギレム・センターは同大学に付属する科学史・科学哲学の研究機関である。その名の通りジョルジュ・カンギレムの仕事を引き継ぎながら、とりわけ生命科学や医学についての歴史的・哲学的考察に力を入れている。

競技スポーツと健康

陸上競技四〇〇メートル障害の日本記録保持者である為末大氏が、二〇一七年七月十九日、自らのツイッター・アカウントで「不健康に暮らす人が一定数いてもいいが、その人の保険料は健康な人も負担している」と発言し、波紋を広げることになったのは記憶に新しい。同氏のこの発言は、競争社会を「世界の常態」として受け入れるべきとした自らのブログへの書き込みを発端としている(1)。競技スポーツの選手として第一線で活躍した為末氏が、競争社会を肯定的に捉えるのは、ある意味で必然的であるのかもしれない。そして氏の理路のなかではどうやら、スポーツ選手として競争社会を生き抜くことと、健康に暮らすこととが、矛盾なく結びついているようだ。

このような競技スポーツと健康との結びつきは、二〇二〇年の東京オリンピックの正当化のためにも、積極的に動員されようとしているようである。医学系雑誌の「スポーツ医学」特集に掲載された対談のなかで、「オリンピックのレガシーは単にスポーツに留まらない、より広いもの」であるとして、来たる二〇二〇年のオリンピックでは「感動と勇気」のようなワンパターンを超える「レガシー」が必要だと説く日本オリンピック委員会理事の河野一郎氏に対して、スポーツ医で早稲田大学教授の金岡恒治氏は、「キーワードは〝健康増進〟になるのではないでしょうか」と応じる。(2) 金岡氏は、「オリンピックに出場する人やプロ選手などの特別な人たちがやっていることだけではなく、もっと広い意味での身体活動(3)」こそが本来のスポーツだとして、エリートレベルのスポーツと、一般の人々の健康増進とを、地続きのものとして結びつける。

哲学者、社会学者、医者など、立場を異にする本書の執筆者たちが、一貫して疑いの眼差しを投げかけているものこそ、このような競技スポーツと健康との結びつきに他ならない。プロのレベルに近づくにつれてチームドクターへの依存を強める現代のスポーツ選手たちは、はたして「健康」なのだろうか？　仮に健康であるにしても、その「健康」は一般的な意味とはかけ離れたものであると指摘するのは、哲学者のジャン＝ポール・トマである。「偉大なスポーツ選手が健康であるのは、一年のうちの数日の、決められた試合のための、決められた数時間だけなのだ」(本書Ⅷ章)。満身創痍で日常生活もままならないような選手が、痛み止めを打って大事な試合に出場するという姿を、私たちは何度目にしてきたことだろう。同じく哲学者のイザベル・クヴァルもまた、「超医学化するエリートスポーツが、「適度」な健康という〔…〕定義からどれほど遠ざかっているのかは明らか」（Ⅸ章）だと断じる。

クヴァルによれば、「「ハイレベルのスポーツ」は、「大衆スポーツ」でも、「余暇スポーツ」でも「健康スポーツ」でも〔…〕「体育」ですらもない」。いまや「ハイレベルのスポーツ」は他の身体運動全般から切り離されて独自の進化を遂げているにもかかわらず、さまざまな問題が「スポーツ」の一語でくくられてしまう現状に、クヴァルは警鐘を鳴らす。競技スポーツを通して健康増進が語られるとき、意図的ないし無意識的に覆い隠されるのは、エリートスポーツがもはや「健康」とはほとんど関係がないという現実である。

いったい競技スポーツはいつから「健康」とたもとを分かってしまったのだろうか。クヴァルはその発端を、「スポーツ」と「体育」とが分離を始めた二十世紀初頭に見出す。心身の健康の促進を目指す近代的な「体育」は、十八世紀の啓蒙思想の発明品であり、フランスでは「体育」（education physique）の語は医師ジャック・バレクセールが一七六二年に刊行した書物にまで遡るとされる[4]。クヴァルの言うように、「スポーツは、まずは教育的なプロジェクトとして出現した」。この体育が、古典的な体操から別れて、貴族的・軍事的な価値ではなく、「自己の超越」というブルジョワ的な価値を追求し始めたときに、スポーツが体育から分離して、独自の発展を遂げるための萌芽が生まれる。絶えず自己を超越し、「より速く、より高く、より強く」（*citius, altius, fortius*）を目指す、近代的な競技スポーツの出現である。

「エベルティスム」と呼ばれる新たな体育法の創案者として知られるジョルジュ・エベールは、一九二五年の著作『スポーツ対体育』で、体育とは別のものになろうとするスポーツの先行きを憂いている。エベールによれば、常に限界を超えることを目指し、節度を失ったスポーツは、もはや教育的効果を失っている。

スポーツはその性質からして常にその先を目指す戦いであるために、理論上は限界がない。有用性、節度、利他主義という、すでに述べた教育的な理由が調整役として作用しないのならば、常により遠く、常により速く、あるいはより一般的に言えば、常にその先を目指すという考えに歯止めをかけるものは何もなくなる。このような条件のもとでは、さまざまな種類の危険が懸念される[5]。

エベール曰く、過度の専門化に走るスポーツ選手たちのなかには、自分が専門としない種目になると、子供にすら及ばないことがあるのだという。「一部のスポーツマンが虚弱であると言われるのはなぜかがこれで理解できる[6]」。エベールは、スポーツは病人に似ていると言ってはばからない。「社会的観点からすればスポーツとは病人に似ているのであり、若い頃は十分に健康そうな様子をしていても、深い宿痾を内に抱えているのだ[7]」。

スポーツがこうした逸脱から立ち直り、「体育」と再び歩みをともにすることこそが、一九二五年の著書におけるエベールの願いだった。この願いとは裏腹に、現代の競技スポーツは、エベールが懸念した方向へと、もはや後戻りできないところにまで進んでしまったように見える。つまりそれは「自己の超越」を常に求める、歯止めを知らないスポーツだ。道具の改良やトレーニング法の開発など、あらゆる手段を駆使して、現代の競技スポーツは「より速く、より高く、より強く」という目標を追求してきた。本書のテーマである「ドーピング」とは、そのような手段の一つである。

過度の医学化

そのような手段の一つにすぎないと、むしろ言うべきだろうか。パフォーマンス向上のためならば手段を選ばないのが現代の競技スポーツであり、トレーニングの仕方や設備の改善と、いわゆる「ドーピング」的な薬物の摂取との本質的な差異は存在しないとするのが、本書の著者たちの一貫した立場である。クロード＝オリヴィエ・ドロンが「序章」で確認するように、「ドーピングとは、最近のトップレベルのスポーツの発展の、内在的にして正常な部分」である。ドーピングを批判しようとすれば、パフォーマンスの向上を至上命題としてきた、近代的な競技スポーツ自体を批判しなければならない。本書が目指すのは、「ドーピング」を無反省に「悪」とみなして「反ドーピング政策」を推し進める世界的な趨勢から距離をとり、ドーピングがスポーツにとって、さらには現代社会にとってどのような意味を持つのかを、多様な観点から反省的に考察することである。

「体育」とたもとを分かち、是が非でもパフォーマンスの向上を目指すようになったスポーツが、ドーピング的なものに手を染めるのは必然的であったとして、その直接的なきっかけは何であったのだろうか。クリストフ・ブリソノーがフランスにおける自転車競技の例を通して強調するのは、スポーツ医学が果たした役割の大きさである。スポーツ選手たちを単に観察するだけだったスポーツ医学が、身体能力の向上のための研究に着手するのは、一九三〇年代のことである。やがて一九五〇年代になると、スポーツ選手と医師たちの距離が接近し、医学・スポーツ・薬品という「三位一体」が形成され、薬物の濫用を指摘する声もあげられるようになる。ブリソノーが描き出すのは、自転車競技におけるドーピングの「黄金時代」とも言える一九八〇年代後半から一九九〇年代にかけての、選手たちと医師団の共犯関係である。スポーツ医との出会いは一流選手になるための登竜門であり、「医師への依存がプロとしての義務になる」(VI章)。薬物の濫用がさまざまな事故やスキャンダルを引き起こし、規制の強化された二〇〇〇年代以降のスポーツ医の役割は、選手たちをドーピングからいかに守るかに変わってきているものの、選手と医者との蜜月関係が、ブリソノーの言うようにスポーツ活動を「ほとんど病的なもの」に変えて、「ドーピング文化」を育んだことは事実である。

ジャン＝ポール・トマもまた、このようなドーピングと医学の深い結びつきについて、ユニークな観点から問題を提起する(VIII章)。医師たち自身も、「ドーピング」に染まりながら、厳しい競争を生き抜いているのではないか。彼は「医学文学」すなわち医者たちを主人公にした文学作品、とりわけエリック・シーガルの『ドクターズ』(一九八八年)を手がかりに、エリート医学生たちが向精神薬に頼りながら医師を目指す日常を浮かび上がらせる。厳しいプレッシャーに晒された彼らの日常は、エリートスポーツの世界そのものであり、トマの言うように、医学はいまや「スポーツ的実践」と化しているのかもしれない。医学が自らのパフォーマンス向上のために「ドーピング」を必要としているとすれば、医学がスポーツにおけるドーピングを許容するのは「論理的な必然」であるとするトマの問題提起は、傾聴に値するものだろう。このようにドーピングをスポーツの問題に限定することなく、現代社会のさまざまな側面にいきわたる「ドーピング的振舞い」の一つとして位置づけなおそうとするのも、本書の特色である。

「スポーツ精神」という大義名分

ベンクト・カイザーが述べるように、「社会においてはパフォーマンス向上は非常に一般的な現象となりつつある」(Ⅳ章)。カイザーらが紹介する科学雑誌『ネイチャー』のアンケート調査によれば、「アンケートに参加した一四〇〇人の読者のうちの五人に一人が、認知能力を向上させる薬剤を使っている、もしくは使ったことがある」と回答したという。これが極端な例であるにしても、サプリメントや栄養剤の服用などの「ドーピング的振舞い」が、私たちの日常の一部と化しているのは否定しようがない。だとすれば、スポーツにおいてのみ、パフォーマンスを向上させる製品の摂取が激しく糾弾されるのはなぜなのか。その根拠は極めて薄弱であると考えるのが、本書の著者たちの立場である。ところが現実には、とりわけ一九九九年の世界反ドーピング機関(WADA)設立以降、ドーピングに対する禁則は厳しさを増す一方である。いったいどのような大義名分のもとに、このような反ドーピング政策が推進されているのだろうか。

「選手たちの健康を守るため」という口実は、一見したところ理に適っているように思える。しかし現代の競技スポーツが、「健康」とはたもとを分かつことで成立したものであることは、すでに見たとおりだ。行き過ぎたトレーニングは、たとえ禁止薬物を用いなくとも、「健康」を害する恐れが十分にあるだろう。そもそもエリートレベルのスポーツの競技自体が、大きな怪我などの危険性と隣り合わせである。トレーニングや競技そのものを禁止せよという声は聞こえてこないのに、ドーピングになると禁止が当然とみなされるのはどういうわけなのか。ドーピングが健康を害するものだとして、選手たちが敢えてそれを用いることを、どのような資格で禁じるのだろうか。「金メダルが取れれば、ゴールラインを越えた後で死んだとしてもかまわない」と語るアメリカの短距離選手ティム・モンゴメリは、「結果がすべて」の競技スポーツの申し子ではないのか。あるいはパトリック・ロールが指摘するのは、若いスポーツ選手たちの「危険と冒険への嗜好」（Ⅶ章）であり、薬物の危険性を周知した結果、かえって禁止薬物の利用者が増えたという研究結果もあるという。

選手への健康被害だけを根拠にドーピングを禁止すれば、仮にまったく健康に影響しないドーピング薬が出現したときに、それを禁止することができなくもなるだろう。「スポーツ精神」という、もう一つの大義名分が必要とされるのはこのためだ。この概念の曖昧さについては、Ⅴ章でアレクサンドル・モロンが詳細に分析しているとおりである。「スポーツ精神」とは一般的には「公平な立場」の尊重であると理解されているが、実際のスポーツが残酷なほど不公平な実践であることは、何らかの競技の経験が少しでもある者なら、身をもって痛感させられているに違いない。同じような練習をしているのに、なぜある者は記録を伸ばし、別の者はちっとも上達しないのか。それでもこれまでは、そのようなあからさまな不平等を、「生まれながらの身体」という擬制によって覆い隠すことができていた。ところが遺伝学の進歩により、生物学的なレベルでの不平等が明らかにされるようになっている。「無知のヴェール」が取り払われつつあるのである。典型的なのが、Ⅰ章でパスカル・ヌーヴェルが取り上げる、フィンランドの伝説的ノルディックスキー選手エーロ・マンティランタのケースである。生まれつき赤血球を多く持っていたマンティランタの体質は、現代ではエリスロポエチンによって人工的に獲得することが可能である。マンティランタの生まれつきのアドヴァンテージと、エリスロポエチンによる人工的なアドヴァンテージのうち、後者だけが糾弾されるのはなぜなのか。むしろ「ドーピング」は遺伝子的な不平等を是正する手段だとみなすことも可能ではないのだろうか？

ドーピングにどう向き合うべきか

このように「健康」という観点からも「スポーツ精神」という観点からも、ドーピングを禁止することは不合理である。なるほどWADAの反ドーピング規程は「ルール」なのだから守らなければならないのだと強弁することもできるのかもしれない。スポーツのルールは必ずしも常に合理的であるとは限らないからだ。だがドーピングが、たとえばサッカーのオフサイドと同じようなルール違反だとして、ドーピングの場合だけが、居場所報告義務のような明白な人権侵害を選手たちに課したり、違反者が何年も競技から追放されたり、世間やマスコミから犯罪者扱いされたり、マリオン・ジョーンズのケースのように、実際に禁錮刑に処されたりするというのは、あまりにもナンセンスであり、もはやそれは「ルールだから」といって黙認できるレベルを超えている。今日の反ドーピング政策は、早急な是正を必要としているのである。

だとすれば私たちは、ドーピングに対してどのような姿勢で向き合うべきなのだろうか。本書の著者たちの見解はさまざまである。あらゆるドーピングを許容した未来の競技スポーツの姿を、サイエンス・フィクションの形で描いてみせるのは、Ⅱ章の著者ジェラール・ディヌである。彼の描く「二一四四年ブリュッセル・オリンピック」においては、レーシングカーのようにチューンナップされた選手たちはもはや国ではなく企業を代表しており、「上海トランスジーニウム社」を代表する中国人選手が、一〇〇メートルを七秒八四という世界新記録で駆け抜けて金メダルを獲得するだろう。このようなラディカルな未来像が描かれる一方で、Ⅴ章のアレクサンドル・モロンが掲げる目標は、「アスリートの健康を守り、過度に危険なドーピングの実践に歯止めをかける」という、より現実的なものである。ただしそれは現状のようにドーピングを犯罪扱いするのではなく、そもそもドーピングを必要とするような競技スポーツを、より人間的な実践に回帰させるべきだとする主張である。

Ⅹ章のドゥニ・アウも、同様の立場から、選手たちがドーピングに手を染めるに至る心理の解明を目指す。その心理を単純な因果関係に還元することなく、選手に対する長時間のインタビューなどを通してライフヒストリーを再構成することにより、ドーピングした選手の多くに共通する行動パターンを浮かび上がらせようとする彼の手法は、きわめて示唆に富むものである。議論の詳細は本文に譲るが、「ドーピングしたアスリートと、していないアスリートの活動の変化は、非常に似通っている」という指摘は、特に銘記しておきたい。ドーピングをするかしないかを分け隔てる壁は、非常に薄いということである。

日本におけるドーピング研究

日本におけるドーピング研究の現状に目を転じてみると、スポーツ科学などの分野においては、日本の選手に対するドーピング違反の摘発が今のところはきわめて少数であることを根拠に、「なぜ日本選手はドーピングをしないのか」を解明しようとするような研究が目につくが、こうした傾向の研究が増加することには強い懸念を覚える。この種の研究においてドーピングは「悪」であることが前提であり、なぜそれが「悪」なのかは問われることがない。たとえばこうした研究の一つでドーピングとは、「正当なプロセスによらない結果重視の手法であり、正当な自らの努力によらない行為により競技力向上を図ろうとするもの[8]」だと定義されるが、ドーピングがなぜ「正当」ではないのか、「正当」と「不当」を区別するものが何なのかは、問いに付されぬままである。

しかしながら、本書が明らかにしているように、ドーピングとは、近代的な競技スポーツの構造的な現象であり、競技スポーツが続く限り、「ドーピング的なもの」をそこから取り除くことは不可能である。日本の競技スポーツがこうした世界的趨勢に同調しようとするなら、日本のエリート選手がドーピング違反を宣告される日が来るのは、時間の問題である。ドーピングが「悪」であることが疑われさえしない現状では、そうした選手が「犯罪者」のレッテルを貼られて、スポーツ界のみならず社会的にも激しいバッシングを受けるであろうことは想像に難くない。そのような不幸を防ぐためにも、ドーピングとスポーツの本質的な関係を問い直す作業が、一刻も早く待ち望まれている。いったいドーピングは、選手から名誉や地位やすべてを奪うに値するほどの大罪なのだろうか？　私たちはWADAの反ドーピング規程を金科玉条として受け入れているだけでよいのだろうか？

本書のそのような問いかけとも対話の可能なドーピング研究は、日本においても不在であるわけではない。たとえば竹村瑞穂氏は、ジョン・ロックの「身体所有権」概念に立ち返り、選手が自分の身体を自分で「処分可能」なものとしてドーピングに及ぶことに歯止めをかけうるような理路を、そこから引き出そうとする。[9] このような竹村氏の試みは、選手が危険を承知の上でドーピングを行なうことを、他人が禁止するのは難しいと考える本書の著者たちの議論に、新たな視座を投げかけるものだと言えるだろう。あるいは美馬達哉氏の考察は、カンギレムに依拠しながら、「アノマリー」と「病理」とを区別し、エリートスポーツ選手を前者に区分する。[10] つまりスポーツ選手は確かに「健康」とは言えないが、必ずしも「病気」ではないということだ。「健康」とたもとを分かった近代の競技スポーツを「ほとんど病的なもの」とみなす本書の議論は、美馬氏のこうした観点を対峙させることによって、さらなる深化が期待できるに違いない。

＊

本書の著者たちは日本では知られているとは言い難いが、ドーピング問題はもちろん、身体論や生命倫理、科学哲学などの分野で着実な成果をあげている、中堅や若手を中心とした研究者たちである。すべての著者を詳細に紹介することはできないが、何人かの最近の仕事に触れておくことにしよう〔肩書などは巻末の執筆者紹介から多少変化している〕。序章を担当するクロード＝オリヴィエ・ドロンは、現在はパリ第七大学の准教授（科学史・科学哲学）を務めており、二〇一六年に、「人種と変質」を主題とした自らの博士論文に基づく大著を刊行している。[11] Ⅷ章の著者であるジャン＝ポール・トマは、ソルボンヌ大学名誉教授の哲学者であり、医学や生命倫理についての業績を多くあげている。二〇〇八年の著書『筆とメス』は、文学を通して医学の問題にアプローチするという、本書収録の論文と関わりの深い著作である[12]ほか、二〇一三年には『医学という新たな宗教』と題された興味深い書物を著わしている。[13] Ⅸ章の著者イザベル・クヴァルは、パリ第五大学で教鞭をとる哲学者である。二〇一六年に刊行された『努力の哲学』は、「努力」という、今日ではポジティヴな意味を持つことが当然となっている概念を、哲学史的に再考した著作であり、本書の議論とも関連が深いことが窺える。[14] Ⅹ章の著者ドゥニ・アウは、ローザンヌ大学スポーツ科学研究所教授の心理学者である。二〇一六年に彼が編纂した『ドーピングの心理学』では、反ドーピングが選手に与える心理的影響なども考察の対象とされている。[15]

*

本訳書の成立の事情について、最後に少し触れておきたい。この訳書の実現は、稲垣正浩先生（一九三八―二〇一六）の存在なくしてはありえなかった。きっかけは稲垣先生が主幹研究員を務めた二一世紀スポーツ文化研究所（ISC・21）の研究会において、私が本書のⅠ章の議論を紹介したことである。先生はこの議論に大いに興味を持ってくださり、この章を同研究所の機関誌『スポートロジイ』に翻訳掲載することを勧めてくださった（二〇一二年刊行の第二号に掲載）。本書を全訳する希望は当初より持っていたが、必ずしも専門ではない分野の議論も含まれる著作の翻訳を躊躇っていたところ、先生は私の背中を押してくださり、新曜社の渦岡謙一さんをご紹介くださった。だがひとえに私の怠惰と能力の不足のために、翻訳は困難を極め、いたずらに時間を浪費しているうちに、完成した本書を先生に見ていただくことが、ついに叶わなくなってしまった。その取り返しのつかなさはあまりにも大きく、いまだにそれを現実として受け止めることができずにいる。スポーツを手がかりにした哲学や文化あるいは政治をめぐる刺激的な論考を、先生が死の直前まで書き続けていたブログに、本書の感想もすぐにアップしてもらえるのではないかという夢想を捨てることができない。翻訳書が訳者に帰属するものでないことは承知の上で、本書を稲垣正浩先生に捧げることをお許し頂きたい。

市民ランナーとしても活躍する渦岡さんは、亀の歩みのような翻訳の進行を見守り、原書と訳文を照らし合わせながら、こちらのミスをいくつも指摘してくださった。深く感謝を申し上げる。訳文についての咎はすべて訳者に責任があることは言うまでもない。訳出には最善を尽くしたつもりだが、思わぬミスや勘違いが残されてしまっているかもしれない。読者諸賢からのご教示を俟ちたい。

二〇一七年八月

橋本一径

註

（1）http://tamesue.jp/blog/archives/think/20170718（二〇一七年八月五日閲覧）
（2）金岡恒治・河野一郎「対談　スポーツ医学　最新の話題」『医療情報誌 animus』第九〇号、二〇一七年、五頁。
（3）同上、七頁。

(4) Jacques Ballexserd, *Dissertation sur l'éducation physique des enfants depuis leur naissance jusqu'à l'âge de la puberté*, Paris : Vallat-la-Chapelle, 1762. 以下も参照のこと。バレクセール「子どもの身体教育についての論文——誕生から思春期まで」佐々木究・田井健太郎訳、『体育哲学研究』第三九号、二〇〇九年、四九—五四頁。

(5) Georges Hébert, *Le Sport contre l'éducation physique*, Paris : Librairie Vuibert, 1925, p. 64.

(6) *Ibid*., p. 79.

(7) *Ibid*., p. 99.

(8) 日比野幹生・舟橋弘晃・青柳健隆・間野義之「アスリートがドーピングを行わなかったことに影響した要因——オリンピックメダリストを対象とした質的検証」『スポーツ産業学研究』第二六巻一号、二〇一六年、一二三頁。

(9) 竹村瑞穂「自己による身体所有としてのドーピング問題——John Lockeの「身体所有権」概念の再考から」『体育・スポーツ哲学研究』第三七巻一号、二〇一五年、一五—二八頁。

(10) 美馬達哉「正常・病理・エンハンスメント」『スポーツ社会学研究』第二三巻一号、二〇一五年、七—一八頁。

(11) Claude-Olivier Doron, *L'homme altéré. Race et dégénérescence (XVIIe-XIXe siècles)*, Paris : Champs Vallon, 2016.

(12) Jean-Paul Thomas, *La plume et le scalpel. La médecine au prisme de la littérature*, Paris : PUF, 2008.

(13) Jean-Paul Thomas, *La médecine nouvelle religion*, Paris : François Bourin Editeur, 2013.

(14) Isabelle Queval, *Philosophie de l'effort*, Nantes : Editions nouvelles Cécile Defaut, 2016.

(15) Denis Hauw (coordonné par), *Psychologie du dopage*, Louvain-la-Neuve : De Boeck supérieur, 2016.

や　行

ら　行

わ　行

ま　行

な　行

は　行

た 行

さ　行

か　行

事項索引

マ・ヤ 行

ラ 行

タ　行

ナ　行

ハ　行

人名索引

ア 行

カ 行

サ 行

執筆者紹介（肩書はフランスでの原書刊行当時のもの。掲載順）

ドミニク・ルクール（Dominique LECOURT） ドゥニ・ディドロ大学科学哲学教授。ジョルジュ・カンギレム・センター所長。

クロード＝オリヴィエ・ドロン（Claude-Olivier DORON） エコール・ノルマル出身ドニ・ディドロ大学科学史・科学哲学給付付き指導員。REHSEIS〔精密科学および科学施設についての歴史的・認識論的研究グループ〕。『ジョルジュ・カンギレム・センター・ノート』編集担当。

パスカル・ヌーヴェル（Pascal NOUVEL） ポール・ヴァレリー・モンプリエ第三大学教授。哲学。

ジャン＝ノエル・ミサ（Jean-Noël MISSA） ブリュッセル自由大学教授。歴史学および生命医学の哲学。ベルギー国立科学研究基金研究指導教授。

ジェラール・ディヌ（Gérard DINE） 血液内科医。臨床生物学者。エコール・サントラル（パリ）健康バイオテクノロジー・センター。バイオテクノロジー研究所（トロワ）ヒト生物学。

ベンクト・カイザー（Bengt KAYSER） ジュネーヴ大学医学部教授。運動科学・スポーツ医学研究所所長。

アレクサンドル・モロン（Alexandre MAURON） ジュネーヴ大学医学部教授。生命医学倫理研究所所長。

クリストフ・ブリソノー（Christophe BRISSONEAU） 社会学者、ルネ・デカルト・パリ第五大学、意味・倫理・社会研究センター（Cerses/Cnrs — UMR8137）。

パトリック・ロール（Patrick LAURE） 医師、社会学者、ナンシー大学医学部教員、パフォーマンス向上薬物分野の研究。

ジャン＝ポール・トマ（Jean-Paul THOMAS） パリIUFM教授。哲学。

イザベル・クヴァル（Isabelle QUEVAL） 哲学研究者。ルネ・デカルト・パリ第五大学、意味・倫理・社会研究センター（Cerses/Cnrs — UMR8137）。

ドゥニ・アウ（Denis HAUW）「エプシロン」研究所、モンプリエ第一大学准教授。

訳者紹介

橋本一径（はしもと・かずみち）

1974年東京生まれ。東京大学大学院総合文化研究科博士課程修了。

専門：表象文化論、イメージ論、身体論。

現在、早稲田大学文学学術院教授。

主要著訳書：『指紋論』（青土社、2010年)、ジョルジュ・ディディ＝ユベルマン『イメージ、それでもなお』（平凡社、2006年)、ピエール・ルジャンドル『同一性の謎』（以文社、2012年）など。

新曜社 ドーピングの哲学
タブー視からの脱却

初版第1刷発行　2017年10月31日

編　者　ジャン＝ノエル・ミサ，パスカル・ヌーヴェル
訳　者　橋本一径
発行者　塩浦　暲
発行所　株式会社　新曜社
〒101-0051　東京都千代田区神田神保町3-9
電話（03)3264-4973㈹・Fax（03)3239-2958
E-mail：info@shin-yo-sha.co.jp
URL：http://www.shin-yo-sha.co.jp/
印　刷　メデューム
製　本　イマキ製本所

ISBN978-4-7885-1546-8　C1075